全国商业职业教育教学指导委员会推荐教材

工业和信息化高职高专"十二五"规划教材

高等职业教育财经类**名师精品**规划教材

The Practice
of Business Etiquette

# 商务礼仪实务

杜明汉 主编

人民邮电出版社

北 京

**图书在版编目（CIP）数据**

商务礼仪实务 / 杜明汉主编. -- 北京：人民邮电
出版社，2013.9(2018.9重印)
高等职业教育财经类名师精品规划教材
ISBN 978-7-115-31366-9

Ⅰ．①商… Ⅱ．①杜… Ⅲ．①商务－礼仪－高等职业
教育－教材 Ⅳ．①F718

中国版本图书馆CIP数据核字(2013)第157159号

## 内 容 提 要

"商务礼仪"是一门要求知识性和技能性兼具的课程，本书结合该课程的特点，打破传统的以传授知识点为主要特征的传统学科课程模式，综合运用"问题导学""小组学习""展示交流""形成性评价和总结性评价"等多种教学、评价手段进行编写。

本书包括8项任务，分别为职业与个人形象、个人（职业）形象定位、初次见面礼仪、日常交往礼仪、日常工作礼仪、商务交往礼仪、文书礼仪和网络交往礼仪，这8个任务中又包含了22项活动，共分为31个技能点，通过技能认知、技能学习、技能分析和技能运用四个步骤，完成对知识和技能的学习，真正实现教、学、做一体化。

本书适合高职高专经济管理类专业及公共课教学使用，也可作为社会在职人员的培训用书或实践指导用书。

◆ 主 编 杜明汉
　　责任编辑 刘 琦
　　责任印制 沈 蓉

◆ 人民邮电出版社出版发行　　北京市丰台区成寿寺路 11 号
　　邮编 100164　电子邮件 315@ptpress.com.cn
　　网址 http://www.ptpress.com.cn
　　固安县铭成印刷有限公司印刷

◆ 开本：787×1092 1/16
　　印张：14.5　　　　　　　　2013 年 9 月第 1 版
　　字数：365 千字　　　　　　2018 年 9 月河北第 7 次印刷

定价：32.00 元

读者服务热线：(010)81055256　印装质量热线：(010)81055316
反盗版热线：(010)81055315
广告经营许可证：京东工商广登字 20170147 号

# 编委会

# 序

　　一个国家经济社会的发展，主要是靠自然资源、物质资源和人力资源，但是我们不能仅依靠对自然资源破坏性的开发和对物质资源的大量消耗、浪费来发展社会经济。由于我国自然资源比较贫乏，物质资源也相对有限，所以我们要实现经济社会的持续发展就要建设人力资源强国。当前，我国处于从一个人力资源大国向人力资源强国转变的关键时期，要实现这样的转变就必须大力发展教育。人力资源理论指出教育对于经济的增长有重要作用，以 1926 年－1957 年的美国为例，其经济增长中有近三分之一是来自人力资源增长的贡献。所以一个国家经济社会要发展，首先就要发展教育，特别是发展职业教育，因为职业教育是为一线生产、服务、管理等部门培养高素质的劳动者和技术技能型应用人才的，这些人才的素质高低直接关系到一个国家经济社会的发展的规模、速度和效益。因此可以说，国家之间的实力竞争，归根结底是人才的竞争，是一线劳动者和技术技能人才综合素质的竞争，所以抓职业教育发展就是抓经济社会发展。

　　为了更好地促进职业教育商业类专业的发展，教育部和商务部牵头成立了全国商业职业教育教学指导委员会，其主要职能之一就是"研究商业职业教育的人才培养目标，教学基本要求和人才培养质量的评价方法，对专业设置，教学计划制定，课程开发，教材建设提出建议"，推进职业教育课程衔接体系建设，全面推进现代职业教育体系的建设，推动职业教育商业类人才的培养。

　　进入 21 世纪以来，随着中国经济实力的飞速提升，中国商业获得了巨大的发展，发生了深刻的变化。与商业相关的多个行业领域也重获新生且飞速发展，不仅各行业内部的繁荣程度得到不断提升，行业对外开放程度，行业的法制建设、人才建设等各方面都取得了显著成就，上升到了新的水平。我国商业及相关经济行业的飞速发展，既为商科职业教育的发展带来了勃勃生机，也同时带来了新的挑战。以往商科高等职业教育更多借鉴原专科教学经验，教学内容和教学形式多为原专科教学的"翻版"，尤其是教材，很多经典教材都由从事本专科教学的教师编写。实践证明，这些教材越来越难以满足高等职业教育应用性强及以就业为导向的教学需要。正是基于这样的考虑，2012 年初，人民邮电出版社发起了"职业教育财经类名师精品教材建设项目"，这个"聚名师、建精品、促教学"的有益之举甫一出台就得到全国多家知名高职院校的支持和响应。同年仲夏，该项目在北京召开了项目启动仪式及专家委员会组建大会，之后历时一年，该项目的成果终能付梓，也就是现在呈现给各位读者的"高等职业教育财经类名师精品规划教材"。

　　作为"职业教育财经类名师精品教材建设项目"专家委员会的主任委员，我参与了这套教材的筹备、审稿等多个关键环节，认为这套教材与以往高职高专财经类教材相比，在三个方面做的比较好。首先，编者名师汇集，内容紧扣教改。这套教材的编写者、审阅者都是国内商科类院校的知名专家、教授，他们将自己多年教学实践所得，按照职业教育最新的"五个深度对接"的教学改革要求撰写成册，实现了课程教材内容与职业标准对接，充分体现了"做中学，做中教"、"理论实践一体化"的要求，科学地将专业知识和专业技能的培养结合起来，教材内容在确保学生达到职业资格要求的同时，还能促进学生综合职业素养的发展。其次，体例论证严密，呈现形式有创新性。组建了专门的专家委员会对教材的体例、内容进行审定。其中主任委员负责教材宏观方向和思路的把握；副主任委员负责具体教材规划的制定，包括课程规划、写作思路、教材体例、整体进度规划等，通过多级专家审定和多次会议讨论、商定，最终选择符合课程特色和教学改革新要求的教材编写体例和内容呈现形式。第三，资源丰富实用，打造立体平台。为了寓教于学，充分调动学生学习的积极性和主动性，出版社聘请专人运用最先进的教学资源建设理念和手段，为每本教材配套建设了丰富的多媒体教学资源，这些教学资源都经过精心的教学设计，能够与教材内容紧密结合，有效地促进学与教，从而为教师课堂教学注入新的活力。

相信这套教材被广大职业院校使用之后，可以有效地实现对学生学习能力、职业能力和社会能力的培养，促进学生综合素质的发展和提高。

这套教材从专家团队组建、教材编写定位、教材结构设计、教材大纲审定到教材编写、审校全过程都倾注了高职商科教学一线众多教育专家和教学工作者的心血，在这里我真诚地对参加编审的教授、专家表示衷心的感谢。

全国商业职业教育教学指导委员会副主任委员 王晋卿

2013 年 6 月 26 日

# 前 言
## Preface

《商务礼仪实务》基于高职市场营销专业培养目标，立足现代商务人员工作实践，围绕现代商务人员知礼、用礼、行礼的需要，从商务人员仪容、仪表、仪态等个人礼仪，到商务交往、商务沟通等人际礼仪，再到商务人员办公、仪式、宴请、差旅、销售、推销等组织礼仪，系统介绍了商务活动中的基本礼仪内容，突出了实用性、职业性和实践性的特点。

本书在内容选择和展示方式等方面有以下特点。

第一，在内容选择上，紧密结合现代商务活动实际，主要选取商务人员在商务活动中最基本、最实用的礼仪规范和内容进行介绍。

第二，在内容的展示方式上，根据商务礼仪实务的学习内容，设计了8项任务，包含22项活动，共31个技能点。每个技能点又按照技能认知、技能学习、技能分析、技能运用，对其教学内容进行展示。每项活动后都设计了技能训练项目，力求把教、学、做融为一体。

（1）技能认知：主要告诉学生该项技能是什么，通过学习这项技能，强化对个人或公司的价值意义的认识和理解。

（2）技能学习：主要学习该技能点的技能，让学生不仅知道技能的基本流程、规范，而且能掌握基本技能的操作。

（3）技能分析：通过案例讨论分析，让学生运用已学知识和技能，对案例进行分析评价，帮助学生把学习的知识和技能内化与整合，让学生在分析评价等体验和反省中，最终在情感层面得到肯定。

（4）技能运用：通过一些与商务礼仪活动相关的技能操作和训练，使学生在技能认知和技能学习阶段获得的知识与技能经过情感层面的肯定，变成学生的自觉行动。

（5）技能训练：通过典型的商务礼仪实务训练项目，进一步深化和提高学生对商务礼仪知识与技能的践行能力。

第三，借鉴了当代课程建设中几种行之有效的方法。

（1）问题导学。在课程内容和教学过程的设计中，努力把知识、技能、职业核心能力、职业道德等内容融入每项活动的技能训练中，在技能认知、技能学习、技能分析项目下都有问题设计或由教师预设问题。教师可把问题提出、问题讨论、问题解决、问题评价作为一个整体，设计教学过程。

（2）小组学习。在教学过程中，针对问题讨论、技能分析、技能运用、技能训练几个栏目，可以小组合作学习的方式来组织教学活动，以培养学生的自主学习能力。

（3）展示交流。本书注重人际交流能力的培养，注重礼仪规范和个人形象的展示，在问题讨论、技能分析、技能运用和技能训练栏目，设计了个人交流、集体讨论、个人展示、小组成员展示和交流等活动，目的在于把展示引入课堂，把课堂引入社会，旨在培养学生社会化的交往能力、沟通能力和合作能力。

（4）把形成性考核和总结性评价有机地结合起来。教材中的31个"技能点"、22个"技能训练"活动都有明确的考核标准和要求，并把礼仪知识、技能、职业核心能力、职业道德等内容融入学习过程和考核结果中。

使用本书的几点建议。

（1）"商务礼仪实务"课程课时实排为：4 课时/周×18 周=72 课时，其中机动 6 课时。

课时安排建议表如下。

| 任 务 | 活 动 名 称 | 技 能 点 | 建议课时 | 备 注 |
|---|---|---|---|---|
| 一、职业与个人形象 | 1. 修炼个人形象 | 1. 认识职业 | 2 | |
| | | 2. 形象自律 | 2 | |
| | 2. 尊重客户与承担社会责任 | 1. 尊重客户，服务客户 | 2 | |
| | | 2. 践行公司的社会责任 | 2 | |
| 二、个人（职业）形象定位 | 1. 仪容修饰 | 仪容礼仪 | 2 | |
| | 2. 仪表规范 | 仪表礼仪 | 2 | |
| | 3. 仪态文雅 | 仪态礼仪 | 2 | |
| 三、初次见面礼仪 | 1. 见面致意 | 握手、问候礼仪 | 2 | |
| | 2. 称谓和介绍 | 1. 称谓、介绍礼仪 | 2 | |
| | | 2. 名片交接与索取礼仪 | 2 | |
| 四、日常交往礼仪 | 1. 交谈礼仪 | 交谈障碍的克服与交谈礼仪 | 2 | |
| | 2. 接待与馈赠 | 1. 接待礼仪 | 2 | |
| | | 2. 馈赠礼仪 | 2 | |
| | 3. 交通和差旅 | 交通和住宿礼仪 | 2 | |
| | 4. 中餐宴请 | 中餐宴请礼仪 | 2 | |
| 五、日常工作礼仪 | 1. 工作沟通 | 1. 上下级关系礼仪 | 2 | |
| | | 2. 同事关系礼仪 | 2 | |
| | 2. 接打电话 | 电话礼仪 | 2 | |
| | 3. 工作会议 | 会议服务与参会礼仪 | 2 | |
| | 4. 突发事件处理 | 职场中突发事件处理礼仪 | 4 | |
| 六、商务交往礼仪 | 1. 日常销售礼仪 | 1. 销售礼仪 | 2 | |
| | | 2. 推销礼仪 | 2 | |
| | 2. 商务专题活动礼仪 | 1. 展览会礼仪 | 2 | |
| | | 2. 商务谈判及签约礼仪 | 4 | |
| | 3. 涉外礼仪 | 1. 涉外见面礼仪 | 2 | |
| | | 2. 西餐礼仪 | 2 | |
| 七、文书礼仪 | 1. 礼仪文书 | 礼仪文书书写与发放礼仪 | 2 | |
| | 2. 柬帖类文书 | 柬帖类文书书写与应用礼仪 | 2 | |
| 八、网络交往礼仪 | 1. 网络营销 | 网络营销礼仪 | 2 | |
| | 2. 日常网络交流 | 1. 邮件收发礼仪 | 2 | |
| | | 2. 网络交流礼仪 | 2 | |
| 8 项任务 | 22 项活动 | 31 个技能点 | 66 | 机动 6 |

（2）日常考核办法。要关注学生三个方面表现，结合表现给分。

一是平时到课学习情况，课堂上参与小组讨论情况（全班统一安排实训项目，全部实训项目都分成小组进行，每个小组保证完成 10 个项目）。

二是平时完成小组实训项目、实训任务的情况。

三是在社会实践、公司调查和实训成果展示活动中的表现情况。

（3）期末考核。我们在教材最后增加了"思考与实训"项目，有选择题、判断题、案例分析和实务操作题。这些补充内容既为学生提供了拓展学习的内容，也可作为教师期中和期末考试组卷的参考题。

本书由杜明汉担任主编，教材编写的具体分工如下：山西金融职业学院杜明汉编写任务一、任务二、任务三、任务七、任务八，山西金融职业学院李葆宏编写任务四，山西省贸易学校阎图强编写任务五，山西财贸职业技术学院李光伟编写任务六。书后"思考与实训"由杜明汉整理。全书由杜明汉总纂定稿。

在本书编写过程中，参考借鉴了国内外大量礼仪著作和教材，限于篇幅，未能一一注明，在此表示诚挚谢意。由于作者水平有限，书中难免存在错误和遗漏，恳请读者不吝指正。

编　者

2013 年 6 月

# 目 录
## Contents

# 任务一
## 职业与个人形象

### 认知目标

1. 认识职场工作的社会价值。
2. 了解职场礼仪的作用。
3. 明确一个职业人尊重客户，服务客户，践行公司社会责任的重要意义。

### 技能目标

1. 知道形象自律的基本内容。
2. 自觉提升良好的个人形象修养。
3. 积极维护公司形象。

### 案例导入

#### 礼仪体现在细节

小邹是新进公司的员工，他良好的形象和口才引起了领导的重视，工作 3 个月后，领导就安排小邹负责接待来考察的兄弟单位的领导。

然而，在小邹接待的第三天，对方就提前结束考察匆匆返回了。对方来函中说，他们认为小邹单位对这次合作极不重视，而且认为他们公司管理混乱，员工素质不高，难以与他们共同完成重任。原来，小邹在接待期间穿的是不伦不类的夹克衫和"易拉得"领带；对方和他交换名片时，他扫了一眼名片后就直接装进了裤兜里；每天早上接客人时，总是在酒店外面鸣笛催促……

思考：

1. 商务人员应有怎样的工作态度？
2. 职场礼仪有什么作用？
3. 怎样养成良好的职场礼仪习惯？

# 活动一　　修炼个人形象

商务活动主要围绕职场工作展开，结合认识职业、形象自律等基本技能点，从业人员应了解商务礼仪的本质与作用，了解商务人员礼仪修养的主要内容，认识养成重礼、懂礼、用礼好习惯对自己、他人和公司的价值。

## 技能1　认识职业

### 1．技能认知

我们要认识职业，就要先了解什么是职业，从事每种职业的社会价值何在。

职业是指个人在社会中从事的作为主要生活来源的工作。社会上工作的人，都从事一定的职业。如农民务农、工人做工、教师教书育人，都是从事一定的职业。人们从事不同的职业，一方面，为社会做贡献；另一方面，从事不同职业的个体为社会提供了劳动，并以等价交换获取报酬来维持自己和家庭的生活。

我们毕业后，都要从事一定的职业，并从社会获取报酬。当今社会，公司是最基本的经济组织形式之一，而公司通过生产和提供各种产品和服务给社会消费来获取利润，公司的利润便是支付员工工资的来源。每一位员工在自己职业岗位上完成自己所负责的工作，是公司赢得利润的前提所在。所有的公司都是通过提供商品和服务来赚取利润的，要想赚取利润，就要提供优质产品和服务，满足消费者需求。因此，可以说工作不仅仅是维持个人生活，同时也在支撑和维持着整个社会的和谐运转。

### 2．技能学习

同学们选择了自己喜欢的专业进行学习，通过学习专业知识、专业技能和相应的职业道德与相关的法律知识并完成学业，就要从事一定的职业，为社会做贡献了。那么，你知道你将来从事工作岗位的具体职业名称、工作内容，给公司或客户提供的产品和服务的内容，以及对社会能做什么贡献吗？

随着我国社会经济现代化、信息化和国际化的发展，从事任何职业所需的知识、技能、综合素质都有了新的要求。因此，同学们必须从心理、技能、体力等方面做好准备，这是做好工作的基础。

从心理方面看：要有为社会做贡献，让客户满意的心理，以及保持心理健康的能力。在心理方面，特别要培养自己与人交流、与人合作的职业核心能力。努力为自己营造一个良好的心理状态。

从技能方面看：必须有工作、业务、行业方面的知识、技能以及适用能力。从目前看，要努力提升自己的自我学习能力、信息处理能力、解决问题能力、数字应用能力、革新创新能力，不断提升自己适应社会发展和技术变更的能力。

从体力方面看：必须具备完成工作所需的体能，以及维持体力所需的自我管理能力。

此外，要有积极的心态。工作中保持积极的心态，更容易使人保持乐观而稳定的情绪，在工作中充满热情和活力，更容易有较强的事业心和目标意识，把个人利益与单位利益协调一致，并正确地认识自己。豁达、宽容、自尊、敬人，建立和保持和谐的人际关系，才能有积极的职业意识，并在行为上才会以工作、以团队为核心，从而工作才能由"要我做"变成"我要做"。

同时，还要培养进取精神：不满足现状，勇于不断提升自我。

### 3．技能分析

结合下面的实例，请同学们思考。

### 实例1

早晨，一位商场营业员先把孩子送进幼儿园，然后买了早点，上了公共汽车，急匆匆奔向自己所在的商场。这一连串的行动，发生在短短的二三十分钟里，但是这位服务员接受了多少人的服务呢？凌晨清扫街道的清洁工为她服务了，幼儿园的阿姨为她服务了，做早点的厨师和卖早点的服务员为她服务了，开公共汽车的司机和车上服务员为她服务了……毫无疑问，她非常希望清洁工把街道打扫干净，幼儿园老师能细心照顾她的孩子；厨师把食品做得卫生而可口；卖早点的服务员态度亲切、动作勤快；公交车司机开车平稳而又安全，车上服务员像亲姐妹一样热情接待乘客……

### 实例2

下面是一张名人工作的时间表。

马克思写《资本论》用了40多年。

达尔文著《物种起源》用了22年。

法布尔著《昆虫记》花了30年功夫。

歌德写《浮士德》前后花了60年之久。

司马迁编《史记》花了18年。

司马光编《资治通鉴》花了19年。

李时珍写《本草纲目》花了30年。

应天星的《天工开物》写了18年。

思考：

（1）古人说"锲而舍之，朽木不折；锲而不舍，金石可镂"。你同意这样的观点吗？请说说你的看法。

（2）有人说"路在脚下"。你同意这种说法吗？为什么？

> **小提示**
>
> 在我们的社会里，每一行都有很多干一行、爱一行、精一行的优秀人物。他们把工作岗位当作展示自己才华、奉献社会的舞台，在平凡的工作岗位上做出不平凡的业绩。他们深刻理解社会中人与人之间互相服务的平等互助关系。每一个人不管从事什么职业，在什么样的工作岗位上，从自己做起，从身边的事做起，自觉遵守道德和礼仪规范，才能成为德艺双全的优秀工作者。
>
> 要做一个有理想、有知识、有技能的当代职业人，热爱本职工作是基础，勤业、敬业是关键，不断学习、不断创新是根本。凡是在本行业或公司有所成就的人，都是有很强的勤业敬业精神，并不断学习钻研业务，工作中不断开拓创新的人。要有所进步，必须坚持，任何成功都是血汗凝成的。

### 4．技能运用

请每位同学结合自身情况，结合自己希望从事的工作，提出新的行动计划，从心理、技能、体力、进取精神等几个方面提出具体明确的目标。

> **小提示**
>
> 任何人要想成功，必须有理想、有奋斗目标，更要有为实现目标的行动。目标要具体、明确，既要有长远目标，也要有近期目标，并且目标可检验、可衡量，这样的行动计划和奋斗目标才可能实现。同学们应该认真设定目标并脚踏实地地去践行目标，通过直接和间接途径体验职业的社会价值。

## 技能 2　形象自律

### 1．技能认知

一个公司的发展靠什么？公司形象又是什么？可以说，员工的形象决定着公司的形象，员工素质的提高决定着公司的发展壮大，现实生活中，没有一位管理者不希望自己的团队具有高品质的形象。那么，什么是个人形象？为什么要形象自律？这是我们每一位即将进入职场的人必须要搞清楚的问题。

首先，要明确什么是形象。形象是指能引起人的思想或感情活动的具体形状或姿态。每个人都有自己独特的形象，从而形成了不同的个人形象。个人形象是指一个人相貌、身高、体型、服饰、语言、行为举止、气质风度及文化素质等方面的综合。

商务礼仪与个人形象塑造密切相关，以商务礼仪规范自己的言行、仪容、仪表，是展示良好形象的一条有效途径。商务礼仪规定了一条商务人员应有的形象，或者说，遵循它就会得到社会的认可，工作也会变得更加顺利；违背它或偏离它，往往会遭到社会习俗的惩罚，甚至付出惨重的代价。在现代商务活动中，由于商务活动与社会各方面的关系越来越紧密，因此，每位商务人员践行商务礼仪，提升个人形象，对促进公司商务活动有重要的作用。

在商务活动中，根据交往的深浅程度，可将人的形象分为三个层次：第一层是对那些只知其名、未曾见面的人来说，一个人的形象主要与他的名字相关；第二层是对初次相见、只有一面之交的人来说，他的形象主要与他的相貌、仪表、风度举止相关；第三层是对那些相知相交很深的人来说，他的形象更多的是与他的品行、文化、才能有关。可见第一印象是由人的相貌、仪表、风度举止等综合因素形成的。对于商务人员来说，给人良好的第一印象，可能是成功的前奏，是成功的基础。

任何公司都是由众多员工组成的，每个员工的个人形象决定了公司的形象。没有每个商务人员的良好形象，就没有良好的公司形象。公司商务人员既是公司良好的声誉和形象的直接创造者，也是公司形象的建立者和塑造者。

### 2．技能学习

每个人都是通过外在形象来展示自己的特点，一个人的眼神、说话的方式就是最基本的信息，并通过衣着、声音和举止表现出基本特性。一般在初次见面的几分钟内就能初步判断出一个人的素质和能力。所以，一个良好的形象会令你在任何场合都神采奕奕，信心倍增，会让别人更愿意接近你，使你更容易得到周围人的认可。那么，具体而言，什么是个人形象？怎样提升个人形象呢？

个人形象的优势取决于两个方面，即内敛的精神、修养和外显的气质、风度。前者指向个体本身的道德、学识、技艺、人生道理等方面，个体在这些方面通过学习磨炼及陶冶而逐渐形成的个体素质和能力，也可称为人格魅力，这是个人形象的核心。精神、修养与外部环境的结合，就形成了个体的气质、风度。两个方面共同形成了独特的个人形象。

怎样提升个人形象呢？

首先，要加强品德修养。品德是对商务人员核心的素质要求，这里包括个人品德和职业道德两部分。个人品德包括以诚待人、以诚相见，视所有的客户为你的朋友，一视同仁；待人热忱，让人感到温暖亲切；心胸宽广，会容人、能容人，办事公正、公平。职业道德包括有正确的职业观念，对职业有愉快的主观体验、稳定的情绪表现、健康的心态，对事业有积极的向往和执着的追求，职业态度端正，有积极的倾向与行动，履行职业义务时有强烈的道德责任感和自我评价能力，在职业工作中有体现职业道德内涵的一贯表现。

其次，要提升能力素质。商务人员应有较高的能力素质，如思维能力敏捷，对新问题有敏感性，有发现问题、协调解决问题的思维能力；有一定的写作能力；有与人交往并使对方信任的能力；有较强的表达沟通能力；有与人合作的能力。

再次，要培养良好的文化素养。商务人员应有一定的文化涵养和广博的知识，文化涵养是思维的基础。提高文化涵养就是要学习有关商务法律、职业道德规范、商务礼仪、市场营销、消费心理学、网络营销、电子商务、公共关系、市场开发与管理等方面的知识。

只有在这些方面不断地学习、提高，才能提升个人形象，使自己成为一个优秀的职场人士。

## 知识链接

### 测测你的修养如何

对于每一个问题，根据自己的实际情况，用"是"或"不是"来回答。

1. 你对待店里的售货员或饭店的服务员是不是跟你对待朋友那样很有礼貌呢？
2. 你是不是很容易生气？
3. 如果有人赞美你，你是不是会向他说"谢谢"？
4. 有人尴尬不堪时，你是不是觉得很有趣？
5. 你是不是很容易展露出笑容，甚至在陌生人的面前？
6. 你是不是会关心别人的幸福和舒适？
7. 在你的谈话中，你是不是时常提到自己？
8. 你是不是认为礼貌对自己无足轻重？
9. 跟别人谈话时，你是不是一直很注意对方的反应？

**答案**

1. 是。一个富有修养的人，不论对什么样身份的人，始终都应彬彬有礼。
2. 不是。容易生气的人，其修养不是很好。
3. 是。善于接受他人赞美是一种做人的艺术。
4. 不是。幸灾乐祸说明你的修养较差。
5. 是。微笑始终是自己通往快乐的最好入场券。
6. 是。关心体贴别人是一个人成熟和有魅力的一个重要条件。
7. 不是。那些经常谈论自己的人很少会受到别人的欢迎。

8. 不是。良好的风度和礼貌是每一个人所必需且应该具有的。

9. 是。尊重别人的意见才能使别人尊重你。

### 3．技能分析

结合下面的实例，请同学们分析讨论。

### 实例

一个人走进酒店要了酒菜，吃完摸摸口袋发现忘了带钱，便对店老板说："店家，今日忘了带钱，改日送来。"店老板连声说："不碍事，不碍事。"并恭敬地把客人送出了门。

这个过程被一个无赖看到了，他也进饭店要了酒菜，吃完后摸了一下口袋，对店老板说："店家，今日忘了带钱，改日送来。"谁知店老板脸色一变，揪住他，非要剥他衣服不可。无赖不服，说："为什么刚才那人可以赊账，我就不行？"

店老板说："前者吃菜，筷子在桌子上找齐，喝酒一盅盅地喝，斯斯文文，吃完后掏出手绢揩嘴，一看就是一个有德行的人，岂能赖我这几个钱。"

"而你筷子在胸前找齐，吃饭狼吞虎咽，吃上瘾来，脚踏上条凳，端起酒壶直往嘴里灌，吃完用袖子揩嘴。分明是一个食无定量的无赖，我岂能饶了你！"

思考：

（1）本例对你有何启发？

（2）你认为个人形象修养重要吗？谈谈你的看法。

---

**小提示**

每个人在长期的工作和生活习惯中形成了各自的动作姿势。动作姿势是一个人思想文化修养的外在体现。一个趣味低级、缺乏修养的人，是不会有良好的行为举止的。所以要根据商务活动规律，结合商务礼仪的要求，规范自己的动作姿势，因为我们的一举一动是别人了解我们的一面镜子。我们也可以通过别人的外在动作、姿势来衡量、了解一个人。

大量的社会实践证明，和他人交往接触，第一眼给人留下的礼仪印象是来自一个人的外表和举止。一个人的个人形象不但体现个人的文化修养，也可以反映个人的审美情趣。一个人衣着合体，行为举止得当，不仅容易赢得他人信赖，给人留下良好的印象，而且还有利于提高与人交往的能力。

要记住，保持良好的个人形象是一习惯，一种贯穿在点滴行为中的修养。

---

### 4．技能运用

情景剧小品：临时清洁工

人物：甲、乙

道具：一把扫帚、一个垃圾斗、一个垃圾箱、一块写有"禁止践踏草坪"字样的木牌

甲：学院最近搞社会实践活动，我积极响应号召，今天要当一名临时清洁工。我的基本工作是搞好这一片儿的卫生，我的职责是让这一片儿更加干净卫生（挥手一指），遇上随地吐痰、吐口香糖、乱丢垃圾的，进行罚款，每次 5 元（伸出五指）。

（拿起扫帚扫地。一位男生从草坪上踩踏而来）

甲：您好！同学，请站住。（指指草坪上竖着的牌子）您没看到上面写着"禁止践踏草坪"吗？

乙：（不屑一顾，指着裤子上的牌子）美特斯邦威，不走寻常路。

甲：（一副惊奇的模样）这么高的栅栏您是怎么过来的？

乙：（指指鞋）李宁，一切皆有可能。

甲：对不起，罚款 5 元。

乙：（慌张地）凭什么呀？

甲：（幽默地）动感地带，我的地盘我做主。

（乙感到理亏，说不出话，乖乖地交了罚款）

甲：（望着乙离去的背影，深思了片刻）随着经济的发展，人们文明程度的提高并没有和经济发展同步，在我们身边，抢座、排队加塞儿、乱丢垃圾、随地吐痰、随地大小便等现象比比皆是。在国运昌盛的今天，我们没有理由再粗俗下去。中国迫切需要一场文明礼仪运动！我们离真正的文明礼仪到底还有多远？答案就在每一个中国人的行动中！

思考：

（1）同学们分组讨论本班同学在个人形象塑造方面好的表现主要是什么？还需要努力的方面是什么？

（2）同学们结合日常生活中熟悉的人，介绍注意个人形象塑造的同学的表现、教师中注意个人形象的表现，以及社会公众人物注意个人形象的表现。

> **小提示**　个人形象是个人素质的一张名片。努力塑造良好的个人形象是对职场人士的基本要求。个人形象不仅是简单的个人行为表现，而且是个人公共道德修养在社会群体里的体现，反映的是一个人内在的品格与文化修养。良好的个人形象是在后天的不懈努力和精心教化中逐渐形成的。个人形象不仅仅是个人素质的表现，而且作为一种社会文化，事关公司、社会乃至国家和民族的整体形象。良好的个人形象是我们自尊尊人之本，更是我们立足之源。

## 技能训练

### 个人形象塑造计划

- 训练目标：制订符合自身实践的个人形象塑造计划。
- 训练步骤：

① 结合个人职业生涯规划，列出自己毕业后想进入的行业、公司及工作岗位。

② 进行社会调查，了解该行业、公司业务和文化内容，了解本岗位的基本职业道德，了解工作岗位对员工个人素质和个人形象的要求。

③ 征求五位以上朋友、同学对自己在个人形象方面改进的意见，并总结出在个人形象塑造方面最先应努力改进的三个方面。

④ 说明自己在个人形象塑造方面本学期的目标和近两年的中期目标。

⑤ 说明具体的个人形象塑造的措施和办法。

• 训练成果形式：在征求朋友和同学、老师意见的基础上，形成自己的"个人形象塑造计划书"。老师选出完成课业好的同学在班级交流，供大家相互学习。

• 训练成果评价如表 1-1 所示。

表 1-1　　　　　　　　　　"个人形象塑造计划"课业评价表

| 项　目<br>（分值） | 标　准 | 得　分 |
|---|---|---|
| 行业、公司、工作岗位<br>（15） | 具体明确，并符合企业实际 | |
| 调查内容<br>（20） | 行业、公司业务和文化内容明确，职业道德内容具体，对个人素质和个人形象要求具体 | |
| 征求意见<br>（20） | 五位以上朋友、同学，征求内容符合本人实际，列出了需改进的三项内容 | |
| 目标确定<br>（15） | 学期目标具体，近两年目标明确 | |
| 改进措施<br>（15） | 针对需改进的内容，措施可行，符合自身实际 | |
| 计划书<br>（15） | 计划书格式规范，内容全面 | |
| 总成绩∑100 | | |
| 教<br>师<br>评<br>语 | 　<br>　<br>签名：　　　　年　月　日 | |
| 学<br>生<br>意<br>见 | 　<br>　<br>签名：　　　　年　月　日 | |

# 活动二　尊重客户与承担社会责任

　　商务活动的主要对象是客户，公司通过提供产品和服务为客户服务，并实现公司价值。本活动围绕尊重客户、服务顾客，践行公司责任两个技能点，让同学们了解提升个人素质的目的就是为公司客户提供更优质的产品和服务，实现公司的社会价值。

## 技能 1  尊重客户，服务客户

### 1．技能认知

任何一个公司都必须生产或经营某种产品和服务，而这些产品和服务都是为给客户提供的。客户是我们服务的对象，是我们产品的用户，是我们公司利润的来源。因此，所有公司的商务人员都必须尊重客户，为客户搞好服务。

公司的发展，依赖于赢利，公司必须销售出自己的产品及服务才能实现利润。好的销售来自客户的支持。在当前市场经济条件下，商品琳琅满目、层出不穷，要获得客户的青睐，就要付出更多的努力。所以，从客户的立场出发，提供他们需要的产品及服务，服务客户的宗旨便应用而生了，这也就是"客户满意战略"。要让客户满意，一要了解"客户真正希望我们怎么做"，"与之相符的产品和服务有哪些"，"公司能提供什么"。二要明确竞争对手也会尽力获取客户的真实想法，也会尽力满足客户的需要。要让顾客满意，必须建立在知己知彼的基础上，提供比竞争对手更优质的产品和服务。

从事商务工作，是在与客户的交往中来实现工作目标的。因此，我们要做一个诚实守信，知礼、守礼、用礼的人，尊重客户的人格和尊严，真心诚意地为客户服务。

### 2．技能学习

在市场经济中，谁是我们的客户？我们该为客户提供什么样的产品和服务？这是我们商务人员必须明白的基本问题。

在市场营销活动中，客户就是指那些光顾公司，有一定消费量，对公司整体利润有贡献的消费者或用户。我们要努力做好客户服务工作，做到在适当的时间和地点，以适当的方式和价格，为目标客户提供适当的产品或服务，满足客户的适当需求，使公司和客户的价值都得到提升。

公司的客户服务工作贯穿于产品或服务的售前、售中和售后的全过程，包括公司向客户提供与产品或服务相关的技术、信息等方面的各项专业化活动。让客户满意是商务人员的基本工作目标。让客户满意，就是让顾客在对某项产品或服务的消费中获得良好的情感体验，或者说是顾客通过对某项产品或服务的感知效果或结果与他的期望值相比较后所形成的比较满意的感觉状态。客户满意包括以下五个方面内容。

① 理念满意。包括对公司的营销宗旨、营销方针、营销哲学满意等方面。要求公司的质量观、服务观都能体现以客户为中心的思想。

② 行为满意。这是公司全部的运行状态带给客户的满意度。行为满意包括行为机制满意、行为规则满意和行为模式满意三个方面的内容。

③ 视听满意。视听满意强调了各个视听要素带给客户的满意程度。它应包括公司名称满意、标志满意、标准色满意、标准字满意和应用系统满意等内容。

④ 产品满意。就是公司产品带给客户的满意状态。它包括产品质量满意、产品功能满意、设计、包装满意、价格满意和售后服务措施满意等内容。

⑤ 服务满意。包括绩效满意、方便性满意、情绪与环境满意、售后服务满意等。

公司不仅要给客户提供满意的产品和服务，而且要真心诚意地尊重客户。尊重客户，是指要尊敬和重视客户，这是商务活动中基本礼仪要求，也是社会公德的一般要求。只有尊重客户，市场交易活动才能正常进行，也才能维系良好的市场秩序。尊重客户，必须做到：平等、真实、诚实、正直、团结协作、自律。一句话，客户和消费者就像公司的血液，道德地、礼貌地对待客户，不但是理所应当的，而且也会帮助公司留住客户。

### 3. 技能分析

结合下面实例，请同学们思考。

**📚 实例**

有一次，某公司公关部职员小赵负责一个重要客户的全程接待工作。在将客户送到其下榻的酒店的途中，客户主动跟小赵闲聊，从交谈中小赵得知客户想到酒店安顿好后去看望一位住在该市的老同学。下车后，小赵马上为其叫好出租车等待客人下来。当客人见到待命的出租车时，既感激又惊讶，因为他根本没料到小赵会帮他叫好车等他下来，因此，他很高兴，连声向小赵道谢。在接下来的一周里，该公司与客户洽谈得非常顺利，并取得了满意的订单。在庆祝双方合作成功的酒会上，该客户对公司的经理提起了小赵所做的事情，并说："这次之所以和你们合作得这么愉快，很大程度上是因为小赵的行为加强了我们对你们公司的信任。"之后对坐在旁边的小赵表示了感谢。顿时，小赵也惊讶了：自己不过主动为客人做了些力所能及的小事，客人却记在心里。

思考：

（1）请你思考日常工作中商务人员良好的服务意识是怎样养成的。

（2）反思商务人员服务意识差的主要原因是什么。

（3）服务周到还可能带来什么效果？

（4）分析一下你自己的服务意识和服务行为。

> **⏰ 小提示**
>
> 在现代商务活动中，需要提供服务的场合和机会无时不在、无处不在。商务人员要在各种场合把服务工作做到恰到好处、礼貌有加、事事得体，并不是一件容易的事情。商务人员必须认真学习，提高认识，不断总结经验、教训，提升自己践行礼仪和服务客户的水平。
>
> 要尊重客户，做好服务工作，商务人员必须根据自己的身份、地位、工作性质，充分认识尊重客户、服务客户的重要意义。以持之以恒的毅力，自觉地坚持服务客户过程中的基本礼仪规范，努力把服务工作过程中的服务意识和基本礼仪要求内化为自己自觉的行为习惯。

### 4. 技能运用

**📚 实例**

民生银行南京分行各家营业网点不断加强员工的职业礼仪培养，首先从"三步曲"全流程服务培训做起。

第一步：迎宾。客户走进营业厅大门，保安不仅会主动给客户拉开门，而且会向客户敬礼，主动将其带领到大堂经理面前。

第二步：引导。大堂经理会主动迎上前去，指引其领取号码并询问客户业务需求，指导其填单或代其复印证件，将其引至休息椅或相应的服务柜台。

第三步：柜面操作。由于前一环节解决了咨询、填单或复印证件等手续，因此柜面操作更有针对性，速度也更快捷，一般均能做到1～2分钟就能办完业务。

民生银行南京分行通过全流程服务实现了以客户为中心，将柜前服务与柜中服务有机地衔接起来，节省了客户时间，得到了客户的广泛好评。

思考：

（1）请同学们就自己生活中遇到的服务优良和服务较差的实例写出来，在小组中交流，每组推荐两位同学在班级交流。

（2）请同学们就自己在生活中为他人服务的事例讲出来，与全班同学交流，说明在什么时间，发生了什么事情，你做了什么，为什么你会这样做，你心里有何感受，以后遇到类似事情你是否还会这样做。

> **小提示**
>
> 商务人员的服务意识是在学习交流和体验中逐渐提升的，同学们必须多了解、多观察、多体验。服务能力的提升，一是要熟悉行业、企业、工作岗位的基本职业和道德规范要求，二是要认真领会这些规范和要求的内涵。在具体的商务活动实践中要善于不断学习、不断实践、不断总结提升服务的内容和质量，从而切身体验如何尊重顾客、服务客户，给公司带来价值。

## 技能 2　践行公司的社会责任

### 1．技能认知

任何一个公司都是通过生产、经营产品或提供服务而在社会上生存和发展，同时公司又是社会经济体系中一个组成部分，公司必须承担维护市场秩序、遵守国家法律、践行社会公德、保护环境等社会责任。而公司社会责任的践行是由公司管理人员和员工共同负责的。

公司是依靠开展业务所产生的利润而生存的。为了吸引客户，每一家公司都会力争提供高质量的产品及服务，实现在竞争中成为赢家的目的。另外，公司又是一种社会性的存在，公司并不仅仅是依靠与客户的关系生存的。除了客户，还有股东、当地居民、行政机关、金融机构等，都与公司有着多种联系。公司在开展业务时所涉及的机构、人员叫利害关系者。面对所有利害关系者，公司要对自身的行为负责，这就是"社会责任"。而公司又是由每一位员工组成的。因此，公司的"社会责任"是和每一位员工的行为息息相关的。每一位员工就是公司社会责任的践行者。

有一支有文化、有技术、不断进取的高素质员工队伍，就能使公司不断创新，不断发展，而且公司在发展过程中也能处理好公司内部员工之间关系，处理好与利害相关者之间关系，处理好与自然环境之间关系，使公司真正成为给客户和社会创造财富与提供福祉的社会组织。

### 2．技能学习

在社会主义市场经济条件下，公司是一个独立的经济组织，它在社会经济发展中，通过生产产品和提供服务来推动社会经济的发展，满足消费者的需求，但公司的生产经营行为必须是在符

**合伦理、符合法律的条件下进行的，即公司必须承担相应的社会责任。**

在社会主义市场经济条件下，由于竞争的加剧和竞争行为的不规范，一些企业不顾生产条件，不管生产环境，肆无忌惮地破坏自然环境，给人们生活、生存造成了极大的危害。因此，企业界和社会学界都提出企业必须承担社会责任。那么，什么是社会责任？从社会经济学的观点看，公司的社会责任既包括创造利润、维持本公司的生存和发展，还包括保护和增进社会福利。社会责任的具体内容包括以下四个方面。

① 好的公司治理和道德标准。

② 对人的责任，主要包括员工的安全计划、就业机会均等、反对歧视、薪酬公平等。

③ 对环境的责任，包括维护环境的质量、使用清洁能源、共同应对气候变化和保护生物多样性等。

④ 对社会发展的广义贡献。如在贫困地区开展捐助等扶贫活动。

公司社会责任的践行是一个相当长的过程，需要不断的努力、探索和实践，不可能一蹴而就。公司社会责任践行的途径包括以下几个方面。

① 保护环境。在保护环境方面有所作为，对提升公司形象、提高市场份额、吸引人才聚集、提高公司的市场竞争力及推动社会进步都有突出的作用。在市场经济规则下，公司产品环保不达标，就难以进入主流市场。

② 提供可持续发展的产品和服务。即公司必须维护其他利益相关者的权益，如环境保护、消费者使用安全、产品和服务的质量不断提升。

③ 发展循环经济和节约经济。

④ 保护消费者权益。

⑤ 维护员工的权益。

⑥ 重视利益相关者参与。

⑦ 扶持弱势群体，关怀弱势群体，营造公平和谐的社会氛围。这样不仅为弱势群体的生存、发展及价值的实现创造了条件，还可以帮助公司开拓出新的市场，更有效地利用社会资源，提高公司竞争力。

⑧ 提供教育机会。即培养员工在公司中做事的同时不断成长，也使公司在发展的同时对社会有益。

⑨ 关心供应链各环节的发展。公司关心并协助供应链上多个环节的发展是一个公司负责任的体现，供应链整体效率和效益的提升将增强公司的竞争实力。

⑩ 完善公司社会责任管理系统。公司社会责任管理系统的健全和完善，为公司履行社会责任方面实现由"自发行为"向"自觉行为"转变提供了保障。

### 3．技能分析

结合下面的实例，请同学们思考。

### 🌱 实例

李爽发现，他管理的化工厂向附近河流排放的废水标准轻微超过法律规定的标准，然而揭露这件事将给工厂带来消极的公众影响，并会危害河流两岸的旅游业，甚至会引起社会的恐慌。要解决公司的排污问题，公司需要花费10多万元，而外界发现这个问题的可能性似乎不大。一天，市环保局一行三人来厂里检查，李爽热情地接待了他们。在相互交流的过程中，李爽有几次想把这件事向环保局的同志们说明，但话到嘴边还是没有讲出来。

思考：

（1）你认为应该怎样处理践行公司责任与公司眼前利益之间的关系？

（2）应该怎样处理热情周到服务与践行公司责任的关系？

（3）请你举出类似的案例，说明他们是怎样处理热情周到服务与践行公司责任的关系的。

（4）如果遇到类似事情，你会怎样处理？

> **小提示**
>
> 我国经济增长越来越面临资源"瓶颈"和环境"瓶颈"，公司必须树立危机意识，树立绿色、低碳发展理念，构建资源节约、环境友好的生产方式和消费模式，增强可持续发展能力。
>
> 任何公司都有两个目的：一是社会性目的，即充分有效地利用社会资源，千方百计地开发研制新产品或提供优质服务，满足社会多方面的需求；二是经济性目的，即通过生产、经营物美价廉、适销对路的产品和提供良好的服务而取得较高的经济效益。
>
> 当你成为公司一员，你与公司就达成了协议，你需要遵循公司的所有制度，完成合同上给你规定的任务；作为回报，公司会按合同上的协议付给你工资，并且公平地对待你。公司中的每一位员工在公司的工作过程，其实也是践行社会责任的过程。不管你为客户提供的是什么产品或服务，公司的经营行为和员工的工作行为既不能违背社会道德，也不能触犯法律法规。

## 4. 技能运用

### 实例1

安徽省阜阳市171名儿童因食用劣质奶粉出现营养不良综合症，住进医院，其中13名儿童因并发症而死亡。山东、湖北、湖南、浙江、广东、上海等地也先后查出了和阜阳"毒奶粉"相类似的劣质奶粉。

### 实例2

#### 太原钢铁公司企业文化

**企业使命**：用不锈精神创造卓越品质。

**战略目标**：坚持做强企业，延伸发展，多元发展，绿色发展，和谐发展，建设全球最具竞争力的不锈钢企业。

**核心价值观**：以人为本，用户至上，质量兴企，全面开放，不断创新。

**公司行为准则**：诚信、敬业、勤勉、奉献。

**职业行为规范**：热爱太钢，遵章守纪，爱岗敬业，诚实守信，善于学习，开拓进取，团结协作，文明礼貌。

职工文明礼仪。（包括仪表礼仪、用语礼仪、电话礼仪、乘车驾车礼仪、参会礼仪、参观接待礼仪、握手礼仪、引导礼仪、宴请礼仪、洽谈礼仪、食堂就餐礼仪、上网礼仪等，并且都有具体要求）。

安全观：珍爱生命，我要安全。

质量观：质量是企业的品格。

营销观：为用户提供更安全、更好、更快的解决方案，在长期合作中实现共赢。

思考：

（1）阜阳"毒奶粉"事件和太原钢铁公司公司企业文化两个实例，对你有何启示？

（2）请同学们举 1～2 个熟悉的公司主动践行社会责任的实例，与全班同学交流。（企业做了什么？为什么会这样做？你对他们这种做法的评价是什么？你有什么感悟？）

---

**小提示**

任何一个践行社会责任的公司，既注意提升员工的素养，又努力生产优质的产品，提供满意的服务，从而为公司的生存和发展创造良好的社会条件和环境。任何不践行社会责任的公司，以害人开始，最后都以害己告终。

所有成功的公司，从员工的行为、礼仪礼貌、工作态度、敬业精神到绿色生产节约资源等方面都有明确具体的要求，这是公司能良性运行的基础，也是公司不断发展壮大的动力源泉。每一个成功的公司都能认真践行社会责任，并在践行公司社会责任过程中实现公司的社会价值。

---

## 技能训练

### 调查公司践行社会责任现状

- 训练目标：增强学生践行公司社会责任意识。
- 训练步骤：

（1）请同学们实地调查两家公司，就下面三类问题进行对照分析。

第一类：

① 公司员工的敬业勤业精神，遵守劳动和安全规定情况。

② 员工基本素质——谦恭、尊重、诚实和公平的情况。

③ 员工展现出的时间观念和精神面貌。

第二类：

① 公司在遵守法律的基础上进行商务运作的情况。

② 公司既生产优质产品和提供良好服务，又培养和提升员工素质的情况。

③ 公司尽最大能力履行所允诺义务的情况。

第三类：

① 在广告中传达真实信息的情况。

② 不断提升产品和服务质量的情况。

③ 贯彻绿色理念，节约资源的情况。

（2）逐条进行对照分析，指出差距，用事实说话，并分析原因。

（3）组织小组讨论，相互交流，分析公司践行社会责任的重要性。

（4）每位同学写出调研分析报告，在班级展示。

- 训练成果形式：公司践行社会责任现状调查报告。
- 训练成果评价如表 1-2 所示。

表 1-2　　　　　　　　　　"调查公司践行社会责任现状"课业评价表

| 项　目<br>（分值） | 标　准 | 得　分 |
|---|---|---|
| 第一类问题<br>（20） | 每个项目都有具体内容，并附原因分析 | |
| 第二类问题<br>（20） | 三项内容都有具体的事实及原因分析 | |
| 第三类问题<br>（20） | 用事实对比说明具体内容，分析有理有据 | |
| 调研报告<br>（20） | 报告格式规范，内容完整，分析有理有据 | |
| 调研过程中表现<br>（20） | 与人合作、与人交流能力强，解决问题能力强，职业观念、职业情感、职业良心表现良好 | |
| 总成绩∑100 | | |
| 教<br>师<br>评<br>语 | 签名：　　　　　年　月　日 | |
| 学<br>生<br>意<br>见 | 签名：　　　　　年　月　日 | |

备注：

1. 过程考核中的职业核心能力，参照中华人民共和国人力资源和社会保障部职业技能鉴定中心：《职业核心能力培训测评标准》（包含自我学习、信息处理、数字应用、与人交流、与人合作、解决问题、革新创新七项能力）。

2. 职业道德参照《国家职业标准：营销师》（包含职业观念、职业情感、职业理想、职业态度、职业良心、职业作风和职业守则七个方面）。

# 任务二
# 个人（职业）形象定位

## 认知目标

1. 知晓商务人员仪容、仪表、仪态基本知识。
2. 了解有关仪容、仪表、仪态的一些礼仪常识和行为规范。
3. 理解商务活动中个人礼仪与个人形象对公司形象的影响。

## 技能目标

1. 培养和提高与商务人员个人礼仪相关的问题分析与决策能力。
2. 提高仪容、仪表、仪态礼仪方面的践行能力。
3. 展现自己良好的教养和优雅的风度，顺利地开展商务工作，积极维护公司形象。

## 案例导入

### 细微之中见素质

高职毕业的李×陪同学到一家企业求职，李×一贯注重个人修养，从他整洁的衣服、干净的指甲、整齐的头发上看，就给人一种精明、干练的感觉。来到企业人事部，临进门前，李×自觉地擦了擦鞋底，待进入室内后随手将门轻轻关上，见有长者到人事部来，他礼貌地起身让座。人事部经理询问他时，尽管有别人谈话干扰，他仍能注意力集中地倾听并准确迅速地给予回答。同人说话时，他神情专注，目不旁视，从容交谈。这一切都被到人事部察看情况的企业总经理看在眼里。尽管李×这次只是陪同学前来应试，总经理还是诚邀李×加盟这家企业。现在，李×已成为这家企业的销售部经理。

思考：

1. 李×被聘用的事实对你有何启发？
2. 商务人员个人修养是怎样影响个人形象和企业形象的？

# 活动一　仪容修饰

仪容是由面貌、发式以及身体所有未被服饰装饰的肌肤所构成，展示个人精神面貌的部分。仪容是个人仪表的重要组成部分，它在一个人的个人形象中占有举足轻重的地位。修饰仪容是自尊和尊重他人的表现，也是个人礼仪的基本要求。仪容传达出最直接、最生动的第一手信息，反映出一个人的气质和风貌。

## 技能　仪容礼仪

### 1. 技能认知

"内正其心，外正其容"，个人礼仪的首要要求就是仪容美。商务人员同各种人员打交道，在各种场合抛头露面，所以更要重视自己的仪容。一个人的仪容不仅会引起对方的特别关注，还会影响到对方对自己的整体评价。你重视修饰自己的仪容吗？

一个人的形象是由一个人的仪容、仪表、仪态等共同构成的整体形象。仪容在个人形象中居显著地位，是个人礼仪的重要组成部分。个人仪容受两方面因素的影响：一是由个人的先天条件、遗传决定的。如五官端正，肤色健康，身体各部位比例匀称。二是后天的修饰和保养。个人容貌是父母给的，相对定型，但通过保养、修饰和装扮，可以焕然一新。这就需要懂得一些仪容修饰的常识，充分发挥自己的优势，以有效地弥补自身的缺陷和不足。俗话说的"三分长相，七分打扮"就是讲后天修饰的重要性。

### 2. 技能学习

在商务活动中，我们必须时刻不忘对自己的仪容进行必要的修饰和整理。这既是对他人的尊重，也是对自己的尊重。那么，商务人员应该怎样保持自己仪容的自然美？又应该怎样培养仪容的内在美呢？

仪容美是商务人员个人仪容的首要要求。仪容美主要表现为以下三个层面。

（1）要保持仪容的自然美。先天美好的仪容相貌，无疑会令人赏心悦目，感觉愉快。心理研究表明，一个人心理健康，为人豁达，性格直爽，胸襟开阔，就能使容颜在相当长时期保留一种年轻的活力美。因此，商务人员在仪容美方面要提倡科学的保养、积极的美容。

① 要保持良好的心态和充足的睡眠。这可保证人体代谢机能正常进行，人会显得神采奕奕，精力充沛，富有活力。

② 要注意科学合理的饮食。科学合理的饮食习惯有利于保持人体机能正常进行，有利于促进血液和人体细胞新陈代谢，有利于体内有毒物质的排放。

③ 要注意体育锻炼和户外运动。现代社会工作节奏快，工作压力也很大，需要合理安排工作和锻炼时间，每天坚持适当体育锻炼可增强身体新陈代谢功能。此外，还要根据个体皮肤性质及季节变化进行保养，容貌也会大为改观。

（2）要做好仪容的修饰美。仪容修饰是人体装饰艺术的重要组成部分，也是礼仪交往中不可缺少的重要因素。仪容的修饰美，是指按照规范与个人条件，对仪容进行必要的修饰，使之洁净、卫生、自然，扬长避短，设计、塑造出美好的个人形象，在人际交往中尽量令自己显得有备而来，自尊自爱。

（3）培养仪容的内在美。这是指通过努力学习，不断提高个人的文化艺术素养和思想道德水平，培养出自己高雅的气质与美好的心灵，使自己秀外慧中、表里如一。

只有做到上述三个方面高度统一，才能实现真正的仪容美。这三者之间，仪容的内在美是最高境界，仪容的自然美是人们的心愿，而仪容的修饰美则是仪容礼仪所关注的重点。

整洁的仪容最基本的形象是拥有整洁干净、发型得体的美发。头发是构成仪容的重要内容，现今，头发的功能不仅仅是表现个人的性别，更多的是意味着一个人的道德修养、审美水平及行为规范。人们可以通过一个人的发式判断出其职业、身份、受教育程度、生活状况及卫生习惯，也可感受出其对生活、工作的态度。因此，商务人员必须注意根据自己的形体、气质选择适当的发型，充分展示自己美的风采。

（1）商务人员头发的美化

头发处在人体的最高点，是令人首先关注的地方，按照交往习惯，当人们注意或打量他人时，往往是从头部开始的。所以，在商务场合，个人形象的塑造一定要"从头做起"。

头发美化主要涉及头发的修剪、造型等方面的问题。要根据自然大方、整洁、美观的原则，考虑自己的个人条件和工作场合等特点，选择发型。商务人员选择发型需要与脸形相适应、与脖型相适应、与头型相适应、与年龄相适应、与身材相适应、与职业相适应。要以庄重、美观、简约、典雅、大方为其主导风格，需体现和谐的整体美。

从礼仪角度和审美角度看，发型仍受到若干因素的制约，不可一味地只讲自由与个性，而不讲规范。商务场合大都有明确的限制：女士头发不宜长过肩部，不要遮脸，不能因为发型而影响工作或经常用手拢头发，一般以盘发、束发作为变通。男士尽量不要留长发或某些奇特的发型，不宜留鬓角，发长最好不要触及衬衫领口。通常以短发为主，并且要注意经常修饰、修理，做到前发不覆额，侧发不掩耳，后发不及领。

商务人员不管为自己选定了何种发型，在工作岗位上都不允许滥用任何装饰物。一般来说，男士不宜使用任何发饰。女士在有必要使用发夹、发绳、发带或发箍时，式样应该庄重大方，色彩宜为蓝、灰、棕、黑，并且不带任何花饰。

商务人员要注意勤洗发，保持头发的清洁，没有头皮屑。洗发时，要选择适合自己发质的洗发剂与护发素，以保持头发的柔软、光滑。另外，对于商务人员来说，有时必要的烫染是可以的，但染发时不宜染过于艳丽的颜色。若头发有花白现象，可将头发染成黑色或深色。商务人员最好随身携带一把发梳，以备不时之用，而不宜直接用手抓挠。梳理头发是一种私人性质的活动，避免公开修饰，若在外人面前梳理自己的头发，是极不礼貌的。

（2）保持面部清洁干净

仪容礼仪首先要做到干净整洁（见图2-1、图2-2），不要有汗渍、油污、泪痕等任何不洁之物。在商务场合，以下几个细节必须引起重视。

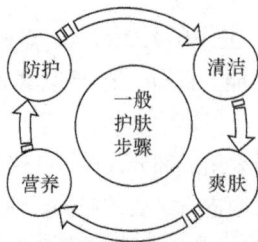

图2-1 一般护肤步骤

图2-2 清洁

① 脸部。除了早晚洗脸之外，只要有必要，就应随时随地抽出一点时间洗脸净面，若一个人脸上常有灰尘、污垢，难免会让人感觉又脏又懒。

② 眼睛。眼屎给人的印象很不雅，应及时将其清除。如果觉得自己的眉毛不雅观，可以进行必要的修饰。另外，戴眼镜不仅要美观、舒适，而且还应随时对其进行清洁，保持镜面干净。

③ 耳朵。耳垢虽然不易看到，但却不要忘记对其进行清除，在洗澡、洗脸时，不要忘了顺便清洗一下耳朵。必要时，还须清除耳孔之中不洁的分泌物，但不要在他人面前这么做。

④ 鼻子。在人际交往中，偶尔有一两根鼻毛露出是很会破坏他人对自己印象的，因此，应当注意经常检查和修剪鼻毛，但当众拔鼻毛是很不雅的行为。除此之外，还应保持鼻腔清洁，不要让异物堵塞鼻孔，或是让鼻涕任意流淌。不要随处吸鼻子，更不要在他人面前挖鼻孔。

⑤ 口腔。口腔修饰上的基本要求就是要牙齿洁白，口腔无味。要坚持每天饭后漱口，以除去异物、异味。还要经常采用爽口液、牙签、洗牙等方式保护和清洁牙齿，在重要应酬之前应忌食葱、蒜、臭豆腐之类气味刺鼻的东西。咳嗽、打喷嚏时，应用手帕捂住口鼻，面向一旁，尽量减少响声。男士最好不留长须，应注意定时剃须，使自己容光焕发，充满活力。

⑥ 指甲。一般男性不会留指甲，但也有个别男士会在左手的小指上留有长指甲，在商务活动中让人看见的话，往往会给人留下不好的印象。通常情况下，指甲不能超过指垫。

（3）商务人员的化妆

化妆是修饰仪容的一种高级方法，是指用化妆品及艺术描绘手法对自己进行修饰、装扮，使自己容貌更加靓丽，以达到振奋精神和尊重他人的目的。

在商务交往中，每位商务人士必须时时刻刻保持精神焕发、神采奕奕的形象。所以要花时间掌握一些简单实用的化妆常识。

商务人士化妆往往要遵循三 W 原则，即 When（时间）、Where（场合）、What（做什么），因为不分场合的化妆是非常失礼的。对于大多数女性来讲，化妆可分为"时尚妆"、"职业妆"、"晚宴妆"等。职业妆是比较正统的化妆，适宜于商务访问、商务谈判等比较正式的工作场合。这里主要介绍职业妆的化妆方法。

① 底妆。因为商务人士一般要长时间地待在有空调的环境里，空气比较干燥，室内照明以冷色调的光源为主，所以，底妆的粉底应该选择看上去温暖的、接近自己肤色的自然色彩。底妆不宜过厚，可用拍打的手法薄施一层，注意脸部与发际、颈部之间的自然过渡，以免产生"面具"的感觉。另外，应在营养霜完全吸收后再上底粉，以保证均匀的效果。

② 眼妆。眼睛是心灵的窗户，为了使眼睛能动人而传神，可以描一描眉毛，使之更加妩媚，眼睛小的，可以在眼睛四周轻轻地描上眼线，但不能描得太黑太深，不要露出修饰的痕迹。

③ 嘴唇。要使嘴唇显得有润泽感，年轻女士宜用唇彩，但要避免用过深的口红，因为过于刺目的嘴唇会给人以"血盆大口"的印象，使得他人唯恐避之不及。唇红不可画得太深，那样会使你的嘴唇显得突出和虚假。

④ 颊妆。适宜的颊妆可以充分缓和紧张的职场气氛。颊妆的重点在于用柔和的色彩使得整个妆容更加亮丽，但切忌腮红颜色浓于唇彩。

⑤ 彩甲。商务活动中的女士不要涂艳丽的指甲油。浅浅的指甲油或什么都不涂用打蜡来代替，给人的感觉更好。

### 📚 知识链接

#### "三庭五眼"的比例

"三庭"指上庭（从额头的发际线到眉线）、中庭（从眉线到鼻底线）、下庭（从鼻底线到下巴），三庭距离应相近；"五眼"指从正面看一个人的面部，左耳垂至右耳垂恰好是五只眼的长度，如图2-3所示。

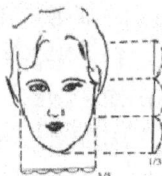

图2-3 三庭五眼

### 3．技能分析

结合下面的实例，请同学们思考。

### 📚 实例1

某著名保险公司总经理经常不修边幅，留着一头长发，蓄着个络腮胡。有一次，在他理发的时候，理发师毫不客气地批评他不重视自己的容貌："你是公司的代表，却这样不重视自己的形象，别人准会这么想：连人都这样邋遢，他的公司会好吗？"从那以后，这位总经理一改过去的旧形象，开始注意自己在公众面前的装扮，生意也随之兴旺起来。

### 📚 实例2

某公司业务员小高与客户在某酒店用餐，接待他们的是一位五官清秀的服务员，接待服务工作做得很好，可是她面无血色，显得无精打采。小高一看到她就觉得没了刚才的好心情，仔细留意才发现，原来这位服务员没有化工作淡妆，在餐厅昏黄的灯光下显得病态十足。当开始上菜时，小高又突然看到传菜员涂的指甲油缺了一块，当下小高的第一个反应就是"不知是不是掉入我们的菜里了？"但为了不惊扰其他客人用餐，小高没有将他的怀疑说出来，但这顿饭吃得心里很不舒服。最后，他们唤柜台内服务员结账，而服务员却一直对着反光玻璃墙面修饰自己的妆容，丝毫没有注意到客人的需要。

思考：

（1）为什么理发师得出总经理不修边幅会影响公司形象的结论？

（2）服务人员的个人仪容不佳，为什么会被认为是对顾客的不尊重？你同意这样的观点吗？

> **⏰ 小提示**
>
> 仪容表面上是个人的妆容，是个人的事，但反映了一个人的文化修养和道德水准，何况总经理是一个公司的代表，如若不注重个人仪容的修饰，就会因小失大，影响公司的整体形象。
>
> 仪容是商务人员个人礼仪的重要组成部分，是反映商务人员个人修养的重要表现，各行业、企业在仪容礼仪方面都有基本的规范和要求。按照仪容礼仪规范和要求修饰自己的仪容，既是对自己的尊重，更是对客户的尊重，也有利于维护公司的良好形象。

#### 4．技能运用

明天上午 9：00 你所在的公司与邻省一家公司有一商务洽谈会，公司决定由业务主管和你一起去参加这次洽谈会。请你结合商务礼仪有关内容，谈谈应做哪些方面的仪容修饰。（男、女同学结合自身情况谈，用文稿形式说明）

> **小提示**
>
> 商务人员应当以整齐、简单、明快、较少修饰的发型为主，并且当天要洗发。
>
> 洗头发时，先把少许洗发液挤在手上，两手揉搓后均匀涂抹在头发上，用手指指腹轻柔地揉搓头皮及头发，重复两次，反复冲洗干净；取适量护发素由发梢慢慢向内揉搓数分钟，用温水冲洗干净即可。
>
> 得体的妆容是对女性商务人员的基本要求，女性化妆是一个基本的礼貌。女性化妆要考虑三点，即什么时间、什么场合、做什么。不同的场合化不同的妆容。女性职业妆主要考虑与人近距离的接触与交流，同时又能够表达你的品味。所以妆容应讲究精细，以淡雅的妆容为主。
>
> 身体的体味也是仪容礼仪中的一个重要方面。保证身体气味的清爽是前提条件，如果带有汗味或者其他异味就会被视为失礼。一是注意口腔卫生，二是注意勤洗澡，三是可适当用香水。

## 知识链接

表 2-1　　　　　　　　　　　　商务人员的仪容标准

| 女性商务人员 | 男性商务人员 |
| --- | --- |
| ① 头发梳理整齐，头发要用发夹夹好<br>② 化淡妆，面带微笑<br>③ 指甲不宜过长，并保持指甲色彩清淡，指甲油宜为自然色<br>④ 身上体味自然，口腔无异味 | ① 短发清洁整齐，不要太新潮<br>② 精神饱满，面带微笑<br>③ 每天刮胡须，饭后漱口洁牙<br>④ 短指甲，保持清洁<br>⑤ 身体无异味 |

## 技能训练

### 个人仪容修饰计划

- 训练目标：培养学生修饰仪容的自觉性、主动性，努力做一位仪容讲究的商务人员。
- 训练步骤：

① 请同学们结合个人身材、肤色特点，以及在同学们心目中的仪容印象，认真分析总结自己在仪容修饰方面存在的主要问题。

② 结合自己职业生涯规划及预期工作岗位的职业特点，提出自己仪容修饰的具体内容。

③ 借鉴当前社会上成功的仪容修饰的经验和做法，列出个人仪容修饰的措施和办法。

④ 老师将完成仪容修饰计划好的同学作品在班级展出，供同学们相互学习。

- 训练成果形式："个人仪容修饰计划书"课业。

- 训练成果评价如表 2-2 所示。

表 2-2                  "个人仪容修饰计划"课业评价表

| 项 目<br>（分值） | 标 准 | 得 分 |
|---|---|---|
| 查找个人仪容修饰存在问题<br>（15） | 查找问题，方法得当，问题内容具体，且符合自身情况 | |
| 总结预期工作岗位仪容修饰内容<br>（15） | 目标行业与专业预期工作目标基本相符，工作岗位仪容规范具体明确。内容不少于三项 | |
| 个人仪容修饰措施和办法<br>（20） | 个人仪容修饰的措施具体，有针对性，办法可操作性强，符合自身特点 | |
| 个人仪容修饰课业书写<br>（20） | 课业符合计划书规范，内容符合要求，文理通顺 | |
| 课业完成过程中表现<br>（30） | 自我学习、与人交流、解决问题能力强，职业观念、职业情感、职业态度表现好 | |
| 总成绩∑100 | | |

| 教师评语 | 签名：          年    月    日 |
|---|---|
| 学生意见 | 签名：          年    月    日 |

# 活动二   仪表规范

仪表通常指人的外表，是人外在美的组成部分，主要包括服饰和装饰两个方面。服饰是一种文化，也是一种"语言"，反映一个人的道德修养、文化素养和审美情趣，是一个人给他人"第一印象"的重要组成部分。装饰是人们在穿着打扮时所使用的装饰品，在服饰中起到衬托和画龙点睛的作用。服饰的雅致、整洁和装饰的合理搭配有一种无形的魅力，也是尊重他人的具体表现。

# 技能　仪表礼仪

## 1．技能认知

仪表礼仪，主要是服饰和装饰的礼仪。从外表可以反映一个人的社会地位、文化修养和审美情趣等多种信息，也能表现一个人的内在情感及其对生活的态度。你的仪表给人的印象是什么？

仪表主要指着装和装饰方面。人要衣装，佛要金装。得体的着装不仅是个人素质、修养和品位的体现，还表现出自己对工作的热爱，也是公司形象和公司文化的一种外在表现。得体的服饰穿戴对于美化人的仪表，改善人的气质，完善人的形象有着重要的作用。

在商务活动中，人们常常会"以衣定人"，穿着打扮是给人的第一印象，这第一印象会一直影响到以后。同时，无论在哪儿工作，穿着得体，具有自己的风格，都会给你带来帮助。

## 2．技能学习

服饰礼仪是人们在交往过程中为了表示相互尊重与友好，达到交往和谐，而体现在服饰上的一种行为规范。商务人员应该怎样规范自己的服饰礼仪，做到仪表美呢？

（1）着装的基本要求

商务人员着装总的原则是遵循与时间、地点和场合相配的原则，并要根据自身的特点和气质选择合适的服装，既要突出个性，又要顾及共性。

① 国际通行的 TPO 着装三原则。TPO 原则是指人们在穿着打扮时要兼顾时间、地点、场合，并与之相适应。TPO 是英文"Time"（时间）、"Place"（地点）和"Occasion"（场合）三个单词的首字母。

"T"表示时间，是指穿着要应时，不仅要考虑时令变化、早晚温差，而且要注意时代要求，特别是随着社会的发展，人们的着装要求和观念也会发生一定的变化，一个时期有一个时期的流行趋势。

"P"表示场合，是指服装穿着要因地制宜，比如礼仪接待场合一般应穿庄重的服饰，下班或闲暇时间就可穿休闲服。

"O"表示着装目的，是指服装穿着要适合自己，要根据自己的工作性质、社会活动的要求、年龄、气质等来选择服装，从而塑造出与自己身份、个性相协调的外表形象。

② 服饰讲究协调，要注意四个方面协调：要与年龄、体形相协调；要与职业身份相协调；要与环境场合相协调；颜色搭配要协调。

（2）服装的穿着要求

① 男士西装的穿着要求

● 三三原则。

一是三色原则。男士在出席正式的商务活动时，穿西装必须遵守基本的礼仪规范，即全身上下的颜色不能超过三种或三个色系（包括上衣、裤子、衬衣、领带、鞋子、袜子在内）。

二是三一定律。男士在穿套装时，身上的三个重要配件（腰带、皮鞋与公文包）应该是一个颜色或者色系。最理想的搭配是鞋子、腰带、公文包皆为黑色。

三是三大禁忌。商务男士购买西装后，忌穿着时不拆掉袖子上的商标；忌在衬衫里穿厚内衣，让人看到内衣领；忌在西装口袋内乱放东西。

● 男士穿西装的礼仪。

长度。西装的长度包括衣长和袖长。上衣的长度宜于垂下手臂时与虎口平行；衣袖应以垂下手臂时，袖口在手腕上1～2厘米为宜。肥度以穿一件羊毛衫感到松紧适中为宜。裤子的长度以裤角接触脚背为宜。

衬衣。正式场合穿西装套装，内衣应穿单色衬衣，最好是白色衬衣，衬衣的领子大小要合适，领头要挺括，扣子要系好，领口的扣子不系领带时应解开。袖扣无论如何都要扣好，不可把西装和衬衫的袖子卷起来，衬衫的下摆要塞在裤子里，袖长应稍长于西装袖，衣领应稍高于西装领，以显示出穿着的层次。衬衫最好每天清洗，保持整洁而无褶皱，特别是领子和袖口要干净。

领带。领带是男士衣着品位和绅士风度的象征，凡在比较正式的场合，穿西装都须系领带。选择领带要注意长度、宽度要适中。适当的长度以打好领带时，其尖端正好垂到皮带扣处为宜，所以每个人需要的领带长度完全由自己的身高决定。领带的宽度应与西装的翻领的宽度相协调。选择领带还要注意其花色与服装、衬衫搭配得当。穿上一件鸡心领羊毛衫时，领带应放在羊毛衫内。起固定领带作用的领带夹，一般夹在衬衫的从上往下第四粒纽扣处为宜。西装上衣扣上扣子以后，领带夹应当是看不见的。非正式场合可以不打领带，但应把衬衣领扣解开，以示休闲洒脱。领带样式如图2-4所示。

图 2-4　领带

### 📚 知识链接

领子。对于西装领子的选择，长脸型宜选用短驳头，圆脸型、方脸型宜选用长驳头，领子应紧贴衬衣领，并低于衬衣领，衬衣白领露出部分与袖口露出部分的长度应相等。

扣子。穿着西装，扣子的扣法也很讲究。穿双排扣西服，不管在什么场合下，一般都应将扣子全部扣上；一粒扣西装可扣，也可不扣；两粒扣西装扣上边一粒，三粒扣西装扣中间一粒。

鞋和袜子。穿西装也要注意鞋袜的搭配，穿西装一定要穿皮鞋，最好是黑色皮鞋，而不能穿布鞋和旅游鞋。如果是米色、咖啡色调的西装配深褐色皮鞋也可以，但是浅色皮鞋只适宜配浅色西装，而不能配深色西装。同时，穿皮鞋还应注意鞋面的干净光亮，不要蒙满灰尘。袜子一般应穿与裤子、鞋类颜色相同或是较深颜色的袜子。在正式场合，男性宜穿中长筒的袜子，这样可以避免坐下谈话时露出皮肤或较重的腿毛。

② 男士休闲装的着装礼仪

休闲装多在一般的场合穿着。在工作之余，穿夹克衫、运动服等休闲系列都可以。虽然休闲装可以随便些，但仍反映了个人形象和职业素养。因此，不要过分地追求式样新奇或过于随便。

③ 女士着装要求

女士商务着装虽然不用像男士着装那样拘泥于很少几种颜色，但是款式选择也同男装一样，应以简洁、大方为主。在正式隆重的商务场合，女士应选择深色的西装套装，套装中的首选为裙装，其次为裤装。套装内搭配的衬衣，以颜色淡雅的纯色衬衣为佳。

- 穿着原则。

一是简单大方。在工作场合，并不要求女性打扮得婀娜多姿，甚至有时候服装中性化一点更能体现出职业女性的整洁、自然、大方。

二是色彩协调。每个人的职业不同，所以职业形象的定位也因人而异，但职业人士都应当尊重所在公司的经营文化，使着装与环境、身份、职务和谐统一。

三是简约明了。简约即要求衣服中的设计、装饰少一些。明了是指女士着装全身的色彩种类不宜过多，一般情况下不应超过三种，否则让人感到繁乱、花哨。这样只会让人觉得这个人的重心都放在了打扮而不是服务上，给客户的印象就不会太好。

- 女士套裙的穿着礼仪。

大小适度。一套大方、得体的套裙除了做工精良、面料优质，还须大小相宜。通常情况下，套裙中的上衣最短可以齐腰，裙子最长则可以达到小腿的中部。上衣的袖子以正好盖住着装者的手腕为合适。

穿着到位。穿套裙时，必须依照常规的穿着方法，将其认真穿好，令其处处到位。上衣的领子要翻好，衣袋的盖子要拉出来盖住衣袋，裙子要穿得端端正正，上下需要对齐之处务必对齐。商务女士在正式场合露面之前，一定要抽出一点时间仔细地检查自己所穿衣裙的纽扣是否系好，拉锁是否拉好，否则可能会让自己很尴尬。女士如果穿着丝、棉、麻等较薄的面料或浅色面料套裙时，可以选择透气、单薄的柔软面料的衬裙。颜色要与外面的颜色相协调。

讲究搭配。女士套裙的穿着能否衬托出商务女士端庄文雅的气质，还要关注它与衬衫、内衣、鞋袜的搭配是否得当。衬衫的面料要求轻薄，色彩要求雅致而端庄。袜子可以选尼龙袜或棉线袜，颜色以肉色、黑色、浅灰、浅棕等几种颜色为主。鞋子以黑色皮鞋最好，与套裙色彩一致的皮鞋也可选择。穿着套裙的时候，鞋、袜、裙之间的颜色应协调，鞋、裙的色彩必须深于或略同于袜子的颜色。不论是鞋子还是袜子，图案和装饰都不要过多。

举止雅观。商务女士讲究个人的仪态，才能将套裙的美感表现出来。一套剪裁合身或稍微紧身的套裙，在行、坐或取放东西时，有可能对着装者产生一定程度的制约。行走时，步子以轻稳为佳；就座时，姿势端庄；取放东西时，要考虑裙摆所限。

## 📚 知识链接

### 领带的历史

领带的历史最早可以追溯到古罗马时代。古罗马的士兵喜欢在脖子上戴一种类似于围巾的东西，有一点领带的味道。

16世纪中叶，效忠于法兰西国王路易十四的一种雇佣军普遍使用一种红色披肩。这种披肩的肩幅很宽，有织纱的花边，系在胸前打结，这就是领带的雏形。为了在战场上区分敌我，法国军队渐渐地开始以这种披肩作为标志，同时对披肩做了改进，把肩幅由宽大变为窄长，质地更加挺括，外形很像领带了。

1668年，领带开始成为男子服装的组成部分。不过那时的领带还是一种在脖子上要绕两圈，两端随便牵拉着，下面还有3或4个花结的波形彩带。1692年的一天，英国军队突然偷袭了驻扎在比利时斯腾哥尔克城郊的法国军队。法国军队一片混乱，慌忙之中法军的军官无法按照礼节扎好领带，只是胡乱地往脖子上一绕。然而这次战斗最终以法军的胜利而告终，英雄们受到了热烈的欢迎，慌乱中一绕的领带打法也被人们竞相效仿。后来在贵族中间也出现了斯腾哥尔克式领带，它们以镶花边的细麻布制成，一端从坎肩的扣眼中穿过。

领带的发展在 18 世纪又前进了一步。1750 年，一种"浪漫式"领带在西方出现，这是一种方形白洋纱巾，需要折几下，绕过脖子在胸前打结，系法非常讲究，艺术性更加突出。到了 18 世纪末，人们对白色和黑色领带十分感兴趣，认为这两种领带显得高雅、富丽。

高高地遮掩住脖子，这是西方 19 世纪领带装饰的特点。这一时期，领带的颜色五彩缤纷，质地多为绸缎、天鹅绒之类。19 世纪 70 年代，首次出现了自结花结领带。社会名流注重用领带来装饰自己。在社交活动中，领带也成为一种礼仪象征。至此，领带已失去了围巾的作用，成为地地道道的衣着装饰品。

### 3．技能分析

结合下面的实例，请同学们思考。

**实例1**

乔峰是一家大型国有企业的总经理。有一次，他获悉有一家著名外资企业的董事长正在本市进行访问，并有寻求合作伙伴的意向。他于是与对方进行了联系，很快便得知对方也有兴趣同他的企业进行合作，而且希望尽快与他见面。双方会面的那一天，乔总经理对自己的形象刻意地进行一番修饰，他根据自己对时尚的理解，上穿茄克衫，下穿牛仔裤，头戴棒球帽，足蹬旅游鞋。他希望自己能给对方留下精明强干、时尚新潮的印象。然而事与愿违，乔总经理自我感觉良好的这一身时髦的"行头"却使对方认为：此人着装随意，个人形象不合常规，给人的感觉是过于前卫，尚欠沉稳，与之合作之事再作他议。

**实例2**

秘书小周工作细致认真，专业素质较高，能很好地完成各项工作任务。她平时热爱生活，穿着个性时尚。在一次商务洽谈会议上，由小周负责来宾的接待工作。洽谈会当日，小周身穿露背吊带超短裙，满身珠光宝气，不时穿梭于众多前来洽谈的客户之间，成为现场一道靓丽的风景线。但为期三天的洽谈会结束后，成功签约的企业却仅有三家，与当时举办洽谈会的预期大相径庭。

思考：

（1）乔总经理这身服饰得体吗？为什么？

（2）为什么很多企业在工作期间要求员工必须统一着职业装？

> **小提示**
>
> 商务人员个人仪表代表企业的形象，尤其在正式场合更要做到仪表得体、稳重、大方。服饰打扮一定要与场合、目的等相适宜。
>
> 在正式的商务交往中，每个人必须注意维护自己的形象，场合越正规，打交道的人多，或是会见重要的商务人员、业务关系人员，更应注意使自己的服装得体，这样既尊重自己，更尊重客人。

#### 4．技能运用

（1）仔细观察你周围的男同学，评价一下他们的着装，并总结好的着装和着装存在问题的具体表现。

（2）注意观察你预期进入的行业的着装情况，查阅相关资料，提出你的看法。

> **小提示**
>
> 　　服饰礼仪讲究和谐为美。着装必须与时间、季节相吻合，要与所处的场合环境相吻合，符合自己的身份，要根据不同的交往目的、交往对象选择服饰，才能给人留下良好的印象。
>
> 　　着装要与职业相宜。不同的职业着装有区别，工作时间着装应遵循端庄、整洁、稳重、美观的原则，给人以愉悦感和庄重感，有时甚至能体现你所在工作单位的工作作风和发展前景。
>
> 　　正式的社交场合，着装宜庄重大方，不宜过于浮华。上下装应和谐，饰物与服饰色彩相和谐，与身份、年龄、肤色、体形也要和谐。

### 知识链接

表 2-3　　　　　　　　　　　　商务人员服饰礼仪规范

| 女性商务人员 | 男性商务人员 |
| --- | --- |
| ① 着正规套装，大方得体<br>② 裙子长度适宜<br>③ 肉色丝袜，无破洞<br>④ 鞋子光亮，清洁<br>⑤ 全身服饰三种颜色以内 | ① 白色或单色衬衫，领口、袖口无污迹<br>② 领带紧贴领口，系得美观大方<br>③ 西装平整，清洁<br>④ 西装口袋不放物品<br>⑤ 西裤平整，有裤线<br>⑥ 皮鞋光亮，深色袜子，全身服饰三种颜色以内 |

### 技能训练

## 选取适合自己的着装

- 训练目标：培养学生仪表修饰的自觉性与积极性，努力做一个仪表讲究的职业人员。

- 训练步骤：

① 了解自己身材、肤色和目前学生群体穿着的特点，说明符合自己实际情况的服饰的一般要求。

② 结合了解的情况和目前你的家庭经济状况，选取符合自身的夏装，并说明选取的理由。

③ 结合了解的情况和目前你的家庭经济条件，选取符合自身条件的冬装，并说明选取的理由。

④ 选取几位夏装和冬装着装选择有特色的同学在班级交流，同学们可互相点评。

- 训练成果形式："选取适合自己穿着的夏装和冬装"的课业报告。

- 训练成果评价如表 2-4 所示。

表 2-4 "选取适合自己的着装"课业评价表

| 项　目<br>（分值） | 标　准 | 得　分 |
|---|---|---|
| 针对自身的着装说明<br>（20） | 结合自己身材、肤色，说明准确、具体，符合着装的相关要求 | |
| 夏装选取<br>（15） | 考虑自身肤色、身材、体形和经济条件，理由分析充分，选取符合本人实际 | |
| 冬装选取<br>（15） | 考虑自身肤色、身材、体形和经济条件，理由分析充分，选取符合本人实际 | |
| 课业书写<br>（20） | 课业书写规范，体例设计合理，内容符合要求，文理通顺 | |
| 课业完成过程中表现<br>（30） | 自我学习、与人交流、解决问题能力强，职业观念、职业理想、职业良心表现好 | |
| 总成绩∑100 | | |
| 教师<br>评<br>语 | 签名：　　　　　　　　　年　月　日 | |
| 学<br>生<br>意<br>见 | 签名：　　　　　　　　　年　月　日 | |

# 活动三　仪态文雅

　　在商务活动中，商务人员用有声语言表达自己的思想感情的同时，还常常辅之以各种无声的语言媒介，这些无声的语言即所谓的仪态。良好的仪态是一种修养，人们往往会凭借一个人的仪态来判断其品格、生活、能力和其他方面的修养程度。仪态美是一种综合的美，这种美既是身体各部器官相互协调的整体表现，同时也是一个人内在素质与外表仪态的和谐。潇洒的风度，优雅的举止，常给人留下深刻的印象，富有永久的魅力。

## 技能　仪态礼仪

### 1. 技能认知

行为举止是心灵的外衣，仪态不仅反映一个人的外表，也可以反映一个人的品格和精神气质。

**仪态美是一种极富魅力和感染力的美，能使人在动静之中展现出人的气质修养和内在美。你注意你日常的仪态了吗？**

仪态是指人们在行为中具体呈现的各种体姿造型的总称。人们的仪态变化多端，寓意丰富，主要通过站、坐、行，一颦一笑，一举手一投足等方面加以体现。

仪态语言是一种极其丰富、复杂的语言。信息的传递与反馈，从表面上看，主要是嘴、耳、眼的运用，事实上，表情、姿态等所起的作用却远远超过自然语言交流的本身。从某种意义上说，一个人的各种姿态，更引人注目，形象效应更为显著，更真实地表现出一个人的情操。

美国心理学家梅拉比安曾经提出过一个非常著名的公式：人类全部的信息表达=7%的语言+38%的声音+55%的仪态。这就说明，通过一个人常规的仪态，可以了解他的个人素质和思想感情，而且其信息承载远远大于有声语言。

身体的姿态、面部的表情、手势的运用是构成仪态的基本要素。站姿挺拔、坐姿优雅、走姿稳健、目光诚实、笑容可掬、手势得当，规范适度，是一个人的素质，是受教育的水平以及能够被人信任程度的重要信息。良好的仪态，是一种更深层次的美。

### 2．技能学习

**俗话说："坐有坐相，站有站相。"每一个人的举止、动作、表情均与其教养、风度有关。观察一下在工作中比较出色的人、事业成功的人士，他们在仪态方面有什么特点？你认为商务人员应怎样修炼自己优美的仪态？**

（1）仪态的基本要求

商务人员为了很好地规范仪态，有必要高度重视体态语的正确运用，具体表现在有效地运用自身体态语和正确理解他人体态语两个方面。

① 有效运用自身的体态语

• 增强自己正确运用体态语的自觉性。商务人员应当善于观察各种具体的体态语及其综合表现，加强标准体态的训练，并在此基础上，对自己的体态语进行认真的自我体验，并在实践中自然地运用各种体态语，并检验其实效性。

• 提高自身体态语与自己的社会角色及所处情境的适应性。商务人员应当根据自己所处情境及所扮演的社会角色的不同，正确运用体态语，以便于他人的理解，并使本人为对方所接纳。

• 使本人体态语的运用有益于表明自尊与敬人之意。商务人员应认真克服自己在仪态方面的不良习气，努力使之文明、礼貌、优雅、大方。

② 正确理解他人的体态语

商务人员要从整体上考察他人的体态语，结合其个人性格、当时所处的特定情境去判断他人的本意，要在真正体验他人内心情感的前提下，正确理解他人的体态语，从而更易于与他人进行交流，更顺畅地进行商务活动。

（2）姿态

① 站姿

站姿是一种基本的举止，是优美仪态的起点。站姿的基本要求是站得挺直、舒展、自然、亲切、稳重，即"站如松"。其标准做法是：头部抬起、双眼平视、下颌微收、颈部挺直、双肩放松、呼吸自然、腰部直立。双臂自然下垂，处于身体两侧，手虎口向前，手指稍许弯曲，指尖朝下。两腿立正并拢，双脚的跟部紧靠于一起，两脚呈"V"字形分开，二者相距一个拳头的宽度，约45°～60°，注意提起髋部，身体重量应平均分布在两条腿上，如图 2-5 所示。女生也可站成"T"

字形，采取基本站姿后，从正面看：主要特点是头正、肩平、身直；从侧面看，其主要轮廓线则为挺胸、收腹、直腿，如图 2-6 所示。

图 2-5 "V"字形站姿　　　　　　　　图 2-6 "T"字形站姿

在商务礼仪活动中，站姿主要有以下几种。

- 侧放式：双手放在腿部两侧，手指稍弯曲，如图 2-7 所示。
- 前腹式：双手相交在小腹部位。
- 后背式：双手背后轻握。站得太累时，可自行调节，两腿微微分开，将身体重心移向左脚或右脚，如图 2-8 所示。

图 2-7 侧放式站姿　　　　　　　　图 2-8 后背式站姿

男士要注意表现出男性刚健、潇洒、英武的风采，给人一种"阳刚"之美。女性要注意表现出女性的轻盈、妩媚、娴静、典雅的韵味，要给人一种宁静之美。通过礼貌的站姿，给人舒展俊美、精神饱满、信心十足、积极向上之感。

② 坐姿

在商务活动中，坐姿是人们采用最多的姿态。坐相好坏直接影响你在他人心目中的形象。坐姿的基本要求是坐得端庄、稳重、自然、亲切，给人一种舒适感，即"坐如钟"。其标准做法是：入坐时，要走到座位前面再转向，转向后右脚步向后退半步，然后轻稳地坐下，收左脚。入坐后，上体自然坐直，双肩平正放松，立腰，挺胸，两手放在双膝上或两手交叉半握拳放在腿上，也可两臂微屈放在桌上，掌心向下。两腿自然弯曲，双脚平落地上，双膝应并拢或稍稍分开（但女士的双膝必须靠紧），两脚平行，臀部坐在椅子的中央。双目平视，嘴唇微闭，微收下颌，面带笑容。起立时，右脚向后退半步，而后起立站起，收右脚。

坐姿要根据凳面的高低及有无扶手与靠背来调整，并注意两手、两腿、两脚的正确摆法。典型坐姿有如下几种。

- 正襟危坐式：它又称"标准的坐姿"或"双腿垂直式"，适用于最正规的场合。主要要求是：上身与大腿、大腿与小腿都应形成直角，小腿垂直于地面。双膝、双脚包括两脚的跟部都要完全并拢，如图 2-9 所示。

- 垂腿开膝式：它多为男性所用，亦较为正规。主要要求是：上身与大腿、大腿与小腿皆为直角，小腿垂直于地面。双膝允许分开，但不得超过肩宽，如图 2-10 所示。
- 双腿斜放式：它适于穿裙子的女士在较低处就座所用。主要要求是：双腿首先并拢，然后双脚向左或向右侧斜放，力求使斜放后的腿部与地面成 45°夹角。如图 2-11 所示。

图 2-9　正襟危坐式坐姿　　　　图 2-10　垂腿开膝式坐姿　　　图 2-11　双腿斜放式坐姿

- 双腿叠放式：它适合穿短裙的女士采用，造型极为优雅。主要要求是：将双腿完全地一上一下交叠在一起，交叠后的两腿之间没有任何缝隙，犹如一条直线。双脚斜放于左或右一侧，斜放后的腿部与地面成 45°夹角，叠放在上的脚的脚尖垂向地面。
- 双脚交叉式：它适用于各种场合，男女皆可选用。主要要求是：双膝先要并拢，然后双脚在踝部交叉。需要注意的是，交叉后的双脚可以内收，也可以斜放，但不宜向前方远远地直伸出去。
- 双脚内收式：它适合在一般场合采用，而且男女都适宜。主要要求是：两条大腿首先并拢，双膝可以略为打开，两条小腿可在稍许分开后向内侧屈回，双脚脚掌着地。
- 前伸后曲式：它也是女性适用的一种优美坐姿。主要要求是：大腿并紧之后，向前伸出一条腿，并将另一条腿屈后，两脚脚掌着地，双脚前后要保持在一条直线上，如图 2-12、图 2-13 所示。

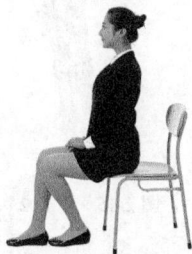

图 2-12　前伸后曲式坐姿 1　　　　　图 2-13　前伸后曲式坐姿 2

- 大腿叠放式：它多适合男性在非正式场合采用。主要要求是：两条腿在大腿部分叠放在一起。叠放之后位于下方的一条腿的小腿垂直于地面，脚掌着地；位于上方的另一条腿的小腿则向内收，同时宜以脚尖向下。

在采取上述坐姿时，两手的摆法为：有扶手时，双手轻搭或一搭一放；无扶手时，两手相交或轻握呈八字形置于腿上；或右手搭在右腿上，左手搭在右手背上。

入座和离座时的礼仪规范。

入座也就是就座，其基本要求如下：在他人之后入座，出于礼貌可与对方同时入座，但应注意座位的尊卑，主动将上座让与来宾或客人。在大庭广众之前就座时，一定要先坐在椅、凳等常规位置，当客人已坐上座位时，从座位左侧就座，这样做既是一种礼貌，而且容易就座。在就座时若附近坐着熟人，应主动跟对方打招呼；若不认识身边的人，也应向其先点头示意。应轻手轻脚就座，在他人面前就座时，最好背对着自己的座椅入座，坐下后适当调整一下体位，使自己坐得端庄舒适。

离座是指采用坐姿的人起身离开座椅，其基本要求是：离座时，身旁如有人在座，需以语言或动作先向其示意，随后方可起身；与他人同时离座，需注意起身的先后次序，地位低于对方时，应稍后离座，只有当双方身份相等时，才允许同时起身离座。起身离座时，最好动作轻缓、无声无息，从左侧起身，离开座位站定之后，方可离去。

③ 走姿

美好的走姿是一种动态的美。尤其是在商务活动中，优美的走姿会自然地流露出自信、精神的气质，同时也给人以信赖感。标准的走姿以端正的站姿为基础，行走起来要像风一样轻盈，即"走如风"。其标准做法是：行走时，上身挺直，双肩平稳，目光平视，下颌微收，面带微笑，手臂伸直放松，手指自然弯曲，摆动时，以肘关节为轴，大臂带动小臂，向前后自然摆动，以前摆35°、后摆30°为宜。肘关节略弯曲，身体稍向前倾，提髋并曲大腿带动小腿向前进。正常的行走脚印是正对前方，保持膝关节和脚尖正对前进方向，然后脚尖略抬，脚跟先接触地面，依靠后腿将身体重心推送到前脚脚掌，使身体前移。行走间距一般是前脚的脚跟与后脚的脚尖相距一个脚长（身高 1.75 米以上者一个半脚长），抬脚不宜太高和太低，落脚声音不可大。行走速度，男士一般为每分钟 110 步左右，女士每分钟 120 步左右，两只脚始终走在一条直线上，走姿最美。走路的美感产生于下肢的频繁运动与上体稳定之间所形成的对比和谐，以及身体的平衡对称，如图 2-14、图 2-15 所示。

图 2-14　走姿 1　　　　　　　　　　　图 2-15　走姿 2

女士走姿要注意稳健、自然、大方，要体现出力度与弹性，给人以动中有静、静中有动、婀娜多姿的美感。女士行走的步态应根据着装的特点有所区别。一般穿直线条为主的服装显得比较庄重、大方、舒展、矫健；而穿曲线条为主的服装则显得比较妩媚、柔美、优雅、飘逸。因此，当女士穿旗袍或短裙时，要走成一条直线，走路的幅度不宜太大；臀部要随着脚步和身体重心的转移，稍左右摆动，使裙子或旗袍的下摆与脚的动作显出优美的韵律感。当穿裤装时，要走成两条直线，走路的幅度可大一些，手臂放松，伸直摆动，保持手臂垂直，两腿直立。

男士在工作场合走路应挺起胸膛，显出朝气，大步向前走；双脚落地平稳而有力，不拖泥带水；双臂自然摆动，给人以充满自信感及镇定自如的气度。在休闲时轻踱慢行，要显示出男士的一种逍遥风度，做到不慌不忙，边走边看，与同伴谈笑风生，给人以气度不凡的姿态。

场合不同，走姿也有不同要求。

- 陪同引导：在陪同或引导客人时，不应让客人先行，也不应让其走在外侧，本人行进速度须与对方协调，不应走得太快或太慢。陪同引导时，一是要处处以对方为中心，经过拐角、楼梯或道路坎坷、昏暗之处时，须关照提醒对方。整个引领过程中，凡请对方先行或提醒对方时，均要采用正确的体态，如应面向对方、稍许欠身或伸手致意。

- 上下楼梯：需坚持从右侧下从左侧上、快速通过的原则。如引领客人上下楼梯，上楼梯时行在后面，下楼梯时行在前面。要减少在楼梯上的停留，注意礼让客户。

- 进出电梯：一般的乘电梯规则是"先出后进"，里边的人出来之后，外面的人方可进去。如引领客人乘的是无值班员的电梯，商务人员须自己先进后出，以便为客人控制电梯。乘的若是有值班员的电梯，则商务人员应后进后出。进出电梯时，应侧身而行，以免碰撞、踩到别人。进入电梯后，尽量站在里边，并尊重周围的乘客。

- 出入房门：进入房门时，一定要先叩门或按门铃向房内人进行通报。出房门时，务必要用手轻轻开门或关门。如与客人一起出入房门时，礼貌的做法是后入后出。在出入一个较小的房间，而房内又有自己熟悉的人时，最好是反手关门、反手开门，并且始终注意面向对方。在陪同引导他人时，商务人员有义务在出入房间时替对方拉门。

④ 蹲姿

蹲姿是由站立姿势变化而来的相对静止体态，是在比较特殊的情况下才会采取的一种暂时性的体态。

蹲姿的使用情况：捡拾地上或低处的物品时可采取蹲的姿势；需要给客人帮助或提供必要的服务时，用蹲的姿势既礼貌，又得体。

标准的蹲姿要求在下蹲取物时，上体尽量保持正直，两腿合力支撑身体，靠紧向下蹲。女士无论采用哪种蹲姿，都要将腿靠紧，臀部向下。举止应自然、得体、大方、不造作。蹲姿具体分为四种。

- 高低式蹲姿：是指下蹲时双腿不并排在一起，而是左脚在前，右脚稍后，左脚应完全着地，小腿基本上垂直于地面，右脚则应脚掌着地，脚跟提起，此刻右膝须低于左膝，右膝内侧可靠于小腿的内侧。形成左膝高右膝低的姿态，如图2-16、图2-17所示。

图2-16　高低式蹲姿1 　　　　　　图2-17　高低式蹲姿2

- 交叉式蹲姿：适用于身穿短裙的服务人员。下蹲时，右脚在前，左脚在后，右小腿垂直于地面，全脚着地，右腿在上，左腿在下，二者交叉重叠，左膝由后下方伸向右侧，左脚跟抬起，并且脚掌着地。两腿前后靠近，合力支撑身体。上身略向前倾，臀部提起，如图2-18所示。

- 半跪式蹲姿：又叫单跪式蹲姿，多用于下蹲时间较长或为了用力方便之时，其基本特征是双腿一蹲一跪。其要求为：下蹲之后改为一腿单膝点地，并以其脚尖着地；另一条腿则应当全脚着地，小腿垂直于地面。双膝应同时向前，双腿应尽力靠拢，如图 2-19 所示。

图 2-18　交叉式蹲姿　　　　　　图 2-19　半跪式蹲姿

- 半蹲式蹲姿：多用于行进之中临时采用，特征是身体半立蹲。其要求是：在下蹲时，上身稍许弯下，但不能与下肢构成直角或锐角；身体的重心应放在一条腿上。

（3）表情

表情是指人的面部情态，即通过面部眉、眼、嘴、鼻的动作和脸色变化表达出来的思想感情。在体态语中，面部表情最为丰富，且最具表现力，能迅速而又充分地表达各种感情，起到信息沟通的作用。因此，一个能够巧妙地使用自己的目光、面部表情的人，也是善于塑造自我形象的人。

眼睛是人体传递信息最有效的器官，而且能表达最细微、最精妙的差异，显示出人类最明显、最准确的交际信号。正确使用和理解目光可以从看的时间、角度和区域等几个方面加以考察。

- 看的时间：主要指看的时间长短，长表示较重视，反之表示不太重视。见面时，不管是熟人还是初次见面之人，尤其是向对方问候、致意、祝贺时，都应面带微笑，用炯炯有神的目光注视对方，以示尊重和礼貌。双方交谈时，一般应注视对方的眼、鼻之间；不要将目光集于对方脸上的某个部位或身体其他部位，特别是初次相识的异性之间，更要注意这点。

- 看的角度：主要指交际双方目光的交流角度，如互视、斜视、仰视、俯视等。

- 看的区域：是指人们交往中根据活动内容的不同，人的目光凝视的区域也不同。在洽谈业务、磋商问题和贸易谈判时，凝视的区域为以两眼为底线、以额中顶角形成的三角区。如果你看着对方这个区域，就会显得严肃认真，对方也会觉得你有诚意，在交谈过程中，如果你的目光总落在这个三角区，那么你就会把握住谈话的主动权和控制权。在一般的社交场合，凝视的区域为以两眼为上线、以唇为下顶角所形成的倒三角形区。当你与人谈话时凝视对方这个部位时，能给人一种平等、轻松感，从而创造出一种良好的社交气氛，在酒会、茶会、舞会和各种类型的友谊聚会中，最适合这种凝视。如图 2-20 所示。

微笑是人际交往中的润滑剂，是人们表达愉快感情的最主要方式之一，是善良、友好、赞美的象征。一种有分寸的微笑，再配上优雅的举止，往往比有声语言更有魅力，可以收到"此时无声胜有声"的效果。可见，微笑是一门学问，也是一门艺术。

微笑既能缩短人与人之间的心理距离，又能创造出交流和沟通的良好氛围。商务人员要有意识地培养微笑的习惯。

微笑时，面部应平和自然，下颌向后收，嘴角微微上扬，牙齿微露，亲切和蔼，愉悦动人，如图 2-21 所示。

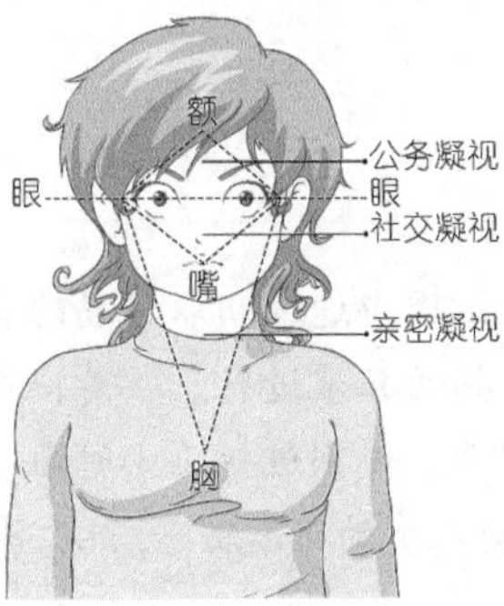

图 2-20　注视部位

图 2-21　微笑

（4）手势

手势是人际交往中不可缺少的动作，能够表达一定的含义，是富有表现力的一种"体态语言"。得体适度的手势，可增强感情的表达，体现出对宾客的尊重和礼貌。不同的场合有不同的手势要求。

- 当手持物品时：要求做到稳妥、自然、卫生。根据物体重量、形状及易碎程度采取相应的手势。尽量轻拿轻放，防止伤人伤己。手持物品时，要根据本人能力与实际需要采取不同的手持方式，要大方得体，努力做到自然美。

- 当递接物品时：要求双手递物于他人，如图 2-22 所示。不方便双手并用时，也尽量采用右手递物。递送物品时，应直接交到对方手中为好；若双方相距过远，递物者应主动走近接物者；假如已坐着的话，递物时应尽量起身站立。将带有文字的物品递交他人时，还须使之正面朝向对方。

- 当展示物品时：总的要求是方便现场观众观看。如将被展示物品正面朝向观众，举到一定高度，并使其在展示时间内能让观众充分观看。当四周皆有观众时，展示还须变换不同角度。展示物品如需解读时，应口齿清晰，语速舒缓。动手操作时，手法要干净利索，速度适当，并经常进行必要的重复。展示的物品一般应在身体一侧展示，物品应举高到双眼之处，或双臂横伸将物品向前伸出，上不过眼部，下不过胸部。这一手位给人以安全感。

- 当举手致意时：当面对一些熟人、自己又无暇分身时，向其举手致意可消除对方的被冷落感。举手致意时应全身直立，面向对方，至少上身与头部要朝向对方，应面带笑容。

- 挥手道别：当离别时，应站立身体，目视对方。道别时可用右手，也可双手并用，但手臂应尽力向前伸出，掌心向外，将手臂向左右两侧轻轻来回挥动，目送对方远去离开，如图 2-23 所示。

图 2-22　递接物品

图 2-23　挥手道别

## 3．技能分析

结合下面的实例，请同学们思考。

### 实例 1

小段是某公司营销部职员，在一次与客户的谈判中，因中途返回取遗漏的资料而迟到。小段进入谈判会场入座时，使椅子发出很大声响，影响了谈判的正常进行。接着，在听取对方意见时又长时间地低头翻阅手中资料，并不去看对方的产品演示。谈判进行 1 小时后，小段开始不耐烦地用胳膊肘托住下巴，翘起的二郎腿不停地抖动，引起与会人员的极度反感，此次谈判以失败而告终。

### 实例 2

某日，小郑奔赴机场，准备接待当天到达的香港客人。小郑笑容可掬地站在机场出口，迎候客人们的到来，接着小郑按惯例开始清点人数，"1、2、3、4……"小郑轻轻地念着，同时用手指点数客人。在接下来的接待中，小郑服务十分周到，但是他发现客人们还是有点不对劲。小郑百思不得其解。

思考：

（1）请指出小段的行为有何不当之处。请你举一类似的例子。

（2）小郑在机场清点人数的做法为什么让香港客人不满意？实际工作中应该怎么办？

> **小提示**
>
> 优雅的仪态既是商务人员自身素质的展示，也是对他人的尊重。商务人员正确的仪态是商务活动成功的保障。仪态是否优雅得体既显露出公司工作人员的修养和素质，也展露了公司文化氛围，甚至会让客人联想到公司经营管理水平。
>
> 在商务交往过程中，与不同的客户和顾客打交道，必须时时处处尊重客户，而且要把尊重客户的理念细化在每一个具体的服务活动中及工作细节中，这样才能真正提高服务水平，赢得客户信赖。

## 4．技能运用

【情景资料】请同学们就校园中、教室中、阅览室中，男同学、女同学的站姿、坐姿、见面时表情、人际交往中的手势进行分析。每组 10 位同学，其中 5 位总结雅观的表现，5 位总结不雅观的表现。每组两位同学交流表演，其他同学可以分析点评。

> **小提示**
>
> 见面时，不管是熟人还是初次见面之人，尤其是向对方问候、致意、祝贺时，都应面带微笑，用炯炯有神的目光注视对方，以表示尊重和礼貌。一个心理健康的人时时处处会把愉快、安详、融洽、平和变成微笑，也常常会把微笑送给别人。微笑时，面部应平和自然，下颌向后收，嘴角微微上扬，牙齿微露，亲切和蔼，愉悦动人。练习微笑时，面对镜子，深呼吸，然后慢慢地吐气，并将嘴角两侧对称经耳根部提拉，发出"一"或"士"的声音。
>
> 不同的手势表达不同的含义。手势礼仪的基本要求是自然优雅，规范适度。
>
> 指引：需要用手指引某样物品或接引顾客和客人时，食指以下靠拢，拇指向内侧轻轻弯曲，指引方向。

> 招手：向远距离的人打招呼时，伸出右手，右胳膊伸直高举，掌心朝着对方，轻轻摆动。
>
> 持物：用手持物的时候，要在拿起的时候先感受一下物品的重量，根据毛重选择双手或单手，既要确保物品安全，又要注意轻拿轻放。一般持物的方式有拿、捏、提、握、抓、扛、夹等多种方式。持物必须注意两点：一是必须保证卫生；二是讲究服务的规范和标准。
>
> 递物接物：作为对别人的尊重，在递接物品时应该双手递接（也可右手递接）。递接物品时，一定要递到对方手中，等对方拿稳后再放手，如递接的是带尖、带刃的物品，应该把尖、刃部分对着自己，并要以言语加以提醒。接物时，最好是双手接物，接收物品后应立即答谢对方，在接物品时一般要起立。

## 技能训练

## 学生走、坐、站姿的训练

- 训练目标：学生掌握走、坐、站姿的礼仪规范，培养学生规范的走、坐、站姿，提升个人形象。
- 训练步骤：
① 全班同学每五人一组，每组选定一名负责人。
② 对本组同学进行走、坐、站姿训练的具体问题进行讨论，形成训练的具体方案。
③ 小组同学一起观看相关录像资料，实地到酒店、商场参观学习。
④ 结合参观学习的感悟，修改完善训练方案，并组织实施具体训练。
⑤ 将训练方案、训练组织实施、训练成果形成书面报告，在班级交流并展示走、坐、站姿训练成果。
- 训练成果形式：
① 学生走、坐、站姿训练成果展示。
② 完成"×组同学走、坐、站姿训练成果报告"的课业。
- 训练成果评价如表 2-5 所示。

表 2-5　　　　　　　　　　"学生走、坐、站姿训练"评价表

| 项　目<br>（分值） | 标　准 | 得　分 |
|---|---|---|
| 走姿展示<br>（20） | 要点明确，动作规范（一处不规范扣 1 分） | |
| 坐姿展示<br>（15） | 要点明确，动作规范（一处不规范扣 1 分） | |
| 站姿展示<br>（15） | 要点明确，动作规范（一处不规范扣 1 分） | |
| 课业撰写<br>（25） | 整体思路明确，课业撰写规范，内容符合要求，文理通顺（也可以做成 PPT 和视频资料） | |

续表

| 项　目<br>（分值） | 标　准 | 得　分 |
|---|---|---|
| 训练过程及课业完成情况<br>（25） | 自我学习、与人交流、与人合作能力强，职业观念、职业情感、职业态度良好 | |
| 总成绩∑100 | | |

| 教师评语 | | |
|---|---|---|
| | | 签名：　　　　　年　月　日 |
| 学生意见 | | |
| | | 签名：　　　　　年　月　日 |

# 任务三
# 初次见面礼仪

## 认知目标

1. 知道商务人员握手、问候、介绍、名片交接的基本知识。
2. 掌握商务人员握手、问候、介绍、名片交接过程中的礼仪常识和行为规范。
3. 理解见面礼仪对个人形象和公司形象的影响。

## 技能目标

1. 培养和提高商务活动中见面礼仪问题的分析与决策能力。
2. 联系自身实际，认真遵循握手、问候、介绍、名片递接等方面的礼仪规范与做法。

## 案例导入

### 赵总的脸色"阴"了

王兵和新同事小李来集团公司开会的时候，遇到集团公司的赵总。王兵赶紧远远地和赵总打了个招呼，赵总也向他点了点头。赵总正要转身走的时候，王兵紧走两步向赵总伸出了手，赵总表现出一丝犹豫，但还是勉强地伸出了手。王兵和赵总握手后，又赶紧给小李做介绍："小李，这是咱们集团的赵总。"然后又转向赵总："赵总，这是咱们二公司人力资源部的小李。"敏感的小李明显感觉赵总的脸色有些"阴"了。

思考：

（1）为什么赵总的脸色转"阴"了？

（2）你知道介绍时"尊者优先"的原则吗？

# 活动一 见面致意

所谓见面致意，就是在与人交往和见面之初，举止言行方面表示出的敬意和尊重，主要包括握手、问候礼仪和介绍礼仪、名片礼仪等。见面是人与人交往的第一步，是情感交流的开始，关系到第一印象，也是关系到交际活动能否成功的关键环节。

## 技能 握手、问候礼仪

### 1. 技能认知

握手是在商务活动中使用得最多，也是最灵活的行为语言，有极强的表现力。握手的力量、姿势与时间的长短往往能够表达握手人对对方的不同礼遇与态度，显露自己的个性，可以给人留下不同的印象；也可以通过握手来了解对方的个性，从而赢得交际的主动。你平时见面时，会同人握手吗？握手一般应遵循哪些礼仪规范？

握手是人际交往中的见面礼，也是世界上最通行的致意礼。握手是在相见、离别、恭贺或致谢时相互表示情谊、致意的一种礼节。行握手礼是一件并不复杂却十分微妙的问题，应本着"礼貌待人，自然得体"的原则，并灵活地掌握和运用行握手礼的时机，以显示自己的修养和对对方的尊重。

问候，也就是问好、打招呼；就是在和别人相见时，以语言或语言的辅助部分——肢体向对方致意的一种方式。主动问候或者友善回应问候是做人的基本礼貌，人们之间见面时相互问好，旨在传递善意，表示尊重，意在交流。

商务人员在握手和问候过程中，举止庄重大方，行为合乎礼仪，可以帮助商务人员顺利地通往交际成功的殿堂。

### 2. 技能学习

握手是人们在商务场合中不可缺少的礼节，既大方又优雅地与人握手，也是一种交际艺术。

（1）握手礼仪

① 握手的方法

握手的标准方式是行至距握手对象约 1 米处，双腿立正，上身略向前倾，伸出右手，四指并拢，拇指张开与对方相握。握手时应用力适度，上下稍许晃动三四次，随后松开手来，恢复原状。

与人握手时，应当神态专注，面含笑意，目视对方双眼，并且口头问候。

向他人行握手礼时，只要有可能，就应起身站立。除非是长辈或女士，一般坐着与人握手是不合适的。

握手时最好的做法，是双方站立，彼此将要相握的手各向侧下方伸出，伸直相握后形成一个直角，大拇指与食指之间的"蹼"要碰到对方的"蹼"。手指要弯曲，碰到对方手掌的底部，如图 3-1 所示。

握手时，手的位置至关重要。常见的手位有单手相握和双手相握两种。

图 3-1 握手的姿势

- 单手相握：与人相握时，手掌垂直于地面最为适当。它称为"平等式握手"，表示自己不卑不亢。

- 双手相握：用右手握住对方右手后，再以左手握住对方右手的手背。这种方式适用于亲朋故旧之间，用以表达自己的深厚情义。一般而言，此种方式的握手不适用于初识者与异性，因为它有可能被理解为讨好或失态。不管单手或双手相握，要注意力度适中、时间适度。大体来讲，握手的全部时间应控制在 3 秒钟以内。

② 伸手的次序

一般情况下，长辈和晚辈握手，长辈先伸手；上级和下级握手，上级先伸手；男士和女士握手，女士先伸手；老师与学生握手，应由老师首先伸手；已婚者与未婚者握手，应由已婚者首先伸手；社交场合，应由先至者首先伸出手来与后来者握手。

在一些特殊场合握手时要注意：如果需要和多人握手，握手时要讲究先后次序，由尊而卑。交际时如果人数较多，可以只跟相近的几个人握手，向其他人点头示意，或微微鞠躬就行。

接待来访者时，应由主人首先伸出手来与客人相握。而在客人告辞时，则应由客人首先伸出手来与主人相握。前者是表示"欢迎"，后者则表示"再见"。

③ 握手的时机

- 迎送客人时。在办公室、家中以及其他一切以自己作为东道主的社交场合，迎接或送别来访者时，要握手以示欢迎或欢送。
- 在重要的社交活动中表示敬意。如年终奖励、研讨会、运动会、宴会、舞会等开始前与结束时，要与来宾握手，以示欢迎与道别。
- 表示感谢。他人给予自己一定的支持、鼓励、祝贺、馈赠、帮助或邀请参加活动时，要握手以表示衷心感激。
- 向他人表示恭喜、祝贺时。如祝贺他人晋升、获得荣誉、嘉奖时，要握手以表示贺喜之意。
- 高兴与问候。遇到久未谋面的熟人时，要握手，以示久别重逢而万分欣喜。被介绍给不相识者时，要握手，以示自己乐于结识对方，并为此深感荣幸。在社交场合，偶然遇到同事、同学、朋友、邻居、长辈或上司时，要握手以示高兴与问候。
- 对他人表示理解、支持、肯定时，要握手，以示真心实意。得知他人患病、遭受其他挫折或家人过世时，要握手以示慰问。

## 📖 知识链接

### 握手礼由来

相传，握手礼最早可以溯源到原始人的摸手礼。当时，人们在狩猎或战争时，棍棒等武器不能离手，以提防不测。遇到陌生人时，如果双方均无恶意，大家放下手里的武器，并且伸开手掌，让双方抚摸下自己的手掌心，以示友善。发展到中世纪，欧洲人以此表明手中没带武器，表示友好之意。其后衍为风尚，通行于欧美，逐渐演变成现代的握手礼。辛亥革命后，我国亦习以为礼。

（2）问候的礼仪

① 问候的次序

在正式场合，问候要讲究一定的次序。常见的有如下两种情形。

- 一个人问候另一个人。两个人之间的问候通常是位低者先问候；男性向女性先问候；未婚者向已婚者先问候；主人向客人先问候。

- 一个人问候多人。这时候，既可以笼统地加以问候，比如说"大家好"；也可以逐个加以问候。当一个人逐一问候许多人时，既可以由"尊"而"卑"、由长而幼地依次而行，也可以由近而远依次而行。

② 问候的态度

问候是敬意的一种表现，态度上需要注意以下几点。

- 要主动。问候别人，要积极、主动。当别人首先问候自己之后，要立即予以回应。
- 要热情。问候别人的时候，通常要表现得热情、友好。
- 要自然。问候别人的时候，主动、热情的态度必须表现得自然而大方。
- 要专注。问候的时候，要面含笑意，以双目注视对方的两眼，以示口到、眼到、意到，专心致志。

③ 问候的方式

- 语言问候：一般熟人相见，使用频率最高的问候语首推"你好！"，另加"好久没见，近来可好（怎么样）？"等等。问候语应根据不同场合、不同对象而灵活机动，总的原则是越简单越好。随着社会的发展进步，人们越来越喜欢用"你好！"来表达见面时的喜悦和礼貌。
- 动作问候：动作问候有点头、微笑、握手、拥抱、鞠躬等。

④ 问候的内容

- 直接式问候：就是直截了当地以问好作为问候的主要内容。它适用于正式的公务交往，尤其是宾主双方初次相见。
- 间接式问候：就是使用某些约定俗成的问候语，或者在当时条件下可以引起的话题，主要适用于非正式场合熟人之间的交往。例如，"忙什么呢？""您去哪里？"等来替代直接式问好。交谈者可根据不同的场合、环境、对象进行不同的问候，常见的问候语如下。

表现礼貌的问候语。如"您好！""早上好！""节日好！""新年好！"之类。

表现思念之情的问候语。如"好久不见，你近来怎样？""多日不见，可把我想坏了！"等等。

表现对对方关心的问候语。如"最近身体好吗？""来这里多长时间啦，还住得惯吗？""最近工作进展如何，还顺利吗？"

表现友好态度的问候语。如"生意好吗？""在忙什么呢？"等这些貌似提问的话语，并不表明真想知道对方的起居行止，往往只表达说话人的友好态度，听话人则把它当成交谈的起始语予以回答，或把它当作招呼语，不必详细作答，只不过是一种交际的媒介。

**3．技能分析**

结合下面的实例，请同学们思考。

### 实例 1

一次社交聚会上，孙先生穿着一身名牌，信心百倍地走进会场。他一眼看到自己很想结交的名流陆老，于是直接走上前去，伸出手，自我介绍道："陆老，您好！我是××公司的经理孙××。"陆老伸出手，与他轻轻握了握，之后并没有理睬孙先生，而是与其他人寒暄去了，没有留给孙先生搭讪的机会。孙先生有些无趣，只好转而寻找其他的自己觉得有必要交往的人。这时有一位先生与他擦肩而过，那位先生礼貌性地点头致意，孙先生满脑子想的是这个人我认识吗？他是谁？

所以有些木然地过去了。不久，孙先生才得知刚才与自己擦肩而过的是一位很成功的人士，而且正是自己想结交的能够在生意场上给自己很大帮助的人。

## 实例2

一个年轻人独自去青海湖风景区旅游。那天天气炎热，他口干舌燥，筋疲力尽，不知距目的地有多远，举目四望，不见一人。正失望时，远处走来一位老者，年轻人大喜，张口就问："喂，离青海湖还有多远呀？"老者目不斜视地回了两个字："五里。"年轻人精神倍增，快速向前走去。他走啊走，走了好几个五里，青海湖也不见踪迹，他恼怒地骂起了老者。

思考：

（1）你从孙先生在社交聚会上的表现想到了什么？你认为在社交场合应注意些什么？

（2）请你分析这位年轻人的问路问题在哪里。

> **小提示**
>
> 握手是一件十分微妙而复杂的问题，通常应根据交往对象之间的关系、现场的气氛、当事人的个人感受和心情而定。
>
> 孙先生的衣着与精神面貌都很好，但他握手行为不得体，握手的次序和握手的时机把握得不是很好，握手的目的太功利性，所以只能令他的社交失败。
>
> 商务活动都是非常规范的业务活动，在每一种商务活动中，不管是与客户或消费者，还是与公司内部自己人握手、问候，都应该按规范的程序和方法来进行，这样才能使公司管理规范化、服务规范化，提高服务质量。
>
> 在社会交往中，一句问候语看似简单，实则体现一个人的教养。在正式场合的一句问候，会给人留下亲切、友好、尊重等美好记忆。问候也是表达彼此之间致意的一种方式，主动问候或者友善回应问候是做人基本的礼貌。

### 4．技能运用

（1）生活中你和别人握手时，别人不伸手，你心中的感受是什么？

（2）见了熟人的面你有不主动打招呼的体验吗？有你打招呼了别人不回答的体验吗？在这两种情况下你分别会怎么想？

任务：游戏体验

游戏内容：下面的游戏是通过几个环节的体验，让同学们体会表情、动作、语言在人际交往中的重要性。

人数：全班同学分四批体验

时间：6分钟（每环节1分钟）

场地：教室

体验内容：

（1）每人面朝天花板，面无目的地随意走动，遇人转开。

（2）每人眼朝自己脚尖，面无表情地随意走动，遇人转开。

（3）每人眼看他人脸，面无表情地随意走动，遇人转开。

（4）每人眼看他人脸，面带微笑，随意走动，遇人点头。

（5）每人眼看他人脸，面带微笑，随意走动，遇人握手。

（6）每人眼看他人脸，面带微笑，随意走动，遇人握手，心中说"我喜欢你"。

思考：

（1）当大家都面无表情地走动时，你心中有何感受？

（2）当别人主动向你打招呼或握手时，你有何感受？

（3）从上述游戏中你体会到什么道理？

> **小提示**
>
> 人与人之间的交流或交往可以通过表情、动作和语言等方式表达。人际交往是上述方式的集合，缺少哪一项都可能使交流受阻。
>
> 人与人之间的交往是一个很复杂的过程，两个人从陌生到熟悉，需要情感的表露来让别人知道自己的想法，从而为进一步交往迈出可喜的一步。
>
> 对于每个人来说，人际交往技巧不是天生就拥有的，即使有些人在这方面有天赋，也离不开后天的训练与培养。

## 技能训练

### 握手和问候的方法与礼节训练

- 训练目标：熟悉握手和问候的礼仪常识，养成握手和问候的规范习惯。
- 训练步骤：

① 全班同学每两人一组。

② 两人商量策划见面的环境和身份，设计握手、问候等礼仪情节。

③ 两人共同从网上或到社会真实场景观察他人问候和握手的礼仪细节。

④ 结合参观学习的收获，完善原来策划的握手和问候的礼仪情节，并征求其他同学的意见，认真安排训练。

⑤ 将训练方案、训练实施、训练成果形成完整的书面报告，在班级展示训练成果，展示课业报告。

- 训练成果形式：

① 学生握手和问候的礼仪情景展示。

② "×××、×××同学关于握手和问候礼仪策划和训练课业"报告。

- 训练成果评价如表 3-1 所示。

表 3-1　　　　　　　　"握手和问候方法与礼节训练"评价表

| 项　目<br>（分值） | 标　准 | 得　分 |
| --- | --- | --- |
| 握手展示<br>（20） | 展示到位，动作规范。展示三种以上场景的握手 | |
| 问候展示<br>（20） | 问候准确，表情自然。展示三种以上场景的问候 | |
| 课业撰写<br>（30） | 撰写规范，设计新颖，内容符合要求，文理通顺 | |

续表

| 项　目<br>（分值） | 标　准 | 得　分 |
|---|---|---|
| 训练过程课业完成情况<br>（30） | 自我学习、与人交流、解决问题能力强，职业情感、职业态度、职业作风表现佳 | |
| 总成绩∑100 | | |

| 教师评语 | |
|---|---|
| | 签名：　　　　　年　月　日 |
| 学生意见 | |
| | 签名：　　　　　年　月　日 |

# 活动二　称谓和介绍

人们见面寒暄问好之时，最难把握的是如何运用恰当的称呼。由于时间、地点、场合以及交往对象性别和身份的不同，称呼的运用成为一个不可小视的问题。人们见面时的介绍是人际交往中与他人进行沟通、增进了解，建立沟通的一种最基本、最常规的方式，是人与人相互沟通的出发点。

## 技能 1　称谓、介绍礼仪

### 1．技能认知

在人际交往中，对一个人的称呼既表示了对他人的尊重，也能显示个人的礼貌修养。自我介绍或为他人介绍是人们相互了解的基本方式，它可以缩短人与人之间的距离感，扩大社交范围，广交朋友，也可以消除不必要的误会和麻烦。在你的交往经历中，你的自我介绍、称谓运用的得体吗？

称谓反映的是人们在日常交往应酬中所采用的彼此之间的称谓语。在社会交往中如何称呼对方，直接关系到双方之间的亲疏、了解程度、尊重与否及个人修养等。无论是新朋友还是老朋友，见面时的恰当称呼会给人带来很多美好的感受，避免不必要的尴尬，甚至冰释前嫌，重拾友情。因此，称谓要得体，有礼有序，符合身份。

介绍是指双方相识和建立联系。在社交场合，我们往往有为不相识者互相引见的义务，可以是为他人做介绍，也可以是自我介绍。介绍在人际交往中是相互沟通的一座桥梁，是结识朋友的一种必不可少的手段。根据介绍对象，把握适当的时机进行介绍，体现了一个现代人有效沟通的能力。

### 2．技能学习

**在商务交往活动中，称谓和自我介绍因交往对象不同，有不同的类型和具体的礼仪规范。**

（1）称谓礼仪

① 工作中的称谓礼仪

在工作岗位上，人们彼此之间的称呼是有其特殊性的。其总的要求是要庄重、正式、规范，具体有以下几种类型。

- 职务性称呼。一般在较为正式的官方活动、政府活动、公司活动、学术性活动中使用。以交往对象的职务相称，以示身份有别、敬意有加，而且要就高不就低。具体来说分三种情况。

仅称职务，如"董事长"、"总经理"等。

职务前加上姓氏，如"王总经理"、"张主任"、"刘部长"等。

职务前加上姓名（适用于非常正式的场合），如"王×经理"、"张××处长"等。

- 职称性称呼。对于具有职称者，尤其是具有高级、中级职称者，在工作中直接以其职称相称。在职称前加上姓氏（如"王工程师"、"李总经济师"等），或在职称前加上姓名（适用于十分正式的场合，如"王华高级营销师"、"张军总经济师"等）。

- 行业（职业）性称呼。在工作中，有时可按行业进行称呼。可以直接以职业作为称呼，如"推销员"、"会计员"、"营销员"等。在一般情况下，此类称呼前均可加上姓氏或者姓名，如"王会计"、"刘洋营销员"等。

- 学衔性称呼。这种称呼，增加被称者的权威性，同时有助于增加现场的学术气氛，具体有四种情况。

仅称学衔，如"博士"。

学衔前加姓氏，如"刘博士"。

学衔前加姓名，如"刘洋博士"。

将学衔具体化，说明其所属学科，并在后面加上姓名，如"法学博士刘洋"，这种称呼最正式。

- 姓名性称呼。在工作岗位上称呼姓名。姓名称呼一般适用于年龄、职务相仿，或是同学、好友之间。其具体有三种情况。

直呼其名，如"张丽"、"李巍"。

只呼其姓，不称其名，通常要在姓前加上"老"、"大"、"小"等前缀，如"老李"、"小张"、"大刘"等。

只称其名，不呼其姓，通常限于同性之间，尤其是上级称呼下级、长辈称呼晚辈；在亲友、同学、邻里之间，也可使用这种称呼，如"小丽"、"长江"等。

- 泛称呼。在社交场合，由于不熟悉交往对象的详细情况，或因其他原因，仅以性别区分，对男性一律称为"先生"，对女性一律称为"小姐"或"女士"。这些称呼均可冠以姓名、职称、衔称等，如"王先生"、"李小姐"、"张夫人"等。

② 日常生活中的称谓礼仪

日常生活中的称呼应当亲切、自然、准确、合理。

- 对自己亲属的称呼。亲属，就是与本人有直接或间接血缘关系或姻亲关系的人。在与外人交谈时，提到自己的亲属应用谦称。例如，称辈分比自己高的亲属，可在称呼前加"家"字，如"家父"、"家母"、"家兄"；称辈分比自己低的亲属，可在称呼前加"舍"字，如"舍弟"、"舍妹"；称自己的子女，可在称呼前加"小"字，如"小女"、"小儿"。

- 对他人亲属的称呼。要采用敬称，对长辈，应在称呼前加"尊"字，如"尊母"、"尊兄"；对平辈，应在称呼前加"贤"字，如"贤妹"、"贤弟"；在亲属的称呼前加"令"字，一般可不分辈分与长幼，如"令堂"、"令尊"、"令爱"、"令郎"。

- 对朋友、熟人的称呼。对朋友、熟人的称呼，既要亲切、友好，又要不失敬意。对朋友、熟人的称呼主要有以下几种形式。

敬称：对任何朋友、熟人，都可以人称代词"你"、"您"相称。对长辈、平辈，可称其为"您"。对待晚辈，则可称为"你"。

对于有身份者、年纪长者，可以"先生"相称。其前还可以冠以姓氏，如"尚先生"、"何先生"。

对德高望重的年长者、资深人士，可称为"公"或"老"，如"谢公"、"周老"等。

姓名的称呼：平辈的朋友、熟人，彼此之间可以姓名相称，如"宋刚"、"李梅"、"张大明"。长辈对晚辈也可以姓名相称。

为了表示亲切，可以在被称呼者的姓前分别加上"老"、"大"或"小"字，从而可免称其名。例如，对年长于己者，可称"老刘"、"大赵"；对年幼于己者，可称"小郝"。

对同性的朋友、熟人，若关系极为亲密，可以不称其姓而直呼其名，如"光伟"、"志成"。对于异性，可直呼其名。

亲近的称呼：对于邻居、至交，有时可采用"大爷"、"大娘"、"大妈"、"大伯"、"大叔"、"大婶"、"伯伯"、"叔叔"、"爷爷"、"奶奶"、"阿姨"等类似血缘关系的称呼，这种称呼会使人感到信任、亲切。在这类称呼前，也可以加上姓氏，如"余大哥"、"朱大姐"、"刘大妈"、"丁阿姨"等。

另外，对一面之交、关系普通的交往对象，可酌情采取下列称呼：一是以"同志"相称；二是以"先生"、"女士"、"小姐"、"夫人"、"太太"相称；三是以其职务、职称相称；四是入乡随俗，采用对方理解并接受的称呼相称。

（2）介绍礼仪

介绍又分为他人做介绍和自我介绍两种方式。

① 为他人做介绍

为他人做介绍需要注意谁充当介绍人、介绍者的姿势、介绍的顺序、介绍的内容等几个问题。

- 介绍人。在社交中，东道主、长者、专职人员（公关、礼宾、文秘、办公室接待者等），在正式活动中地位、身份较高者或主要负责人，熟悉双方者，以及指定介绍者，都可以为他人进行介绍。

- 介绍者的姿势。作为介绍者，无论介绍哪一方，都应手势动作文雅，手心朝左上，四指并拢，拇指张开，胳膊略向外伸，指向被介绍的一方，并向另一方点头微笑，上体前倾15°，手臂与身体约50°～60°。在介绍一方时，应微笑着用自己的视线把另一方的注意力引导过来。介绍者介绍时态度应热情友好，语言应清晰明快。

- 介绍的顺序。介绍顺序绝不是可有可无的形式问题，而是涉及个人修养与公司形象，以及社交活动的目的能否如愿达成的问题。目前公认的介绍顺序为：将知道对方是谁的优先权赋予更加受尊重的一方。一般有如下几种情形。

a. 将晚辈先介绍给长辈。例如："王教授，让我来介绍一下，这是我的同学张明。"

b. 将地位低者先介绍给地位高者。例如："王总，这位是××公司的总经理助理刘女士。"

c. 如果双方年龄、职务相当，则把男士先介绍给女士。

d. 将未婚者先介绍给已婚者（当双方地位、年龄相当，性别相同）。例如："张太太，让我来介绍一下，这位是李小姐。"

e. 将家人先介绍给同事、朋友。例如："王太太，我想请您认识一下我的女儿小芳。"

f. 将后到者介绍给先到者。如大家的年龄、地位等差不多，则采用这样的顺序。

在为他人做介绍的顺序中，如果被介绍者之间符合其中的两个以上的顺序，一般应按序号排在最后的介绍顺序进行介绍。

② 被介绍者的礼节

作为被介绍者，当介绍者询问自己是否有意认识某人时，应欣然表示接受，表现出非常愿意结识对方，主动热情，正面面对对方，面带微笑。一般情况下应起立，注意站姿要优美，女士、长者有时可不用站起。宴会、谈判会上，略欠身致意就可。在介绍的过程中，按礼仪规范微笑致意、握手或递送名片。

③ 介绍的方法

- 简单式。只介绍双方姓名一项，甚至只提到双方姓氏而已，适用于一般的社交场合。例如："我来介绍一下，这位是张总，这位是李总。希望大家合作愉快。"

- 公务式。一般也称"标准式"，以介绍双方的姓名、单位、部门、职务等为主，适用于正式场合。例如："请允许我为两位介绍一下。这位是××公司营销部主任××小姐，这位是××化妆品公司副总××女士。"

- 推荐式。介绍者经过精心准备，再将某人举荐给另一个人。介绍时，通常会对前者的优点加以重点介绍，一般适合比较正规的场合。例如："这位是李先生，这位是××公司程总经理。李先生是经济学博士。程总，我想您一定有兴趣和他聊聊吧。"

- 礼仪式。这是一种最为正规的介绍，适用于正式场合。其语气、表达、称呼上都更为规范和谦恭。例如："孙小姐，您好！请允许我把××公司的公关部经理赵刚先生介绍给您。赵先生，这位是××公司人力资源部经理孙敏小姐。"

（3）自我介绍

从某种意义上说，自我介绍是进行社会交往的一把钥匙。运用得好，可为你社会活动的顺利进行助一臂之力，反之，则可能给你带来种种不利。在做自我介绍时需选用恰当的方法，把握好相应的时机和场合，注意顺序，掌握分寸。

① 自我介绍的场合

自我介绍的场合一般选择在正式场合，没有干扰，对方好记忆的情况下。具体如下。

- 应聘求职、会议场合可以做自我介绍。

- 因为业务关系，需要与相关人士接洽时可以做自我介绍。

- 当遇到你知晓或久仰的人士，他不认识你时，可以做自我介绍。

- 出差、办事与别人不期而遇时，为了增加了解和信赖，可以做自我介绍。

- 初次前往他人居所、办公室登门拜访时要做自我介绍。

- 参加聚会，主人不可能将与会者一一做细致的介绍，与会者可以与同席或身边的人相互自我介绍。

② 自我介绍的顺序

自我介绍的顺序主要有以下五种。

- 职位高者与职位低者相识，职位低者应该先做自我介绍。
- 男士与女士相识，男士应该先做自我介绍。
- 长辈与晚辈相识，晚辈应该先做自我介绍。
- 资深人士与资历浅的人相识，资历浅者应该先做自我介绍。
- 已婚者与未婚者相识，未婚者应该先做自我介绍。

③ 自我介绍的方法

- 应酬式。适用于某些公共场合和一般性的社交场合，如旅行途中、宴会厅里、舞场之中、通电话时。其对象主要是进行一般性接触的交往对象。这种自我介绍最为简洁，往往只包括姓名一项即可。例如："您好，我叫×××。"

- 公务式（商务式）。主要适用于工作之中。它是以工作为自我介绍的中心，因工作而交际，因工作而交友。内容应当包括本人姓名、供职的单位及其部门、担任的职务或从事的具体工作等事项。例如："您好，我叫张强，是科达电脑公司的销售经理。"

- 社交式自我介绍。主要适用于社交活动中，是一种刻意寻求与交往对象进一步交流与沟通，希望对方认识自己、了解自己、与自己建立联系的自我介绍，也叫"沟通式自我介绍"。

内容应当包括介绍者的姓名、工作、籍贯、学历、兴趣以及与交往对象的某些熟人的关系等等。

例如："我的名字叫××，现在在××公司当财务总监，我和您先生是高中同学。"

- 礼仪式自我介绍。适用于讲座、报告、演出、庆典、仪式等一些正规而隆重的场合，是一种意在表示对交往对象友好、敬意的自我介绍。

礼仪式的自我介绍的内容也包含姓名、单位、职务等项，但是还应多加入一些适宜的谦辞、敬语，以示自己礼待交往对象。

例如："各位来宾，大家好！我叫张强，我是××电脑公司的销售经理。我代表本公司热烈欢迎大家光临我们的展览会，希望大家……"

- 问答式自我介绍。适用于应试、应聘和公务交往。问答式的自我介绍，应该是有问必答，问什么就答什么。

例如："先生，您好！请问您怎么称呼？（请问您贵姓）"

"先生您好！我叫××。"

再如，主考官问："请介绍一下你的基本情况。"

应聘者："各位好！我叫××，现年26岁，河北省石家庄市人，汉族……"

### 3．技能分析

结合下面的实例，请同学们思考。

### 实例 1

小宋今年刚参加工作，年轻的她工作干劲十足，待人也很真诚。对每个同事、前辈都很友善，在公司里总是"王姐"、"张哥"等亲热地叫着。某一天，小宋陪同客户经理王华参加公司同客户的见面会。期间，小宋也像往常一样称呼王经理为"王姐"，忙前跑后，自认为圆满完成了任务。但会后王经理严肃地对小宋提出了批评意见，指出她在客户面前表现欠妥，小宋疑惑不解。

### 实例 2

情景：A 男士和 A 女士两位秘书在门口迎接来宾。

一辆小轿车驶到，一男士下车。A 女士走上前，道："王总您好！"呈上自己的名片，又道："王总，我叫李月，是××集团的秘书，专程前来迎接您。"王总道谢。A 男士上前："王总您好！您认识我吧？"王总点头。A 男士又问："那您知道我是谁？"王总尴尬不堪。

思考：

（1）请你分析小宋在客户见面会上的表现有何不妥？

（2）A 男士的见面介绍为什么会让王总尴尬不堪？

> **小提示**
> 在商务活动中，称呼会成为体现公司文化的窗口，过于生活化的称呼，在正式场合会给对方带来公司管理松散、不严谨、不规范的印象，进而影响公司的形象。
>
> 介绍是社交场合相互了解的一种常用方式，及时、准确、清楚的介绍，可以扩大交际圈，结识更多的朋友，还可以消除误会，减少麻烦。如果介绍时机、方式、态度把握不好，反而会给对方造成尴尬。

#### 4．技能运用

（1）在日常生活中你与他人之间的称谓能做到得当吗？

（2）日常交往中你的自我介绍得体吗？

任务 1：你是大一的学生，同学们虽然共同学习了两个多月时间，但还不是很熟悉。为了加深同学们之间相互了解，辅导员同班委商量利用周末搞一个联谊晚会。每个人必须做两件事情。第一件事，向全班同学做自我介绍，就个人爱好兴趣、家庭情况、居住地状况等内容向大家介绍。第二件事，每个人介绍一位与自己同龄或同地或同宿舍的同学给大家认识。

任务 2：在你们班同学中，利用联谊晚会，找出有共同爱好的三位同学，分别写下他们的姓名、爱好，找出同一季度出生的三位同学，分别写下他们的姓名、出生年月日。

> **小提示**
> 自我介绍时，自己要准确地把自己的情况介绍给其他人，让对方知晓、认识、了解自己。介绍者本人既不能太过谦虚，也不能夸大自己。为他人做介绍，要熟悉双方情况，一般只介绍姓名、身份、单位，还可以说明本人与被介绍人之间的关系，也可介绍对方的才能、成果，便于新结识的人相互了解与信任。
>
> 利用集体活动增进了解，缔结友谊，是初次见面人士都力求达到的目标。在短短的两个小时里，你运用什么办法来实现上述目标，既考验你的思考能力、沟通能力、策划能力，也检验你称谓、问候、介绍等礼仪应用能力。

## 技能 2　名片交接与索取礼仪

#### 1．技能认知

名片主要是人们在交往时，作为自我介绍用的。在商务活动中设计精美的名片，得体地使用名片，体现了一个人的素养。因此商务人士使用的名片，除了对个人有意义外，还会体现他们所

**在组织的形象。**

名片是现代商务交往中经济实用的交际工具，作为一种自我的"介绍信"和"联谊卡"，记载着一个人的身份和地位，标志着一个人的自尊。在商务场合中，第一次见面时，双方的交流经常都是从交换名片开始的。拜访他人时，应先报出自己的名字和公司的名称，主动拿出名片。名片成为说明身份，联络老朋友，结交新朋友的重要交际工具。

随着商务活动的范围不断扩大，接触的商务人员增加，社会文明的发展，名片在人们之间信息传递中扮演了一个重要的角色。在现代社会中名片还有介绍业务、拜会别人、替人介绍、通知变动等用途。

## 知识链接

### 名片的由来

名片又称名刺。早在汉朝时，人们为了拜见长官或名人，就用竹片、木片制成简，再用铁器将自己的名字刺在上面。这种简当时叫作"刺"，又称为"名刺"。后来纸发明出来了，于是便改用纸书写，并改称为"名纸"。"名纸"上除写姓名外，也有的写官衔名。在古代，官场中官员拜谒时必须使用名刺。访问人先将名刺送到被访人的门房，等门人通报主人并得到允许后，才能入内相见。现在人们所用的名片是从古代的"名刺"逐步发展演化而来的。现在的名片一般采用白色纸片，上面印有姓名、职务、单位、地址、电话号码、邮政编码等内容，在探访亲友或互相结识时，用来介绍自己的身份，便于日后的联系。

### 2. 技能学习

名片的使用已成为人与人交往的重要手段。名片是一个人身份的象征，是人们社交活动的重要沟通联系工具，也是使用者要求社会认同，获得社会理解与尊重的一种方式，因此名片的设计使用及接受名片都有严格的礼仪规范。

（1）名片的设计

名片的设计可以体现出一个人的审美情趣、品味和个性，雅秀、脱俗、活泼、平和、张扬等个性特征，都能透过方寸之间的字体、布局颜色、材料和内容等展现出来。你的名片不仅旨在向未来的客户介绍你本人和你的公司，也体现着你以及你所在公司的形象。因此，一定要精心设计。

各式各样的名片如图 3-2 所示。

图 3-2　各式各样的名片

① 名片的内容设计

名片直接承载着个人及公司的信息，担负着保持联系的重任，名片上就要包括姓名、职务、学位和职称、公司名称、地址、联系方式、商标或服务标志等信息。

② 名片的形式设计

名片的内容设计固然重要，但名片纸张的质地、尺寸、色彩、字体等的选用也需要充分讲究，精心设计，才能给人留下深刻的影响。

（2）把握好出示名片的时机

在商务交往中，若想通过发送名片，如图3-3所示，使对方接受并收到最好的效果，一定要把握好出示名片的时机。通常情况下，名片发送的时机有下列情形：

① 希望认识对方；

② 被介绍给对方；

③ 对方向自己索要名片；

④ 对方提议交换名片；

⑤ 打算获得对方的名片；

⑥ 初次登门拜访对方。

图 3-3　出示名片

（3）使用名片的学问

使用名片的礼节涉及递送、接受和交换三个环节，递接双方都有应注意的礼节问题。

① 递送名片

• 递送名片应遵循"尊卑有序"的原则，即地位低的人首先把名片递给地位高的人。

• 当对方不止一人时，应先将名片递给职位较高或年龄较大者，如果分不清职位高低和年龄大小时，可以依照由近而远，不跳跃的方式递送，也可采用沿顺时针方向依次递送的方法。

• 递送时应起身站立，面带微笑，走近对方，上身呈15°角鞠躬状，用双手的拇指和食指分别握住名片上端的两角，恭敬地送到对方胸前，同时说"我叫××，这是我的名片，请笑纳（或请多关照）！"等话语，如图3-4所示。

② 接受名片

• 起身迎接。接受他人名片时应起身或欠身，面带微笑，双手或右手接过，不要只用左手接。

• 认真默读。接过名片后，认真地把名片上的内容看一遍，根据需要可以将名片上重要的内容读出来，一般需要重读的是对方的职务、头衔、职称，以示仰慕，不认识的字应主动向对方请教。

● 表示谢意。接受他人名片时，应使用谦词敬语，如"能得到您的名片十分荣幸"，如果对方地位较高或有一定知名度，则可道一句"久仰大名"，如图 3-5 所示。

图 3-4　递送名片

图 3-5　接受名片

● 收好名片。看完后郑重地将其放入名片夹中或上衣口袋之内，如图 3-6 所示。并表示谢意。如果是暂时放在会谈的桌子上以便使用，切忌在名片上放其他物品。

放置名片的位置要固定，以免需要名片时东找西寻，显得毫无准备

图 3-6　收好名片

● 回赠名片。接受名片的一方如有名片也应回赠，如没有名片，可以说"我没带名片，下次带了给您"，或说"很抱歉，我的名片刚刚用完"。不愿与其交换名片时，也可采用上述说法，这是维护自己形象和自我保护的一种做法。

③ 如何索要名片

● 交易法。适用于不熟悉的人，就是你把自己的名片首先递给对方，这是最省事的方法。古人讲："将欲取之，必先予之。"

● 明示法。如果你跟对方比较熟，或者以前跟对方认识，很长时间没见，你担心对方换了地方，换了职务，你想要名片，也可以直说跟对方交换一下名片。

● 谦恭法。适合于晚辈对长辈或者对有地位的人。可以说："以后怎么向您请教比较方便？"言下之意是向对方索要名片。这是一种委婉的说法。

● 联络法。适合于长辈对晚辈，上级对下级或者平级平辈的人之间。可以说："认识你很高兴，希望以后可以和你保持联系。"或者"以后怎么和你联系比较方便？"等于告诉对方，想要对方的电话、电子邮箱等联络方式。这样还可以给对方留下余地，对方愿意给就给，不愿意给可以讲："你这么忙，以后还是我跟你联系吧。"

### 3．技能分析

结合下面的实例，请同学们思考。

### 实例1

两位商界的老总，经中间人介绍，相聚谈一笔生意。这是一笔双赢的生意，如果合作得好双方都能获得丰厚的利润。看到美好的合作前景，双方的积极性都很高。A老总首先拿出友好的姿态，恭恭敬敬地递上了自己的名片；B老总单手把名片接过来，一眼没看就放在了茶几上，接着他拿起了茶杯喝了几口水，随手又把茶杯压在名片上。A老总看在了眼里，随口说了几句话，便起身告辞。事后，A老总郑重地告诉中间人，这笔生意他不做了。当中间人将这个消息告诉B老总时，B老总简直不敢相信自己的耳朵，一拍桌子说："不可能！哪儿有见钱不赚的人？"立即打通A老总的电话，一定要他讲出个所以然来。A老总道出了实情："从你接我名片的动作中，我看到了我们之间的差距，并且预见到了未来的合作还会有许多不愉快，因此，还是早放弃的好。"闻听此言，B老总放下电话，痛惜失掉的生意，为自己的失礼感到羞愧。

思考：

B老总违反了名片使用中的哪些礼仪？

> **小提示**
>
> 递送名片时要注意礼节，接受名片的一方同样要遵守应有的礼仪规范，在商务活动中客人从你对他名片的接受、拿放的举动，可以观察出一个人的教养和对对方的尊重程度，甚至看到为人处事的态度。
>
> 递送和接受名片的事情看上去很小，但基本的礼仪规范必须牢记，一定要牢记"勿以善小而不为，勿以恶小而为之"。从某种程度上讲，细节体现教养，细节决定成败。

### 4．技能运用

（1）请你想想商务活动中名片的作用有哪些？

（2）你认为在什么情况下使用名片较好？

（3）你知道名片制作的一些基本要求吗？

- 任务：制作名片
- 活动形式：小组活动，每5人一组
- 活动要求：

（1）每组选一名负责人。

（2）由每组负责人从下面角色中选定一个身份（公司总经理、部门销售经理、人事部经理、推销员、商场市场部经理、公关部经理）。

（3）小组同学共同为选定的角色设计名片。

（4）组长组织成员制订工作计划，进行分工安排。

（5）小组讨论，要求每组成员积极思考并发言，为本组名片设计献计献策，形成名片设计说明书。

- 活动成果：根据本组名片设计意向说明书，设计制作名片（用稍大一些的硬质纸制作，以便于展示）。

- 成果展示：

（1）由教师和四名同学（由同学推荐）组成评委会（制定评分细则，然后根据评分细则评分，并实行公开评分办法）。

（2）每组选一位代表上台展示本组制作的名片，并讲解设计意图，要求语言流利，形象端庄，礼仪规范）。

（3）每组展示后，可由一位同学评委进行简要点评。

（4）老师作小结，对同学们名片制作情况进行总体总结，对表现优秀的小组进行表扬。

## 技能训练

### 自我介绍和为他人作介绍的礼仪训练

- 训练目标：掌握自我介绍和为他人做介绍的方法，在实践中体验自我介绍和为他人做介绍的礼仪规范，促进学生职业人格的塑造。

- 训练步骤：

① 全班同学分成 5 组，每组再按两人一小组划分小组。并查阅相关资料，到一些场合观察自我介绍和为他人做介绍的情景。

② 两人一小组，按自己心目中的职业岗位，选择模拟场景，并选出适合当介绍人的角色。

③ 同学们先在大组中展示，并推荐一个小组在班级展示。

④ 介绍人首先做自我介绍，并向被介绍人递送名片。

⑤ 介绍人采用相应的礼仪规范、恰当的介绍词，介绍被介绍者。

⑥ 推选五位同学组成评议组，从礼仪规范、个人形象、介绍过程、介绍词、介绍氛围、角色扮演等方面进行评价。

⑦ 将自我介绍和为他人做介绍的方案、设想，形成完整的书面报告，并展示交流。

- 训练成果形式：

① 学生自我介绍和为他人做介绍的行为展示。

② 关于自我介绍和为他人做介绍的设计课业报告。

- 训练成果评价如表 3-2 所示。

表 3-2 　　　　　　　　"自我介绍和为他人作介绍礼仪训练"评价表

| 项　目<br>（分值） | 标　准 | 得　分 |
|---|---|---|
| 自我介绍展示<br>（20） | 角色选择恰当，展示规范，符合礼仪要求 | |
| 给他人介绍展示<br>（30） | 称谓得体，介绍词恰当，名片递送自然并符合礼仪规范 | |
| 课业撰写<br>（20） | 课业格式设计有创意，撰写规范，内容符合要求，文理通顺 | |

续表

| 项　目<br>（分值） | 标　准 | 得　分 |
|---|---|---|
| 训练过程和课业完成情况<br>（30） | 与人交流、与人合作、解决问题能力较强，职业观念、职业情感、职业作风表现较佳 | |
| 总成绩∑100 | | |

| 教师评语 | | |
|---|---|---|
| | | 签名：　　　　　　　年　月　日 |
| 学生意见 | | |
| | | 签名：　　　　　　　年　月　日 |

# 任务四
# 日常交往礼仪

## 认知目标

1. 知晓日常交谈的基本常识和礼仪规范。
2. 熟悉商务接待的基本常识和工作程序。
3. 熟悉差旅礼仪的基本规范。
4. 了解点菜、敬酒的相关知识和注意事项。

## 技能目标

1. 初步践行日常交谈的基本礼仪规范。
2. 能按商务接待标准和礼仪规范做好接待工作。
3. 积极践行差旅过程中的礼仪规范。
4. 掌握点菜、敬酒的技巧和礼仪规范。

## 案例导入

### 一次成功的接待

　　这是张洪升任公司副总以来第一次单独宴请客户，而且对方是一位重要的新加坡客户卢先生，事关几百万元生意的成败，张洪不免有些紧张。

　　事先，张洪做了周密的安排：他先在一家新加坡菜馆订了包房，点好菜。因为他了解到这位先生是从美国出差后直接来华，离开新加坡这么久，肯定特别想念家乡菜的味道。

　　张洪按约定的时间提前来到包房等候，听到迎宾小姐"这边请"的声音之后，张洪赶快平静了一下自己的情绪，尽量镇定地坐在那里。门开了，一位60多岁的老人走了进来，张洪马上走过去，热情地伸出手："您好，卢先生。"张洪向卢先生做了自我介绍，尽量使自己谈吐清晰，彬彬有礼。

开始上菜了，一碟一碟十分精致，大都是新加坡的家常菜。卢先生显得非常兴奋，两人边吃边聊，整个吃饭的时间笑语不断。

用过餐后，盘里的菜大都已经吃完了，就一个盘子里还剩下了四个小包子，张洪吩咐服务员打包。服务员似乎不解，张洪不加理会，自己动手认真地把包子装入方便盒中。

这时，卢先生向他投来了赞赏的目光："没想到张总这么节俭，对于现在的年轻人来说，真是难能可贵。"

张洪谦虚地笑了："养成习惯了，家母说'粒粒皆辛苦'，公司也都提倡节俭，所以我也变得有些'小抠'了。"说罢，两人相视，哈哈大笑。

三天后，卢先生的公司和张洪所在的公司顺利签下合约，卢先生特地点名要张洪参与这项合作。

思考：

（1）为什么有时候细节会决定成败？

（2）你日常学习生活中注意细节吗？为什么？

（3）透过细节看人已经成为衡量评价一个人的最重要方式之一，你同意这样的观点吗？

# 活动一　交谈礼仪

语言是具有共同意义的声音符号，是人们交际的重要工具。语言是人类所特有的用来表达思想、交流感情、沟通信息的载体，是一种特殊的社会现象。正确得体的谈吐，可以迅速、有效地传递信息，塑造良好的社会形象，促进社交的成功，保证洽谈的顺利，可以使自己的人际关系多一分理解，多一分友情，多一分感染力。

## 技能　交谈障碍的克服与交谈礼仪

### 1．技能认知

在商务交际场合中，谈话对象要尽可能的多，尤其要多与客人交谈，争取与每一位客人都谈笑风生，让每个客人都感到你注意到了他，并对他有所了解。这样他就会有受到重视的感觉，从而对你和你所代表的公司产生好感。在日常生活工作中，你与他人交谈能力怎么样？你注意锻炼和他人的交谈能力吗？

交谈是指两个或两个以上的人进行语言沟通交流，它是人们彼此之间交流思想感情、传递信息的一种重要形式。在与人交谈中，"言为心声"，人们的思想道德、情操、志趣、文化素养以至人生观、世界观等，可以通过语言得到一定的体现。在商务场合中，无论是推销、谈判、协商，还是一般的交际，都要通过交谈来打动别人。由此可知，交谈体现着一个人的礼仪修养，好的交谈不仅是语言的流露，也是礼节的显现。

掌握交流技巧，践行交流礼仪，提高口语表达能力，必须以语言的"礼"吸引人，以评议的"美"说服人。要做到语言的"礼"和"美"，必须努力提高自己的道德修养和文化素质，塑造美好的心灵，加强表达能力的锻炼，才能提高自己的交谈水平和能力。

## 2．技能学习

在日常生活中，我们往往会发现善于辞令、口才一流的人说话总是有说服力；而某些人拙于表达，有时说话不仅冗长而且让人抓不到重点。在与人交往中，怎样才能克服交谈障碍，提高一个人的交谈技巧和能力呢？

（1）任何商务活动中，交谈沟通是促进人际关系、改进工作、建立友谊的重要手段。交谈有口头交谈和借助非语言的沟通方式。交谈看似简单，实质是一个复杂的过程。由于交谈场合、交流双方的需要、价值观、态度和期望不同，交谈也会碰到一些障碍，主要包括人为障碍、语言障碍、跨文化障碍。

人为障碍：主要是由于交谈双方的知识、经验及心理因素差异所造成的交谈干扰，具体讲，个人兴趣、情绪、态度、性格、思想、价值观、利益等方面的差异会影响交谈。

语言障碍：交谈是采用语言这一共同的符号进行信息传递和理解的过程，人们只能借助于语言符号来传递信息，但同样的语言对不同的人可以意味着完全不同的事情。人们通常根据自己的知识、经验来接收和理解，这时就会出现语言障碍。

跨文化障碍：除了中外文化差异背景下的交谈有障碍外，即使在不同区域或价值观念背景下的人进行交谈，也会产生交谈障碍。有时不能完整地理解或者曲解了对方的意思，这样的交谈的结局，往往就在心目中产生了隔阂。

交谈是双向的沟通交流，不能一味地用我们一贯的想法去猜度别人。在交谈中，如果都能耐心地听，带着同理心去听，才有助于获得一个融洽、和谐的交谈氛围。

（2）交谈技巧。根据对象不同，交谈一般有三种形式：接待性交谈、访问性交谈和结识性交谈。不管哪种交谈，都有一些基本的交谈技巧。

选择恰当话题。交谈时，如何找到合适的话题并进行愉快交流是非常重要的。一般应从以下几方面考虑：一是选择轻松主题，如以文艺演出、旅游观光、风土人情、流行时尚以及文学、艺术、历史、哲学等作为话题；二是根据性别选择主题，如女士对衣食住行及身边琐事的话题感兴趣，而男士上至天文，下至地理，国内外大事，世上珍闻趣话都可以成为交谈的话题；三是根据年龄选主题，不同年龄层次的人，个人的生活经历不同，学识、志趣、修养也不一样，因此，谈话的方式应有所区别。

讲究语言艺术。话说得和蔼、亲切、中听，就显得热情、诚恳、尊重人、关心人，这样与他人的思想感情就容易沟通，达到共鸣。和他人说话，措辞委婉、贴切、得体，尽可能把"硬邦邦"的话、对方不乐意听的话说得得体、中听。

语言要清楚明白。说话言辞要美，礼貌的谈吐、和蔼的态度虽然重要，但措辞是否清晰、准确，表情达意是否明白也是基本的要求。只有语言清晰明白，才能真正方便他人理解。

记住并称呼对方的名字。在交谈中提到对方的名字，表明你不仅关注对方，而且注意到并且记住了他们的名字，对他们很尊重，很在意。

适时提出问题。工作场合是因公而谈，参与谈话是每个人的义务。除了让对方充分发表观点，尊重别人的意见和建议外，还要学会适时发问。发问多选在自己希望了解有关情况，对方对它已有见解或对方希望就有关问题发表看法，以及谈话缺少内容或显得呆板，需要对有关问题进行深入探讨等时机。

（3）交谈礼仪。口语表达传递信息迅速，是应用最广泛的交际方式，交谈中也有一些基本的礼仪规范应该遵守。

三思而后言。在我们和他人沟通过程中，往往会因为一句话不投机引起他人不悦。因此，在每次说话前，应该想想自己想说什么，该说什么，该怎么说。在很多情况下，如果能多花一点时间并设身处地为他人着想，就不会因说错话而引起他人的不悦了。

失言时立刻道歉。勇于承认错误是很重要的，每个人偶尔都会说错话。如果一旦察觉到言语有误，要马上设法更正，同时还要留意他人的言语或其他方面的反应，借以判断是否需要道歉。如果你确实说错话了，就必须立刻道歉，勇于承认错误。

学会心平气和地沟通。交谈就是信息、想法与感觉彼此交换的过程。因此交谈中，采用一种随性、平和的交谈方式，别人就容易听进去。

注意说话的时机。在表达意见之前，必须先确定对方是否已经准备好并愿意听你说话，当大家愿意听你讲话时，你再发言，表达你的思想。

学会倾听。善于表达有时是一种天性，而认真倾听是一种修养，是成功谈话的一个要诀。它体现了对他人的尊重，它能创造一种与对方心理交融的谈话气氛。学会倾听要做到和别人谈话时，目视对方，全神贯注；当对方讲到精彩处，要给予一定呼应配合。

总之，在和别人交谈时，要时刻不忘律己、敬人。

## 📚 知识链接

### 提高倾听能力

在沟通中，倾听是沟通过程中最重要的环节之一，是有效反馈的前提。请通过下列问题对自己的该项能力进行差距测评。

1. 你觉得为什么需要倾听？
   A. 便于有效反馈 　　　　　　B. 获取关键信息 　　　　　　C. 可以与别人分享

2. 如果你总喜欢打断别人的谈话，你认为是什么原因？
   A. 观点和意见不一致 　　　　B. 想发表自己的观点 　　　　C. 对信息理解有偏差

3. 在倾听的过程中，你经常会表露出哪些身体语言？
   A. 点头 　　　　　　　　　　B. 与谈话者保持目光接触 　　C. 保持很好的坐姿

4. 你是否会经常分析谈话者的"话外之音"或"真实意思"？
   A. 经常认真分析 　　　　　　B. 有时候会深入想一下 　　　C. 直来直去，从不这样想

5. 在倾听的过程中，你是否会先入为主？
   A. 从来不会 　　　　　　　　B. 偶尔受心态影响会这样 　　C. 取决于沟通的对象

6. 在倾听的过程中，你是否会有选择地倾听？
   A. 不会 　　　　　　　　　　B. 有时根据自己的判断 　　　C. 总想抓住关键信息

7. 你如何理解倾听？

A．获取信息并准备反馈　　　B．认真听取讲话者的观点　　C．倾听就是要听到

8．在倾听的过程中，你会将主要的注意力放在哪里？

A．谈话者的观点　　　　　　B．谈话者的信息表达方式　　C．谈话者本身

9．在倾听的过程中，你如何面对谈话者的情绪？

A．保持自己的情绪不受其感染　B．对事不对人　　　　　　C．待其平静后再反馈

10．在倾听的过程中，如果你觉得你的意见和谈话者相左，你会如何处理？

A．继续倾听　　　　　　　　B．获取全面信息后发问　　　C．反驳并表明自己的观点

选 A 得 3 分，选 B 得 2 分，选 C 得 1 分

24 分以上，说明你的倾听能力很强，请继续保持和提升。

15～24 分，说明你的倾听能力一般，请努力提升。

15 分以下，说明你的倾听能力很差，急需提升。

## 3．技能分析

结合下面的实例，请同学们思考。

### 📚 实例1

缺乏成效的交谈

信贷员：今天，李准先生将会与我们一起讨论一笔贷款事宜。

助　理：（助理名叫王峰）是吗？

信贷员：是的，我肯定他将花费两个小时告诉我们所有的一切。我后悔成为一名银行信贷人员。今天再见他我会活不下去的（信贷员希望他的助理自愿接待这位客户）。

助　理：有时他确实令人感到痛苦（助理明白信贷员希望他能自愿接待这名客户，但是他不想这么做）。

信贷员：嘿，王峰，你需要学习如何对待像这样的客户（信贷员提出了一个请求，但是他在掩饰这一情况）。

助　理：李准先生向你求助，你应该感到幸运（如果信贷员没有做出明确的请求，王峰没有必要确认传达的信息）。

信贷员：我不需要任何帮助。无论如何我能够处理 90% 的信贷问题。我确实无需关心你要做什么（事实并非如此，但是……）。

助　理：我本想提供帮助，但是既然你能够熟练解决这个棘手问题……

信贷员：够了，必须要有人去解决。

### 📚 实例2

富有成效的交谈

信贷员：王峰，我希望你今天下午 1 点钟处理李准先生的贷款问题。处理这个申请需要应用一些特别的技巧。

助　理：李准先生比较难说话，但是我会注意的。

信贷员：谢谢你，王峰。

思考：实例 2 与实例 1 相比，助理态度发生了变化，你认为主要由于什么原因？

> **小提示**
>
> 无论是在工作场所，还是其他人际交往场合，有成效的交谈是非常重要的。这是因为交谈是连接环境与个体的能动力量。如果交谈不畅、不理想，就意味着这个连接太微弱、消极或者影响工作进展，就会导致一个人或团队工作的低效率，甚至进一步造成相互努力作用的瓦解。
>
> 有效的交谈，是指在双方面对面的交谈中，说者根据场合、对象采取恰当的交谈方式，让对方听得见听得清。听者能认真地听，从对方说话的内容、声调、神态可以了解对方的需要、态度、期望。认真的听可以使对方感到你态度谦和，他们会自然地向你靠近，可以使人们的交往、交谈更有效，彼此之间关系更融洽，沟通更有效。

### 4．技能运用

（1）在与别人的交谈中你善于倾听吗？

（2）在向别人陈述问题和介绍情景时，你能用最简洁的语言向大家说清楚吗？

任务：倾听并理解存在的问题。

目的：练习积极倾听的技巧，同时尽量照顾并理解他人所面对的难题。

说明：3 位同学组成一组，每名成员都扮演倾听者、演说者和观察者的角色。第一轮要指定每名成员的角色。

（1）如果你扮演演说者，选择一个没有得到解决的人际沟通难题，并向倾听者解释这个难题以及你对它的理解，一定让倾听者理解这一难题（3 分钟内完成）。

（2）倾听者尽可能利用各种积极倾听的技巧，以理解演说者面临的难题。倾听者诉说演说者面临难题以及他本人的理解，并得到演说者认可。

（3）在整个练习过程中，观察者应保持沉默，并对倾听者的有效和非有效的倾听行为做记录。

（4）在总结部分，同学们就他们认为是有效或者无效的倾听行为，按照从观察者到演说者的顺序向倾听者提出反馈信息（时间在两分钟内）。

（5）步骤 1～4 需要重复 2 次以上，这样 3 人小组中的每个人都有机会扮演每一个角色。

时间：每轮 5～6 分钟。

考核评价：练习完成后，给每一位扮演者运用人际交谈技巧的表现打分，如表 4-1 所示。

表 4-1　　　　　　　　　　观察者评分表

| 1<br>不满意 | 2<br>较差 | 3<br>适当 | 4<br>较好 | 5<br>突出 |
| --- | --- | --- | --- | --- |

| 交谈行为 | 演说者得分 | 倾听者得分 |
| --- | --- | --- |
| 避免给交谈造成阻碍 | | |
| 传递出清晰并且容易被理解的信息 | | |
| 做到积极倾听 | | |
| 利用非语言符号 | | |
| 适应沟通者性别、文化等的差异 | | |
| 寻求有意义的反馈信息 | | |

> 说明
>
> 利用表 4-1 对每名角色扮演者打分，各项分值范围是 1～5 分。在每个评价标准右边的空白处写下具体分值，以解释你给出的反馈信息。

> 小提示
>
> 在商务活动中，人际交谈最主要的障碍就是处理不好人际关系。造成这一问题的主要原因就是采取的交谈类型不能在商务交谈中产生积极的人际关系，并且它还常常造成不信任、防御和无能感。
>
> 为了实现有效的交谈沟通，在交谈中应努力做到使别人感到被接受、有价值和受到支持。一般交谈中，要多采取问题双向的和非人取向的陈述；要承认你的真实感受，实现协调沟通；采用描述性的而非评价性的陈述；采用承认别人重要性和唯一性的有效陈述；采用具体的陈述并对自己的陈述负责，表现出支持性的倾向，这样有利于提高交谈的效果。

## 技能训练

### 化解矛盾的交谈

- 训练目标：运用有关交谈的常识和礼仪尝试着去化解一些矛盾。通过这种亲身体验和感受，提升自己的交谈沟通能力。
- 训练步骤：
① 想想有谁在与你相处中有过分歧、矛盾或者不和。
② 认真反思总结引起矛盾和不和的问题与原因。
③ 找到这个人并要求与他进行一次有关人际关系的交谈。
④ 谈话结束后，尽可能详细地把这次经历记录下来：你说过什么？对方又说了什么？什么是特别有效的？哪些又是不怎么有效的？找出你需要提高的地方。
⑤ 每一位同学整理一份书面报告。
⑥ 老师选 5 份较好的报告，在班级交流展示，并进行点评。
- 训练成果形式："化解矛盾经过的报告"
- 训练成果评价如表 4-2 所示。

表 4-2 "化解矛盾交谈"评价表

| 项　目<br>（分值） | 标　准 | 得　分 |
| --- | --- | --- |
| 矛盾事实描述<br>（20） | 对事实描述、表现、影响后果叙述清晰（包括时间、地点、当事人、事件） | |
| 问题和原因查找<br>（30） | 个人对问题分析认识清晰，原因分析基本符合实际<br>（两个以上原因） | |
| 交谈过程记录<br>（30） | 记录翔实，分析总结到位（两个以上情节） | |

续表

| 项　目<br>（分值） | 标　准 | 得　分 |
|---|---|---|
| 课业书写<br>（20） | 课业完成过程积极主动，按时完成课业 | |
| 总成绩∑100 | | |

| | |
|---|---|
| 教师评语 | 签名：　　　　年　月　日 |
| 学生意见 | 签名：　　　　年　月　日 |

# 活动二　接待与馈赠

随着社会主义市场经济的发展，公司与公司之间，公司与政府、新闻媒体、客户之间的交往越来越频繁，接待工作成为展示公司形象的重要平台和机会。商务人员必须熟悉接待规范与要求，掌握接待和馈赠礼仪规范，把接待和馈赠相关工作做好。

## 技能 1　接待礼仪

### 1．技能认知

中国是礼仪之邦，自古以来都讲究以礼相待，随着经济的快速发展，礼仪在商务活动中显得尤为重要，而其中的接待礼仪有时就成为决定商务活动成败的因素之一。你同意这样的观点吗？在实际学习生活中，你在待人方面有良好的礼仪习惯吗？

商务接待是职场人士的一项重要工作内容。在商务活动中，迎来送往是社会交往活动中最基本的形式和重要环节，是表达主人情谊、体现礼貌素养的重要方面。尽地主之谊，为客人提供方便，热情相待，让客人高兴而来，满意而归，是密切往来增进感情的有力保障，也是事业蓬勃、人情练达的标志和保障。

商务接待是指商务活动中迎来送往的一系列招待活动。商务接待有两种情况：一种是日常接待，也就是不需要在人力、物力上做特殊准备的接待工作，这种接待随时都有。另一种是隆重接待，这种接待需要物质上做准备，人员上做调配。但不论哪种接待，都是希望来访者能乘兴而来，高兴而归。为达到这个效果，在接待过程中就要遵守平等、热情、友善、礼貌的基本接待工作礼仪规范。

### 2．技能学习

接待是一项细致而重要的工作，不管是日常接待还是隆重接待，迎客、待客、送客是其基本礼仪环节。你了解这些接待礼仪环节的具体内容吗？

（1）商务接待的准备

商务人员要做好各项接待工作，就必须做好环境准备、物质准备和心理准备，才能达到细腻周到、宾至如归的理想境界。

① 接待环境准备

接待室的环境可以分为硬环境和软环境。硬环境包括室内空气、光线、颜色、办公设备及室内布置等外在的客观条件。软环境包括接待室的工作气氛，接待人员的个人素养等。

接待室要保持清洁、明亮、整齐、美观，让人进入后感觉有条不紊，充满生机。接待人员要随时将接待室整理妥当。

接待室环境的好坏对客人的行为和心理都有影响。室内通风与空调设备对提高接待工作的质量也很重要。室内照明要柔和明亮。室内环境要保持肃静安宁。

② 接待室的物质准备

接待室应该准备好座位、茶水和电话，方便客人休息和对外联络。为了使接待室显得生机盎然，可以在窗台或屋角布置盆景和花卉。同时，还可以在接待室添置衣帽架和书报杂志，方便客人使用。

接待场所的用品要精心准备，要求坚固耐用、美观大方、实用。

③ 接待人员的心理准备

商务人员要进行正确的接待工作，就要做好适当的心理准备。接待的基本要素是要有诚心、诚意的态度，待人接物应热情开朗、温存有礼、和蔼可亲且举止大方。只有站在对方的立场上，有一颗诚挚的心，才能在接待中将心比心，表现出优雅得体的礼仪。

要做好接待工作的心理准备，重要的是学好礼仪常识，塑造自身的良好形象。特别是关于仪容、仪表、仪态等方面的知识，要有一定程度的了解和修养。良好的工作形象是由内而外的综合表现，并且要经过长时间的训练，因此，平时就要练就一身真功夫，这样才能应对自如、得体。

要做好接待工作的心理准备，还要注意个人气质的培养、个人修养的提高。一个人的气质风度体现在言谈举止中，就是能够自然地运用各种独特的语气、语调、手势和动作等来表现情感，是人的内在气质的自然流露。

（2）接待工作的基本礼仪规范

① 日常接待

• 迎客礼仪。

迎接是给客人良好的第一印象的最重要的工作，而给对方留下好的第一印象，就为下一步深入接触打下了基础。因此，迎接客人要有周密的布置。

当看到客人来的时候，应面带微笑起身相迎，问候客人、伸手相握，同时说"您好，我是×××"，然后请对方到会谈的地点落座后，再交换名片。

对于重要的客人，如果事先知道对方到达的具体时间，也可提前到门口迎接。如果自己有事情暂不能接待来宾，要事先安排好其他人员出面接待。不要冷落了来宾，也不能让来宾找不到会见的人。

接待过程中，见到客人后要迅速告知对方所去之地，然后再引领客人前往。进入会客厅时，不要直接进入，首先要告诉对方这里是会客厅。如果门是向外开的，则先敲门，再打开门说"请进"，让对方先行步入会客厅；如果门是向内开的，则要说"打扰了"，把门推开先进入会客厅，说"请进"，让客人进来。客人进入后，引导人员要面朝门口轻轻把门关上。然后，把客人引导至上座，说："请您坐这里。"客人坐下后，告诉客人"领导马上就到，请您稍等片刻"，随后离开。离开前要向客人礼貌地说："对不起，我先失陪了。"鞠躬后方可离去。

引导人员离开后要迅速告诉相关领导有客人来访，以免客人久等。

商务人员在接待来宾时，要根据情况以礼相待。日常往来，来宾都是为了某些事情而来的，因此，要认真倾听来宾的叙述，尽量让他们把话讲完。

对来宾的意见和观点不要轻率表态，应思考后再做答复。对不能马上答复或超出自己职权范围的，要约定一个时间再做答复。对能够马上答复或立即可办理的事，应当场答复，迅速办理，不要让来宾长时间地等待。对来宾的无理要求或不当意见，要有礼貌地拒绝，但没有必要刺激来宾，使其尴尬。

- 待客礼仪。

一般的来访，特别是有言在先的来访，敬茶是最起码的礼貌，如果有选择余地，应告诉客人都有哪些茶，征询他们的意见。

倒茶的时候，要掌握好水的位置，民间有"浅茶满酒"、"茶洒欺人，酒满敬人"的说法，一般茶水倒入杯中七八分满就可以了。

端茶的时候，要双手给来宾茶杯。对有杯耳的杯子，通常是右手抓住杯耳，另一只手托住杯底，从来宾的右后方送上茶水。站到来宾右后方的时候说"对不起，打扰一下"，放下茶杯后，说"请用茶"或"请您用茶"。

倒茶的顺序坚持客人优先。如果是多位来宾，就要依职位高低顺序，依次上茶。自己公司的成员也按职位高低，先后上茶。

续水时，如果是带盖的杯子，则要用左手的食指和拇指拿着茶杯盖子，右手倒茶。如果要将盖子放在茶几上，则要将盖口朝上。如果茶杯上有图案，则要将图案朝向客人一侧，茶杯盖上的图案要与茶杯的图案方向一致。如果使用一次性的杯子，最好同时使用杯托。对重要客人要使用有盖子的瓷杯。同一批客人都要用同一种杯子。

招待茶点时，最好把茶点放在托盘里，再送到客人面前或客人左前方。

- 送客礼仪。

如果要结束接待，可以婉言提出借口，如"对不起，我要参加一个会议，今天只能到这里了"；也可用起身的身体语言告诉对方，就此结束这次接待谈话。

来宾告辞，一般应婉言相留。来宾要走，应等来宾起身后，自己再起身相送，根据与来宾的关系，将来宾送到门口或电梯口。

当送客至门外时，要向对方表示感谢，说："我就不远送了。谢谢您的来访。"

当送客至电梯口前，待客人进入电梯后电梯门开始闭合时，自己微微鞠躬，表示道别，直至电梯门完全合上。

当送客至上车时，客人上车前，自己再次寒暄鞠躬。客人离去时，要目送对方直至远去。

② 隆重接待

- 准备工作。

了解来访情况，即要了解来访者的人数（包括男女人数）、身份，所搭乘的交通工具，到达的具体时间，甚至还包括饮食习惯、宗教信仰。这样就方便安排接待、住宿、用餐，也可以在一定程度上规避忌讳，防止不必要的尴尬发生。

安排接待人员，即负责接待的人员要仪表大方，举止得体，口齿清晰，文化素养高，最好受过专门的礼仪训练。

选择住宿地，即为客人选择住宿地，既要考虑来宾的身份，又要符合来宾单位的具体规定和国家的政策。另外，还要考虑住宿地的交通、环境、卫生、饮食、气温、朝向等因素。同时，也要考虑来宾有无特殊信仰或生活习惯。如是外宾，应先考虑安排他们入住国际连锁酒店，这样在环境、语言、饮食上更符合他们自己的习惯。

接待的具体事项准备，即要明白此次接待所讨论的问题：对来宾谈什么？怎么谈？承诺什么？怎么承诺？问询什么？怎么问询？等等。要做到心中有数，这样才能迅速规范地做出反应。

如果要张贴欢迎海报、悬挂横幅，一定要张贴或悬挂在显眼的地方。

如果安排献花，则必须用鲜花，一般都用花束，应安排年轻的女职工给来宾献花。

此外，还可适当地准备些水果、饮料等。

• 安排接待规格。

接待的规格要根据来宾的具体情况而定，一般以接待者身份与来访者身份对等即可。

接待规格主要有三种：高规格接待，对等接待，低规格接待。接待规格要事先确定，安排好接待人员，对所有来访者都要一视同仁，平等对待。

• 现场接待。

要掌握客人到达的时间，保证提前在迎接地点等候。接站时最好准备一块迎接牌，上书"欢迎×××"，同时在出口处高举迎接牌，这样既便于让客人看到，又能给客人良好的第一印象。

接到客人后，应致以问候和欢迎，同时做自我介绍。问候语要得体适当，可说"路上辛苦了，欢迎您来××"等。问候寒暄之后，要主动帮助客人提取装卸行李。拿行李的时候不要拿客人的公文包或手提包。

上车的时候要让客人先上。打开车门用手示意，等客人坐稳后自己再上车。如果客人由领导陪同，就请领导坐在客人旁，自己坐在前排司机旁边。如果只有客人时，在客人入座后，不要从同一车门随后而入，而应关好门从车的车尾另一侧车门入座。

在客人去酒店的途中，要注意询问客人在此逗留期间有无私人活动需要代为安排。可以在路上把日程安排、活动安排介绍给客人，如果还有时间而客人又有兴趣的话，可以介绍一下沿途的景致，如果感觉客人很疲倦，在简明地介绍过后，就不要再打扰了。

下车的时候，自己先下，为领导或客人打开车门，请他们下车。在住宿过程中，如果需要共同组合住双人间的话，应把情况向客人说清楚，并由其自由组合。

把客人送到酒店房间后，接待人员应记下客人的联系方式、房间号及房间电话。如多位客人同行，记下其中一位联络人的电话即可。

• 安排探望。

接待人员应及时把客人的情况主要包括姓名、职务、房间号、电话号码等信息提供给有关人员。在客人稍事休息后，相关人员应择时前来探望，一般在来宾入住两小时后探望比较合适。安排探望应事先让来宾知道，以便让来宾心中有数。

• 送客礼仪。

送客礼仪是接待工作的最后一个环节。客人要离开的时候，可以再礼貌性地进行挽留。送行的时候，最好由已经同客人熟悉的人士送。可以是同级别的，也可以是身份低一点的。

送别时应说"慢走"、"走好"、"再见，欢迎下次再来"、"合作愉快"、"祝一路平安"、"万事如意"等道别的话。

如果送客送到车站、码头，就要等车、船开动后消失在视线以外再离开；如送到机场，要等客人通过安检之后再离开。

### 3．技能分析

结合下面的实例，请同学们思考。

### 实例1

小李是公司新到职不到两个月的员工。在这不到两个月的时间里，他就数次被顾客投诉。

原来，小李自以为是大学毕业生，在业务接待中对顾客爱理不理，态度非常冷淡。他认为：我是大学生，搞业务如果还陪着笑脸、"低三下四"地接待，那岂不成了侍候他们了！再说了，每天的工作都不清闲，哪儿还有那么多精力去陪笑脸？

甚至有一次一位白发苍苍的老人为了解业务，在小李面前一直站着说话、半蹲着身子写材料前后近半小时，而小李则抖着腿，有一搭没一搭地应付着，更不用说起身请老人坐下说话、给老人端杯水了。

正好经理巡视路过，在月末的大会上点名严厉地批评了小李。经理说这样的接待行为无疑严重影响了企业形象，绝不允许这样的行为再发生……

### 实例2

小张大学毕业后在扬州昌盛玩具厂办公室工作。中秋节前两天办公室陈主任通知他，明天下午3点本公司的合作伙伴上海华强贸易有限公司的刘君副总经理将到扬州市（昌盛玩具厂的出口订单主要来自华强贸易公司），这次来的主要目的是了解昌盛玩具厂是否有能力有技术在60天内完成美国的一批圣诞玩具订单。昌盛玩具厂很希望拿到这份利润丰厚的订单，李厂长将亲自到车站接站。由于陈主任第二天将代表李厂长出席另外一个会议，临时安排小张随同李厂长一起去接刘副总经理。小张接到任务后，征得李厂长同意，在一个四星级宾馆预订了房间，安排厂里最好的一辆车去接刘副总经理。

第二天上午，小张忙着布置会议室，通知一家花木公司送来了一批绿色植物，准备了欢迎条幅，又去购买了水果，一直忙到下午2:30，然后穿着休闲服的小张急急忙忙地随李厂长一起到车站。不料，市内交通拥堵，到车站后发现，刘副总经理已经等待了十多分钟，李厂长不住地打招呼，表示抱歉。小张也跟着说，厂子离市区太远，加上堵车才迟到的。小张拉开车前门请刘副总经理上车后说："这里视线好，你可以看看我们扬州的市容市貌。"随后，又拉开右后门请李厂长入座，自己急忙从车前绕到左后门上了车。车到达宾馆后，小张推开车门直奔总台，询问预订房间情况，为刘副总经理办入住手续，刘副总经理提行李跟过来。小张将刘副总经理送到房间后，李厂长与刘副总经理交流着第二天的安排，小张在房间里转来转去，看是否有不当之处。片刻后，李厂长告辞，临走前告知刘副总经理晚上6:00接他到扬州一家著名的餐馆吃晚饭。

小张随李厂长出来后，却受到李厂长的批评，说小张经验不够。小张觉得很冤枉，自己这么卖力，又是哪里出错了？

思考：

（1）大学生小李的接待观有什么问题？你从中受到什么教育？

（2）描述一下小张的接待工作哪里有疏漏，分析其原因。

> **小提示**
>
> 　　大学生刚毕业从事商务工作，需要学习、了解的东西很多，应该虚心地向同事们学习，应该尊重同行的业务朋友们，应该从尊重人、懂礼貌等基础做起。不管你已经学习和掌握了多少知识，所有的知识都是为了更好地理解人、服务人、尊重人的，是为了搞好公司的经营管理业务的。
>
> 　　人在职场，迎来送往是基本的工作内容，如何在这些场合应对得体，使迎来送往更具交际效果，毫无疑问是我们应认真考虑的。接待工作是一项细致琐碎的工作，每一个环节必须考虑周到。对接送宾客、房间预订安排、车辆安排、车上座位安排、帮拿行李等都应眼明手快、周到细致、真诚热情，不能留下任何一点疏忽。

### 4．技能运用

（1）你从事过接待工作吗？有什么体验？

（2）如果让你自己负责一次小规模接待工作，你能胜任吗？说明理由？

任务：接待安排

情景：国庆节你有 5 位同学相约来你所在的城市游玩，他们来时乘坐的交通工具及到达与离开时间如下。

表 4-3　　　　　　　　　5 位同学到达时间与离开时间明细表

| 序号 | 交通工具（返程票自订） | 到达时间 | 离开时间 |
|---|---|---|---|
| 1 | 火车 | 10 月 2 日上午 10 点 | 10 月 6 日 |
| 2 | 火车 | 10 月 1 日晚上 9 点 | 10 月 6 日 |
| 3 | 汽车 | 10 月 2 日下午 3 点 | 10 月 6 日 |
| 4 | 火车 | 10 月 1 日晚上 10 点 | 10 月 6 日 |
| 5 | 飞机 | 10 月 2 日下午 6 点 | 10 月 6 日 |

① 请你给他们安排住的地方（酒店名称、房间数，为什么选住这里）。

② 安排 10 月 3 日、4 日、5 日的行程（到哪些景点玩，采用什么样的游玩方式，预计费用，费用的解决办法）。

③ 请你拿出一个详细的安排计划表。老师选取 5 份设计好的安排计划表在班级交流。

> **小提示**
>
> 　　制订一份详细的旅游计划表，要依照时间顺序，详细列出这几天不同时间段的活动内容、活动时间、注意事项。
>
> 　　详细了解情况，要使得旅游计划表可行，便于操作，一是要了解当地酒店的价格；二是要了解相关旅游项目的费用，如各种交通工具的费用，以及景点吃住的费用标准。
>
> 　　还要认真了解各景点的人文、地理知识，努力使游玩能尽情享受大自然的风光，学习人文历史知识，感受地方民俗文化。

# 技能 2　馈赠礼仪

## 1．技能认知

人们相互馈赠礼物，是人类社会生活中不可缺少的交往内容。馈赠更是商界人士交往的重要手段之一，馈赠的目的多种多样，如以交际为目的，以酬谢为目的，以公关为目的，以沟通感情、巩固和维系人际关系为目的，等等。馈赠的目的不同，礼品选择和馈赠方式也就不同。你所了解的商界馈赠主要目的是什么？你对目前商界通行的礼品选择和馈赠方式有何看法？

"礼尚往来"是中华民族的优良传统，也是日常交往中表达情意的重要形式。在商务活动中，为了联络感情，加深印象，沟通信息，根据情况接受或向有关人员赠送礼物，是一种常见的礼节。礼尚往来能够创造出一种良好的人际环境，增进与社会各界的友谊与合作。

在商务交往中，不同的场合下选送的礼品也不同。①表示谢意敬意的。如我们接受他人或某个组织的帮助之后，可通过赠送锦旗的方式表示感谢。②祝贺庆典活动。当友人或其他组织适逢庆典纪念之时，可送贺匾、书画题词等表示祝贺，既高雅别致，又具有欣赏保存价值。③公共关系礼仪。开展公共关系活动时所送的礼品要与公共关系活动的目标一致。这样既有利于与公众联络感情，又有利于宣传组织形象。④祝贺开张开业。公司开张开业之际，都是宣传自身、扩大影响的好时机，一般选送鲜花贺篮为多。

赠送礼品是现代商务活动的内容之一，可以说，在很多商务场合，礼物是友情使者，是文化符号，起到敲门砖的作用。如何做到礼物的赠送恰到好处，让商务人员交往更加顺畅，为交往营造一个和谐的氛围，是馈赠礼仪的重要内容。

## 2．技能学习

千里送鹅毛，礼轻情意重。在社会交往中，相互馈赠表示友好关系的发展。如何做到送礼和受礼双方都满意高兴，使所送礼品既实用又不造成浪费，是一门大学问。你同意这种观点吗？理由是什么？

（1）馈赠是指人们为了向他人表达自己的情意，而将某种物品不求报偿地送给对方。

馈赠礼仪是馈赠过程中应遵守的礼仪规范。馈赠礼仪包括送礼的礼仪规范和受礼的礼仪规范。

馈赠礼品的方式多种多样，目的不尽相同，但均要把握好度，要做到赠受有度，注重情意，因人而异，入乡随俗。

（2）馈赠礼品的选择

选择礼品主要考虑两方面的因素，一是考虑受赠者的文化水平、习俗、爱好、性别、身份、年龄；二是考虑礼品本身的思想性、实用性、艺术性。具体要注意以下几点。

① 考虑受赠方的爱好

每个人都有自己的爱好和兴趣，同样一件礼品，送给不同的对象，效果往往相差甚远。所以选择礼品要注意因人而异，因事而异。因人而异是指不同职业、不同宗教信仰有不同的习惯和文化爱好，无论是以企业名义还是以个人名义送礼，都应事先对受礼者的身份、年龄、性格、兴趣、习惯等情况有所了解。因事而异是指馈赠者要根据给什么人送礼、想表达什么样的情感等因素来确定礼品，而且要符合人们的习惯和当地风俗。要经过精心选择，既满足馈赠者心理要求，又让受赠者感到你的心意和真诚。

② 具有鲜明的特色

馈赠品最好是受礼者所在的地区所没有或极少有的，又是馈赠者所在地区最有特色的物品。那些精心构思、独具匠心、富有创意的礼品最有价值，也最受对方的喜爱。这样的礼品能给人留下深刻的印象，取得独到的效果，如当地的特色物品，自己亲手制作的精致物品，都会使对方喜出望外。

③ 重在纪念意义

礼品是情感的载体，任何礼物都表达送礼人的一片心意，或祝贺，或酬谢，或关爱，或敬重，等等。因此礼品应既深受受礼者的喜爱，又能融进送礼者情感。如对方轻易买不到而又非常需要的礼品，寓意深刻的特色物品等，一定会让对方见物生情，倍加珍爱。选择礼品时，勿忘一个"情"字，应挑选价廉物美，具有一定纪念意义，或具有某些艺术价值，或为受礼人所喜爱的艺术品为佳。所选礼品的价值要得体。

送礼要与受礼者的经济状况相适合。所以送礼不能显得小气，也不要过于慷慨，让人觉得你不自量力或虚荣。超过你承受能力的礼品，朋友接受了也会于心不忍，之后又想着回礼，就更麻烦了，等于强迫别人消费。

④ 注意携带方便

所送礼品必须使对方便于携带，至少不应赠送易损坏或给对方增添不必要麻烦的礼品。另外也要注意，为外地人士挑选礼品，应当有意识地使赠品与对方所在地的风俗习惯一致，在任何情况下，都要坚决避免赠送受礼者认为属于伤风败俗的物品，这样才表明尊重交往对象。

（3）馈赠礼仪

① 赠送礼品的礼仪

• 选择送礼的时机。

在适当的时机馈赠适当的礼品，就显得自然、亲切，可以增进双方的感情，在商务活动中，送礼都有一些适宜的场合与时机，如与交往对象道喜、道贺，通常在双方见面之初相赠；出席宴会时向主人赠送礼品，可以起身辞行时进行；作为东道主接待来宾时，如赠送礼品，可在来宾向自己赠送礼品之后回赠，也可以在宾客临行前一天，前往下榻之处相赠。

• 赠送的方式。

谁送：一般来说，商务人员自己送是最好的方式。目前随着社会节奏的加快，邮寄或托别人代送的做法也普及了。

说什么和怎么说：送礼时，面对受赠的人，可先对礼物本身进行解释，告诉对方怎样使用，有什么价值和特殊意义，从而让人感到你的一片心意。对于商务人员来说，送礼的理由主要包括感谢他人为你介绍商务方面的朋友；感谢他人的宴请；感谢他人帮你得到业务；感谢他人邀请你参加娱乐活动；感谢他人帮助你完成工作；祝贺他人提升或竞选成功；对顾客的惠顾表示感谢；有缘相识，有缘合作等。总之，送礼就是受礼者能够得到一份亲情、友情以及关心、爱护、鼓励或者安慰。

地点选择：一般来说，在大庭广众面前，应送高雅、大方、体面的物品；只有在私人场合，送与衣食住行有关的生活用品才是合适的。如果礼品是一本书、一束鲜花、一张新年贺卡等礼物，送在办公室，在向受礼者表达心意的同时，也可以向受礼者的同事展示受礼者的高雅、清廉。同时，使受礼者在感觉受到尊重的同时，产生一种精神上的圣洁感与崇高感。如果礼品是吃的、喝的、家用的东西，即使送给特别亲密的人，也不适合在公开场合相赠，否则会让受礼者同事产生反感和误解，有损受礼者的形象。

赠送顺序和赠法：如果你要给几个人送礼，最好选择他们同时在场的时机，职位最高的人应最先得到礼物。不管给一人还是同时多人赠送礼品，一定当面赠送。

赠礼时，要神态自然，面带微笑，双手捧上。送上礼品的同时要伴有礼节性的语言，真诚地表达自己对受赠人的感谢之情。

② 接受和拒绝礼品的礼仪

• 接受礼品时的礼仪。

在特定场合，当他人宣布有礼品相送时，不管正在做什么事，都应当站起身面向对方做好接受的准备。对方取出礼品，准备赠送时，要保持风度，既要神态关注，又要稳重大方。

当对方递上礼品时，要用双手去接，面带微笑，两眼注视对方。接过礼品后，要注意在接过对方礼品的同时，应当恭敬、认真地向对方道谢，也可以与对方握一下手，表示感谢，然后谨慎地把礼品放好。

接受礼品后，最好在一周之内写信或打电话向对方再次致谢，你不仅可以对礼品本身表示感谢，也可以对礼品传达的内在含义或送礼人对自己爱好的关心表示感谢。以后有机会再与送礼人相见时，不妨在适当的时候再次向对方表示自己的谢意。

• 拒收礼物时的礼仪。

商务人员之间送的礼物，只要是诚心诚意，一般都不能拒绝。如果礼品的价值过高，超过了一般朋友之间的情感和友谊时，就应当认真考虑一下，为什么送这份礼，收下后我承担什么样的责任。一般而言，以下三类物品不宜接受。一是违法违禁的物品；二是价格超过了规定的礼品，如现金、有价证券等；三是包含某种无法接受的暗示的物品。由于以上原因不能接受他人的礼品，需要拒绝他人，这种情况很难处理，弄得不好，很容易伤害别人，造成矛盾。拒绝的时候要注意，拒绝的是物品，情意一定要收下。拒收礼品时可选择以下方法。

言明理由，即坦率地向送礼的人说明不能接受礼品的原因。这种方法尤其适用于公务交往中拒收礼品。运用这种方法时，态度要和蔼，语言要坚定，把握好分寸。

婉言拒绝，即采用委婉的方式，不失礼貌地拒绝对方，找一个适当的借口，既让对方觉得你确实不能收，又不能让对方觉得没面子。拒绝的理由完全在于你自己，而不是对方。

事后退还：有时当场拒收礼品会使对方很尴尬，所以先将礼品收下，事后尽快将礼品退还。事后退还礼品也需要向赠送者说清理由，并致以谢意。

③ 礼尚往来

收到他人的礼物，在适当的时机要有所回报，这才合乎礼仪规范。

• 把握还礼的时间，根据不同情况灵活对待。如果客人在刚进门时送礼，你可以在客人临走时回赠。有些也可以在接受礼物之后一段时间，登门回拜，带些礼品赠送。也可在节日、喜庆之日送上适宜的礼物，表示感谢。

• 选择还礼的礼物。在所还礼物的选择上，不要以对方赠送的同类礼物还礼，相赠之物的价格大体与对方的礼品的价格相当。有时也可以口头上或事后以书面形式向对方表示感谢，同样可增进相互之间的感情和友谊。

### 3. 技能分析

结合下面的实例，请同学们思考。

### 实例1

吉姆要调回美国总部去了，按照惯例，分公司一定会为他举行一个座谈会，公关部经理美森还决定在座谈会上为吉姆送一份礼物。就在美森考虑要送什么礼物给吉姆时，公司总部老板又给他下达了一个命令，要他代表整个公司为吉姆挑选一件礼物。这个问题严重了，要代表整个公司来送还得有分量才行。

吉姆有个女友简，这个美国女孩非常伟大。当年，因为吉姆被派到中国来，所以，她也放弃了在美国的工作，随他而来，学习汉语重新寻找工作。而现在，吉姆要回去了，她又要随他而去。

美森面对一对恋人，两个好朋友的离去，尽管有点伤感，但还是精心地准备礼物。他忙前忙后看准了三样礼物：一是为一对恋人每人做一身唐装，男蓝女红，突显中国文化；二是送一个最新款手机，寓意多联系听候佳音；三是送一幅中国的山水画。大家你提议，他建议，美森一时不知如何是好。

## 实例 2

在国外，有一个流传很广且很受用的商务礼仪故事。说是有一个部门主管在餐厅里与客户谈项目的时候，邻桌专门安插了一个公司的职员，这位职员不是来吃饭的，而是来记录上司与客户谈话的，但这里是用心记而不是用笔记录。当上司旁敲侧击地令对方将自己的喜好以及家人的喜好和盘托出时，这位职员立马行动，出去张罗礼物。当双方的会谈愉快结束之时，这位职员又不失时机地出现，拎着送给客户一家大小的礼物。客户当然是喜笑颜开了，不仅自己有礼物，家人也有，且都是大家喜欢的东西。结果自然不言而喻，他们的合作很成功。可见商务活动中，因人而异馈赠的重要性。

思考：

（1）你认为美森送什么礼物好？说说你的理由。

（2）实例 2 中这样的馈赠技巧，你认为应不应该学习？为什么？

> **小提示**
>
> 送礼是普遍存在的人际交往现象，礼品的选择、赠送，是送礼人在人际交往中表示对交往对象的友好、敬意、谢意之意。礼物在人际交往中已成为社交的纽带、感情的载体。
>
> 礼物以物的形式出现，以物表情，礼载于物，起寄情言意的作用。向交往对象赠送适当的物品，表达自己对对方深深的心意，从而增加双方的理解，增进双方的友谊。馈赠礼物看着是小事，其实如果馈赠得体会收到很好的效果，既能表达对方的尊敬之心，又能传递对对方的真心诚意，且有助于商务活动的顺利开展。

### 4．技能运用

任务：帮助学院选择馈赠礼品

情景：学院与某公司校企合作五年了，五年来公司选拔的几位能工巧匠一直作为学院的实习指导老师，为培养学生付出了很多心血。值此五周年之际，学院想对这些能工巧匠表示感谢，每人想送一件价值在 500～800 元的礼物。如果你是学院负责这件事的具体承办者，你认为应该馈赠什么礼物？

思考：你想想这样的交往活动应不应该有馈赠活动？

> **小提示**
>
> （1）请同学们调查当地商品市场，了解消费者偏好、了解公司馈赠习惯，结合校企合作这件事，选择馈赠的礼品。
>
> （2）赠送礼品是为了表达一种情感。人们在选择礼品时，都是将其看作友情和敬意的物化，通过赠送礼品来表达对对方的情谊和尊重。因此，礼品如果能融进和体现送礼人的情感，就是最好的礼品。

## 技能训练

### 公司商务接待

- 训练目标：引导学生参加商务接待安排意见书的编写，切实体验公司商务接待的过程及礼仪规范，培养相应专业能力和职业核心能力。

- 训练步骤：

① 熟悉接待业务。下周三有上海一个重要客户要来公司洽谈业务，对方一行4人，男性2名，女性2名。4人于下周三中午乘飞机抵达我市，并预定在我市停留5天，乘周日晚上飞机返程。

除了谈业务外，还将用一天时间在我公司参观考察。办公室主任向总经理汇报后，总经理讲这次来访十分重要，要求务必精心策划，认真准备，做好全程接待工作，并吩咐办公室主任拿出接待安排意见。

② 划分小组，5人一组，指定1名负责人。小组成员共同讨论，编写接待安排意见草案。

③ 根据所学习的接待知识，查阅网上相关资料，了解有关商务接待的更多细节内容。

④ 走访1～2家公司，与办公室工作人员交谈，实地调查商务接待的具体事宜。

⑤ 根据调查收集的资料，形成商务接待安排意见书。

⑥ 接待安排意见书经小组成员认真讨论，修改完善，要对每一环节的接待任务及礼仪要求都作出详细说明（包括接机、吃住行、公司洽谈安排、参观考察、礼品赠送、送机）。

- 训练成果形式："关于某公司商务接待安排意见书"实训课业报告。

- 训练成果评价如表4-4所示。

表4-4　　　　　　　　　　"公司商务接待"评价表

| 项　目<br>（分值） | 标　准 | 得　分 |
|---|---|---|
| 调查资料收集<br>（15） | 调查两家以上企业，收集资料完整翔实，有参考价值 | |
| 接待安排策划<br>（25） | 安排策划有新意，安排得当，礼仪规范明确 | |
| 课业报告撰写<br>（30） | 接待安排意见书中时间、活动内容、物品准备、注意礼仪事项都具体明确，每个细节都考虑得周全 | |
| 实训过程表现<br>（30） | 自我学习、与人交流、解决问题能力强，职业情感、职业态度、职业良心表现佳 | |
| 总成绩∑100 | | |
| 教师评语 | 签名：　　　　　年　月　日 | |
| 学生意见 | 签名：　　　　　年　月　日 | |

# 活动三　交通和差旅

出差在外和单纯的个人旅游不一样，出差往往代表的是公司，所以如何遵守差旅礼仪，是必须引起重视的问题。差旅礼仪是人们在乘公交车、火车、飞机以及乘坐电梯与入住宾馆时所需要遵守的礼仪规范。

## 技能　交通和住宿礼仪

### 1．技能认知

人们的生活节奏越来越快，对效率的要求也越来越高，在高效率、快节奏的工作和生活中，人们几乎每天都要与交通工具打交道；外出办事，很多时候我们又会入住酒店，我们会和许多人同行、同住一个酒店，所以，遵守一些必要的规定和礼仪是展示我们素养，保障社会和谐的重要内容。你认为在外出时应遵守相关礼仪规范吗？

商务活动是一种具有广泛联系的活动，商务人员为了建立业务关系，开辟新的市场，就要经常乘坐各种交通工具，住宿不同的宾馆。这个过程既是为公司发展业务的过程，同时也是与社会公众和各种社会组织打交道的过程。

商务人员外出开展业务联系，看上去是一个人或几个人，其实质代表的是一个公司。时时处处看到的是每一个人的行为举止，但展示的是公司的形象。

### 2．技能学习

外出活动，交通和住宿是避免不了的，在这些活动中大多数人都能自觉遵守交通和住宿的明文要求和规范。但也有一些人认为你的车就坐一次，旅馆也就住一晚，遵不遵守礼仪规范无所谓，对交通和住宿中的明文规定和要求，视而不见，听而不闻。要建设和谐社会，这是必须引起每一名商务人员甚至是每一名社会成员认真思考的问题。

（1）交通和住宿礼仪

交通和住宿既涉及乘坐交通工具方面的礼仪，也涉及入住酒店方面的礼仪，为了使我们的出行顺利，入住酒店愉快，我们必须要熟悉和了解交通和住宿方面的有关礼仪。

（2）步行礼仪

人行道的右侧即内侧是安全又尊贵的位置，应将其让给女士或长者，而男士或年轻者行于外侧。若男士与女士同行，男士应主动地走在外侧。行路要遵守交通规则。不要站在人来人往的街道上与熟人谈个没完。在人多的街道上行车要保持一定的速度；一个人在街道上行走，行进的路线要固定。

（3）乘坐公交车的礼仪

① 遵守乘车秩序。乘坐公共汽车要自觉遵守乘车秩序，在车站候车时，应在站台上排队，车辆进站时，要等车停稳后依次上车，互相礼让。

② 乘客间要互相照顾、体谅。乘客上了车，应主动往车厢内移动，以免妨碍其他乘客上车。在车上遇到老、弱、病、残、孕及需要帮助的人，应主动让座或帮忙找座位。若别人为自己让座应立即道谢。下车要提前做好准备。

③ 维护车内整洁。乘车时，要保持车厢整洁，不要随地吐痰、乱扔果皮和瓜子皮等，也不要抽烟；如果随身带了有气味的、易污染的物品上车，要妥善放置，免得弄脏了其他乘客的衣物。雨天带雨伞上车，应将带尖的部分朝下，防止戳伤别人。穿雨衣时，上车后应立即脱掉。

④ 尊重司乘人员。乘坐公共汽车要注意尊重司乘人员的辛苦劳动。乘无人售票车要先准备零钱，上车后主动投币买票或刷公交卡。在向驾驶员或售票员问路时，口气要温和，有礼貌。当售票员回答了你的询问时，要诚心道谢。

（4）乘火车的礼仪

① 上车时，若同行者中有男士或年轻者，应由他们首先上车，找好座位，放好行李之后，再帮助女士或长者上车，下车时也应由男士或年轻者先开道。

② 上车后，对号入座。去餐车就餐时，不宜抢座。

③ 在乘坐过程中，不要很热情地向在座的人做自我介绍，客客气气地向邻近的乘客点头致意就行了，分别时可与周围的乘客道声再见。在车上若与其他乘客交谈时，应注意以不妨碍他人为宜。注意不要随意取阅别人的书刊，也不要悄悄凑过去与别人看同一份报纸。

④ 遵守公共秩序。在火车上吃东西，最好不要吃带有刺鼻气味的食物。果皮、纸屑不要随手乱扔，更不可以投到窗外。在车内不要吸烟。在车上不要随便把腿放到对面的坐椅上，更不要放到窗台上。要管教好孩子不准用脏手乱抓、乱拿他人的物品。晚间进入卧铺间休息，如遇有人正在宽衣就寝，应当在走廊稍回避一下。自己脱衣服就寝应背对他人，车上再热也不可赤膊，不要穿背心、短裤和拖鞋上车。

（5）乘飞机的礼仪

① 上下飞机时，要有秩序，对空乘小姐的问候要点头致意或向其回应问候。

② 登机后，要对号入座，不要长时间在过道上站立，以免影响后面旅客入座。

③ 遵守公共秩序。在机上要注意坐卧姿势，不要妨碍到他人为好。在机上不小心碰到了其他乘客，应当致歉。在机舱内说话声音不要太高，尤其当别人休息时。在飞机上绝对不可以随地吐痰，不要吸烟。没有特别需要，不要乱按座位旁边的按钮呼叫服务人员。对飞机上设备也不要乱碰，也不能随意拿取。乘客不能携带危险物品登机。在飞机上禁用移动电话、手提电脑、调频收音机、电子玩具、电子游戏机等电子设备，以免影响飞机的安全飞行。

（6）住宿酒店的礼仪

酒店是入住的一个地方，有一些规定和礼貌是一定要注意的，这样才能体现出你的素养。

① 提前预约房间。需要住宾馆的时候，最好提前用电话预约，告诉宾馆服务员准备哪天住、住几天、需要什么样的房间、申请住房人的姓名。以及当天到达宾馆的大概时间，并问清房价。如果晚于约定时间到达，要电话及时告知。如果要取消房间预定，有礼貌的做法是及时打个电话取消，宾馆就可以把房间租给他人。

② 差旅期间住宿宾馆，开门后先要查看一下房间，设备是否完好无损，有无短缺，如有短缺及时与服务人员联系。如果两人住一个房间，没有特殊原因，出入房间应该让位高者先进先出。

③ 文明对待住宿房间。作为住客应当讲究清洁，不要把房间和床铺弄得乱七八糟，把浴室搞得肮脏不堪。在房间内，衣物和鞋袜不要乱丢乱放。吸烟者不要乱弹烟灰、乱抛烟头，以免引起火灾。果皮、纸屑应当扔入垃圾桶。沐浴时把围帘的下部放在浴缸里边，这样水就不会流到浴缸外边把地板弄湿。沐浴后，把自己落在浴缸里的头发拾起来放到垃圾桶里。

④ 安全第一。出门在外要有安全意识，进出房间要随手关门。晚上休息时，门上的保险锁一

定要挂好。入住酒店后，还应当观看一下房间内外四周，弄清楚安全门和安全通道在哪里。

⑤ 注意交际礼仪。在任何酒店里居住，都不要在房间里大声喧哗或举行吵闹的聚会，以免影响其他住客。在前厅、餐厅、走廊也不要弄出太大响声。走路的声音、交谈的声音、收看电视的声音不要太大，以免影响其他人的休息。早上在走廊或电梯间里遇到其他人，不论相识与否，可道一声"早上好"；如果他人首先向自己问候，应当立即应答。

### 3．技能分析

结合下面情景资料，请同学们思考。

### 情景1

暑运开始以来，铁路客流持续高位运行，客流中有学生，有旅游者，也有公职人员、商务人员，我们无法判断他们具体是哪一类人员，但一些人在乘坐火车中的不文明行为值得我们每位深思。

（1）站前广场垃圾乱丢。

（2）车厢内吸烟。

（3）候车大厅行李占座位。

（4）火车上赤脚四处乱蹿。

（5）在候车室和车厢内随地吐痰。

### 情景2

2012年6月30日，从昆明飞往沈阳的客机上，5名女子因为调整座位打群架，飞机中途停武汉时，机长拒绝了5名女子再乘坐该航班，警方也对5名女子进行了治安处罚。

2012年9月2日，由苏黎世飞往北京的一架客机因两名中国籍乘客在机舱内斗殴而被迫返航。

2012年9月7日，在四川航空公司一架飞上海的客机上，出现多名乘客互殴的场面，事由是两个人为了争一个后排闲置座位打了起来。

此外还有一些不文明行为，如办理了登机牌，却在飞机即将起飞时不见踪影，直到广播连番呼叫才姗姗来迟，让一机人苦苦等待；飞机刚刚落地，还在滑行，有人就迫不及待地打开手机；飞机还未停稳，就急着起身打开行李箱拿行李……

### 情景3

随着市场经济的发展，外出经商务工的人员增多，住宿酒店成了人们外出过夜的主要选择。在宾馆酒店的不文明行为不时上演。

（1）房间配了烟灰缸，但有不少客人将茶杯、漱口杯等作为烟灰缸。还有的在房间里乱吐痰，整得地面脏脏不堪。

（2）有的客人用纸板代替房卡插入电源处，出门不断电，让房间的灯、空调一直开着，为的是贪图进房间时的一时凉快或者暖和，浪费不少电。

（3）有的客人喜欢在房间里叫外卖，外卖送来的泡沫碗很不耐用，稍不留神，汤汁就会洒在地毯上或床单上，面积不大，但油渍难以清洗彻底，酒店不得不换掉床单或者整块地毯。有的客人吃完方便面，竟将剩下的油汤倒入洗面池，清洁员刷起来非常费劲。

（4）有的客人消费房间内的酒水后，不在消费确认单上签字，等到结账时，又否认自己的消费行为。遇到这种情况，酒店因拿不出证据只好认倒霉。

思考：

（1）你对上面情景中的现象如何评价？

（2）你认为造成这种现象的主要原因是什么？

> **⏰ 小提示**
>
> （1）营造良好的文明环境，是我们每个人的责任，不管在汽车上还是火车上，每名乘客都是乘运环节中的一个文明元素。如果我们都能够为他人着想，注意公共场所的社会公告，注意生活中的小细节，做到文明进站、候车和乘车，就能够在出行的同时感觉到一种美好所在。
>
> （2）飞机上斗殴，简直在拿生命开玩笑。大家知道，飞行中的物体，包括高速行驶的车辆，保持平衡很重要，斗殴的混乱场面，没准儿会引起飞机的失衡，后果可想而知。这种不文明行为，不仅违反了社会公德和礼仪准则，更有可能影响正常飞行，是对自己和其他乘客生命财产安全的极不负责。
>
> （3）小飞机，大世界，机上人员的言谈举止是当下世相的真实写照，也是一个国家现代文明和社会公德的集中展示。了解乘坐飞机的必要知识，遵守飞机礼仪规则，文明乘坐，是一个现代公民的基本素养。
>
> （4）酒店是客人住宿的场所，也是亲朋团聚的场所，倡导文明住宿，尊重他人劳动，爱护酒店设施，是对每一位住宿客人的基本要求；厉行节约水电，追求低碳生活，理应成为每一位宾客的时尚生活方式。文明是一种习惯，文明是一种素养，文明在于细节，在于平时，我们每一名宾客应从自己、从小事做起，共建文明和谐社会。

### 4．技能运用

任务：

（1）你是一位动车服务员，负责两节车厢的卫生，你希望乘客们在上下车、喝水、吃东西、玩耍、休息时应该怎样做？写出你的想法，请其他同学点评。

（2）你是一位顾客，到了酒店就餐包间，你希望服务员为你提供的服务内容有哪些？写出你的想法，请其他同学点评。

> **⏰ 小提示**
>
> （1）当你是一位服务员，你可能会给乘客提出很多具体要求，希望乘客讲究卫生，维护秩序，在乘运期间尽量不发生意外和不愉快的事情；当你是乘客时，你会给服务人员提出很多具体要求，如上下站时能进行提醒，及时送水，定时做卫生清洁，能及时制止车厢内的不文明行为，总之，希望服务员能提供各种周到细致的服务。
>
> （2）当你是一位酒店的客人时，你会对服务员提出一些具体要求，面对几位食客，一名服务生能做的事情是有限的。
>
> （3）面对生活中和社会交往中的问题，我们换位思考是必需的，只有换位思考了，我们才能相互理解，相互支持，从而做到相互尊重。

## 技能训练

## 学生校园不文明行为调查

• 训练目标：通过调查了解学生在校园、教室、餐厅、宿舍、图书馆、实验室等场所的不文明行为，强化认识，提高同学们在校园文明建设中的紧迫感和责任感，提高自身的文明行为践行能力。

• 训练步骤：

① 学生以宿舍为单位进行调查，既要调查本学校情况，也要走访1~2所附近学校情况。

② 同学们要认真学习有关校园文明方面的基本知识，小组成员共同讨论，列出调查提纲。各组既可以进行全面调查，也可以就某一场所或某一种校园不文明行为进行调查。

③ 将调查过程、调查结果和形成不文明行为的原因分析及改进意见和建议，经同学们反复讨论后形成完整的书面报告。

④ 每组选一位代表在班级交流展示，老师进行评议。将各组报告在班级展示。

• 训练成果形式："学生校园不文明行为调查"课业报告。

• 训练成果评价如表4-5所示。

表4-5　　　　　　　　　"学生校园不文明行为调查"评价表

| 项　　目<br>（分值） | 标　　准 | 得　　分 |
|---|---|---|
| 调查提纲撰写<br>（10） | 撰写规范，可操作性强。提出的调查项目10个以上 | |
| 校园不文明行为整理<br>（10） | 调查深入，整理规范，比较全面 | |
| 校园不文明行为原因分析<br>（15） | 针对性强，分析深刻，符合学生实际。原因3个以上 | |
| 改进不文明行为倡议<br>（15） | 倡议有号召力和感染力，具体措施明确，可行性强。倡议内容3项以上 | |
| 课业报告撰写<br>（20） | 课业报告撰写规范，内容全面，文理通顺 | |
| 调查活动及组织<br>（30） | 调查过程组织严密，分工合作，信息处理、与人合作、解决问题能力强，职业观念、职业情感、职业态度等表现好 | |
| 总成绩∑100 | | |
| 教<br>师<br>评<br>语 | 签名：　　　　　　年　月　日 | |

| 学生意见 | | | | | |
|---|---|---|---|---|---|
| | | | 签名： | 年 月 日 | |

# 活动四 中餐宴请

中餐宴请是我国传统礼仪文化中最基本的组成部分之一，是为了加强双方交流，增进彼此感情的一种重要交往形式，在商务礼仪中占有重要地位。

## 技能　中餐宴请礼仪

### 1．技能认知

中餐是我国传统饮食文化的一个重要组成部分，我们不要认为吃中餐就不用讲礼仪了，也不要认为自己是中国人就理所当然地很懂中餐礼节，其实，我们应该学习的还有很多。

在日常生活中，饮食活动是最常见的社交活动之一。中国与法国、土耳其被称为三大烹饪王国。在中国，饮食有着悠久的历史，中国的饮食文化蕴藏着丰富的民族风情，是我国文化遗产中不可缺少的一部分。中国菜肴品种繁多，各地风味迥异。民间有"南甜、北咸、西辣、东酸"之说。中餐一般使用圆桌。根据中国传统习俗，正式的中餐应供应双数的正菜，称好事成双。如果十个人围坐一桌，正菜应是十道为最合适，这里暗含着十全十美之意。

中餐是指一切具有中国特色的，依照传统方式制作的，为中国人日常生活中所享用的餐食。虽然我们对中餐习以为常，但仍然有很多人不了解在商务宴请中应注意哪些问题。而不良的用餐行为有时会影响个人形象，甚至影响中餐的国际声誉。中餐宴请礼仪是指宴请者和客人在整个宴请活动过程中，双方应共同遵守的一些约定俗成的习惯和规则。

在商务交往中，宴请是最常见的交际活动之一，无论是新朋还是老友，都可以在轻松和谐的宴请中，交流思想，联络感情，甚至达成合作交易。

### 2．技能学习

在商务活动中，宴请可以联络感情，协调关系，消除隔阂，增进友谊，从而有利于合作。由于地域差异以及风俗习惯的不同，不同宴请形式会有不同的礼仪要求。因此，参加宴会的人必须深谙其中道理，才能表现得优雅得体，不失礼仪。那么，怎么才能做到这些呢？

（1）中餐宴请准备

① 了解对方饮食偏好

商务宴请都有明确目的，宴请目的可为某个人或某件事而进行，如贵宾来访、会议闭幕等。宴请名义是指以谁的名义出面邀请，可以以个人的名义，也可以单位的名义出面邀请，具体可依据主宾双方的身份来确定。宴请范围是指请哪些方面的人士出席，请到哪一层次、请多少人，主方请什么人来作陪等。如果是多边活动，还要考虑各方之间的关系，避免造成尴尬局面，影响宴会气氛和效果。在明确宴请目的、名义、接待规格、对象范围之后，可根据主要客人的饮食偏好，再结合当地的习惯和做法，选择宴请的具体形式及宴请的时间和地点。

② 确定宴请时间

宴请的时间，原则上应以主宾双方都适合为宜，注意避开对方的重大节日、重要活动或禁忌的日子和时间。此外，还有一些特殊情况，如特定节日、纪念日等。宴请只能在节日、纪念日之前举行，而不能推迟。日常宴请时间则按活动性质、宴请目的、名义、规模、形式、客人特点、主人意愿等实际情况而定。

③ 发出邀请

各种宴请活动一般都要发出请柬，这是礼节，也是对客人的提醒备忘。如果是便宴或工作进餐，也可通过口头或电话邀请。发请柬内容应包括活动的主题、形式、时间、地点、主人姓名、主办单位等。正式宴请最好能在发出请柬之前安排好席位，并在请柬的信封下角注明席位号。请柬一般提前一周至两周发出，以便被邀请人及早安排。请柬发出后，应及时落实出席情况，以便安排和布局。

④ 商定菜单

中餐宴请事先应开列菜单，宴请的酒菜应根据活动形式和规格，在规定的预算标准内安排。选菜主要考虑宾客特别是主宾的饮食习惯、口味和禁忌。拟订菜单既要注意通行的常规，又要照顾到地方特色。宴请的菜单要注意冷热搭配、荤素搭配、营养搭配、时令菜与传统菜搭配以及甜点与酒水、饮料、菜点的搭配等。做到有冷有热，有荤有素，有主有次。主菜显示宴请的档次、规格，还要有一般的菜调剂客人的口味。在各地还可用有地方特色的食品、本地产的名酒来招待客人。如是大型的、正式的宴请，可把菜单印制得精美一些，一桌上放三份，讲究的可每人一份。

⑤ 现场布置

· 美化环境。

宴会厅和休息厅的布置、美化取决于活动的目的和性质，比如商务宴会应突出喜庆、活泼、欢乐的气氛。主办者可以根据活动的需要，在宴会厅的正面墙上挂一红色的横幅，在宴会厅一侧摆放一些花草盆景，设置临时致辞台，准备好麦克风。总之，要使环境、气氛突出宴请活动的目的和性质，表达主人的愿望。

· 桌次安排。

宴会的桌次安排有严格的礼仪规范。中餐宴会一般采用圆桌，桌次规格高低以离主桌的远近而定，离主桌越近的桌次越高，平行的则右高左低。桌数较多时，应摆放桌次牌，以便辨认。

· 席位安排。

席位高低与桌次高低基本相同，即同一桌上，席位高低以离主人远近而定，右高左低。我国习惯按个人职务排列，以便于谈话。若宾客的夫人也一同出席宴会，通常把女方安排在一起。如遇特殊情况可灵活处理。如遇到主宾个人身份高于主人，为表示对他的尊重，也可把主宾安排在主人的位置上，而主人坐在主宾的位置上，即坐在主宾右侧。总之，要根据实际情况，遵循礼宾次序灵活处理。席位安排好后，要写座位卡，并在请柬上注明客人的席位号，或者在客人入席前通知到，使客人心中有数。现场还要有人引导。大型的宴会，最好是排好席位，放座位卡，以免混乱。便宴可以不放座位卡，但主人对客人的座位也要大致安排好。

（2）中餐宴请的程序和礼仪

① 引客入席，按位就座

当宴会开始时，主人应到门口迎接客人，必要时还要安排几个主要人员陪同迎接。主人要对所有客人表示热烈欢迎。如果是正式宴请，当宾主握手寒暄后，可由工作人员陪同客人到休息厅休息。休息厅内应有相应身份的人陪同，并由服务员上茶水、饮料。主宾到达后，由主人陪同与其他客人见面，然后进入宴会厅入座，接待人员随即引导其他客人相继入厅就座。如无休息厅，则可直接引入宴会厅，但暂不入座，等待主宾到来一起入座。如果宴会规模较大也可请主桌以外的客人先入座，主宾最后入座。

② 致辞欢迎，热情敬酒

正式宴会一般均有致辞。先由主人致辞，接着由客人答谢致辞。致辞时服务人员要停止一切服务活动，参加宴会的人均暂停饮食，专心聆听，以示尊重。在致辞后，马上敬酒。敬酒有不同的规矩，一般由主人先提议敬酒，之后副主陪等依次敬酒，主宾可在适当时机回敬主人。

③ 按顺序上菜，介绍菜肴

上菜应按顺序进行，一般先上冷盘，后上热菜，最后上水果。上菜时应遵循左上右撤的原则，应从陪同或翻译之间上菜撤菜。当第一道菜上桌时，由服务员报出菜名，并介绍这道菜色、香、味等方面的特色。这时主人举筷请大家品尝。当客人互相谦让时，主人（或服务员）可以站起来用公筷、公勺为客人分菜、分汤。分菜时，先给主宾，先女士后男士，再按顺时针方向依次进行，注意分配均匀，以免有厚此薄彼的嫌疑。

④ 中餐摆菜礼仪

摆菜讲究造型艺术，尊敬主宾，方便食用。摆菜顺序一般应从桌子中间向四周摆放，比较高档的菜、特色菜要先摆放在主宾面前，在上下一道菜后，顺势撤摆到其他地方。大菜的头菜、汤菜要摆在桌子中间，各种菜肴要对称摆放。

⑤ 谦敬礼让

宴会进行过程中，赴宴者要做到举止文明。一般情况下，宴会中可以谈笑风生，但不能喧宾夺主，或反客为主。要注意饮酒、进食时的仪态，在宴会中，夹菜（公筷）一般要在主人、主宾、长者先夹后，菜肴转到自己跟前时再夹。有时主人会向客人劝菜，希望客人多吃一点，但主人的热情应节制有度。

用餐时坐姿要端正，双脚要平稳踏地，不翘二郎腿，也不要抖动。上菜时双手的手腕部分可以轻轻地放在餐桌的边缘。吃东西时手要离开桌面。

⑥ 热情交谈

宴请是相互交流的最好时机，借此双方可相互认识、了解、交流、增进友情。加强协作才是宴请的主要目的。主宾双方在就餐中，可就彼此都感兴趣的话题亲切交谈，交谈的范围也可广一些，应选择一些大众性、趣味性、愉悦性的话题，要多叙友情，一切从增进友谊、活跃宴会气氛的角度寻找话题，进行交谈。

⑦ 敬酒

在宴请过程中，主人一般要依次向所有宾客敬酒，或按桌敬酒。敬酒时上身要挺直，双腿站稳，以双手举起酒杯，并向对方微微点头示礼，等对方饮酒时再跟着饮，敬酒的态度要稳重、热情、大方。需要一一敬酒时主人可依次到各桌敬酒，并提议大家一起干杯，这时主人只要举起酒杯示意即可，不必一一碰杯。在让酒劝酒当中，主人要尊重宾客的意愿，一般公务活动宴请，要求控制在自己酒量的三分之一即可。不善饮酒者，主人敬酒时，可婉言谢绝，或用其他饮料象征性地表示一下。

⑧ 热情话别

一般宴会要掌握在 90 分钟左右，过早结束，会使客人感到不尽兴，甚至对主人的诚意表示怀疑；时间过长则会使宾主双方都感到疲劳，反而冲淡宴会气氛。因此，当宴请程序快要结束时，主人要及时询问客人是否吃好，是否还需添菜加酒，如客人无需要，则适时地结束宴会。一般服务员端上水果之后，吃完水果宴会即可结束。这时主人要向主宾示意，请其做好离席的准备，然后主人与主宾起立宣布宴会结束，并对各位宾客莅临宴会表示感谢。主人和相关陪客应先将主宾送到门口，握手告别，主宾离去后，原迎宾人员应按顺序排列，与其他宾客握手告别。如安排有其他活动，可挽留有兴趣的宾客自由参加，主随客便。

### 3. 技能分析

结合下面的实例，请同学们思考。

#### 实例 1

李刚去南方出差，正逢大闸蟹成熟的季节，朋友招待李刚吃大闸蟹。吃完蟹之后，又上了一盆汤，只见这个汤没有颜色，上面飘着几片香菜叶和几片柠檬。李刚有点纳闷，怎么这么快就上汤了？以为是吃螃蟹后用来解渴的，于是他拿起勺子伸向盆边。主人一看，苗头不对，急忙站了起来，率先将手放在了盆中，并招呼大家"来来来，大家洗手"。李刚这才明白，原来那汤是吃过螃蟹用来洗手的。

#### 实例 2

王女士有一次去参加一个宴请，由于桌子上她是唯一一位女性，旁边那位男士怕冷落了女士，席间，不住地用他的筷子给王女士夹菜，一筷子接一筷子，弄得王女士应接不暇。而且，王女士发现，这位男士在用餐时又特爱用嘴嘬筷子头，几乎每吃一口都嘬一下，看得王女士一个劲地反胃，顿时食欲皆无，还说不出来。

思考：

（1）请你评价一下主人的做法？

（2）这位男士的动作为什么让王女士感到尴尬？

> **小提示**
>
> （1）中餐礼仪，实际上是中华饮食文化的重要组成部分，它所指的是以中餐待客，或者品尝中餐时，应当自觉遵守的习惯做法和传统习俗。
>
> （2）用餐也是一种交流，要文明用餐，才能做到文明交流。正如美国著名礼仪专家艾米莉·波斯特所说："对用餐礼仪最大的考验就是不要触犯别人的感觉。"即怎样让别人享受与你共同进餐的愉快。这些问题都是每位进餐者应认真思考的问题。借鉴一些地方"公筷母匙"的做法，既文明又卫生，是值得提倡的饮食习惯。
>
> （3）用餐是个美好时刻，对于现代人来讲，吃已经远远不是解决饥饿的问题，也不仅仅是享受美味，而是旨在获得更多的快乐和愉悦。因此，用餐也往往成为

一个良好和必要的社交环节。商务活动、公事洽谈都可以巧妙和有效地安排在餐桌上。这时，专心桌前的饭菜显然是不明智的，而一些粗俗、不文雅的举动更会让人不悦和排斥。

（4）用餐时保持良好的仪态修养，是显现个人品质最有效的时刻，如果在餐桌上能优雅而有教养，不仅能拉近与对方的距离，更能以独特的魅力打动人心。

### 4．技能运用

任务：提出××市中餐饮食改进建议

背景资料：随着我国改革开放的深入，来华工作、旅游的国外人士日益增加，中餐饮食文化在继承优良传统的同时，有些饮食习惯需要不断改进，以符合卫生和个性化饮食需求的满足。根据你的知识和经验，走访相关企业和人士，拿出一份《××市中餐饮食改进建议书》。

思考：

（1）你对本市中餐饮食习惯有何评价？

（2）你认为当地中餐饮食有改进的必要吗？谈谈你的理由。

目的：培养同学们观察思考能力，并能从跨文化的视野去对比分析问题。

**说明**

（1）每5位同学为一组，推选1名负责人。负责人组织大家上网和从图书馆等地查找相关资料，了解各国饮食习惯，起草中餐饮食改进建议提纲。

（2）到附近几家有一定规模的饭店，对饭店负责人、服务人员、就餐客人进行调查了解，听取他们对改进当地中餐饮食的意见和建议，小组讨论，共同修改完善建议。

（3）从菜品制作、餐饮习惯、就餐方式、就餐礼仪等方面提出具体改进意见。

（4）撰写并打印本组《××市中餐饮食改进建议书》。

（5）各组在班级交流建议方案，选取5份完成较好的在班级展示。

**小提示**

（1）节俭是人类的美德，不仅包含着合理地对待他人劳动成果的要求，而且也包含着尊重劳动者、关心人民群众福祉的内容。在当代社会，勤俭节约，反对铺张浪费不但是一个道德要求，而且是一条经济原则。

（2）规范中餐礼仪。中餐也应从入席、席间、离退席各环节规范礼仪要求，包括规范就餐行为，依次敬酒，限制打扮宽衣，席间减少走动，就餐中不指点他人、不非议菜肴，防止醉酒，文雅取菜，文明吃相，其他举止文明，保持卫生，禁止吸烟，都应有明确具体规范，逐渐养成大家文明宴请的文明行为习惯。

（3）饮食卫生习惯。随着人们生活水平的提高，人们对个人身体健康关注越来越多。而且宴请中人员构成及范围复杂多样，对人们健康带来不利影响的概率在增加，其中不文明的饮食习惯是一个重要方面。怎样既保持中餐饮食文化的优良传统，又吸收借鉴别国饮食文化中讲究饮食卫生的一些优点，是中餐发扬光大的基本前提。

# 技能训练

## 公司宴请方案设计

背景资料：××公司 50 周年庆典活动共有 500 位嘉宾，分两个地方就餐，甲地 300 人，乙地 200 人。请根据背景资料设计宴请方案。

* 训练目标：引导学生通过参加宴请策划训练，在实践中真实体验庆典宴请的准备工作内容和礼仪规范，培养学生商务宴请礼仪的专业能力。
* 训练步骤：

① 将全班同学分成 5 组，每组确定 1 名负责人，并对成员进行合理分工。

② 对××公司庆典宴请的准备活动、方案策划、礼仪规范等问题进行调查。

③ 通过网上查找和实地走访有关企业，了解酒店菜单拟订、桌次和席位安排的通常做法。

④ 各组就本组的宴请目的、名义、形式、地点、拟订菜单、桌次和席位安排提出自己的意见，形成书面材料，在班级中进行交流和展示。

* 训练成果形式：《××公司宴请活动方案策划书》。

策划书内容如下。

（1）宴请名义、目的、形式、地点、时间、安排保障。

（2）拟订菜单。

（3）对桌次和席位进行安排，画出桌次安排平面图。

（4）草拟一份祝酒词。

* 训练成果评价如表 4-6 所示。

表 4-6        "公司宴请方案设计"评价表

| 项 目<br>（分值） | 标 准 | 得 分 |
|---|---|---|
| 宴请说明<br>（10） | 名义、目的、形式、地点、时间、安排保障等具体明确 | |
| 菜单<br>（10） | 冷菜、热菜品种具体，数量符合习惯规范，酒水明确，饮用方式具体 | |
| 桌次安排平面图<br>（10） | 根据酒店条件，平面图绘制规范，桌次安排明确 | |
| 祝酒词<br>（15） | 内容符合宴请名义、目的，感谢和祝贺内容明确 | |
| 课业报告撰写<br>（25） | 课业报告撰写规范，文理通顺，内容全面 | |
| 宴请策划活动组织<br>（30） | 策划活动组织有方，调查活动有效，信息处理、数字应用、革新创新能力强，职业情感、职业态度、职业作风良好 | |
| 总成绩∑100 | | |

| 教师评语 | 签名：　　　　　　年　月　日 |
|---|---|
| 学生意见 | 签名：　　　　　　年　月　日 |

# 任务五
# 日常工作礼仪

## 认知目标

1. 知晓商务工作沟通协调中的基本常识和礼仪规范。
2. 掌握接打电话的基本礼仪规范。
3. 熟悉会议服务与参加会议的礼仪规范。

## 技能目标

1. 养成自觉践行商务工作沟通协调中礼仪规范的习惯。
2. 自觉践行接打电话的礼仪规范。
3. 自觉遵守会议相关的礼仪规范。

## 案例导入

### 小周的汇报

小周与经理约好上午 10 点钟向他汇报关于一项新产品的开发工作。由于先前小周做了大量的准备工作，信心十足，于是 9 点钟就到了经理的办公室。门关着，小周兴冲冲地推门就进，嘴里还大声嚷嚷："经理，我来了！"正巧经理正在接待一位重要的外商，被他一打扰，外商没多久就告辞了，生意也没谈成。经理憋了一肚子气，小周的汇报自然没有给他带来赞扬。

思考：

（1）小周的汇报为什么没有得到经理的赞扬？

（2）小周的汇报问题出在哪里？对你有什么启示？

# 活动一 　工作沟通

在一个公司里有决策管理层，有中间执行层，还有大批一线员工，他们之间既有分工不同，又有管理与被管理关系，与此同时，上下级也是合作关系。如何做到精诚合作，工作卓有成效，上下级之间相互尊重、有效沟通是至关重要的。

## 技能 1 　上下级关系礼仪

### 1．技能认知

上司是公司的领导层，是权力的拥有者，一般具有较高的威望资历和能力，有很强的自尊心；但上司也是人，也希望与下属沟通交流，也希望建立融洽和谐的上下级关系。作为下属，应当维护领导的威望和自尊，对领导在工作方面的安排必须服从。要努力做一位上下级关系融洽的商务人员。

每个公司都是由人组成的，每个公司中工作的人并非都是管理者，也有被管理者。作为管理者，上司一定要有下级，下级是管理者行使权力的主要对象，因此，公平、公正、民主、平等、信任地处理与下级的关系，对搞好管理工作具有重要的意义。

上司是凭借权力来影响下级的行为的。在一个公司内部，上司的权力分为正式的权力和非正式的权力，非正式权力对下级影响更大，会影响到下级的工作态度和工作效率。应该看到，只有个人权力才是影响力的根本，只有下级自愿地服从领导，并心服口服，领导者才会真正树立起威信。

职场中必定存在上司，上司是职场领导者，同时也有责任培养指导下属。面对上司，下属一要充分尊重上司，不管在工作中，还是在日常生活细节中，都要学会尊重上司；二要清楚地区分彼此的身份，上司就是上司，上司要求回答问题时，回答要迅速，询问意见时，要坦率地说出自己的想法；工作中不懂的问题，积极而礼貌地向上司请教，这也是赢得上司信任的必要条件。

### 2．技能学习

公司里往往都是高手云集，人才辈出，如何让自己脱颖而出，迈向职场成功之路？除了自身的努力，拥有骄人的业绩之外，与上司建立良好的关系至关重要。因此，职场中很多人都为怎样与上司相处伤透脑筋。其实，与上司相处并没有那么困难，只要掌握了一定的礼仪规范，与上司相处便轻松自如。

（1）维护上司的权威

在工作中，下级服从上级是基本的组织原则。下级服从上级，不仅表现在口头上，而且体现在行动上。上级布置工作时要认真聆听，对上级的正确指示要坚决执行，对上级布置的任务要努力完成。在执行过程中，适时向上司请示；完成任务后，及时向上司汇报。

耐心寻找上司工作的特点，以他喜欢的方式完成工作，不要逞强，更不要急于表现自己。

学会换位思考，在环境许可的情况下，请尝试支持、爱戴你的上司，站在他的立场想一想，你会发现对方有许多不得已的苦衷。要避免与他发生任何正面冲突，尊敬你的上司，你会发觉对方会慢慢开始接纳你的意见。

明确表现出自己愿意服从上司领导，愿意尽己所能地帮助他做好工作，例如上司经常找不到需要的文件，你就快速替他将所有的档案系统地整理出来；要是他对某客户处理不当，你可以得体地代他把关系缓和；如果他最讨厌作每月一次的开场报告，你不妨代劳，这样上司觉得你是他的好助手后，你自己也可以多储存一些工作本钱。

在工作中应学会与上司融洽相处，尊重体谅上司，多体谅上司难处，在必要时替上司分忧。如在上司理亏时，给他台阶下，上司也是人，并不总是正确的，但上司又都希望自己正确，所以没有必要凡事都和上司争个孰是孰非，得让人处且让人。上司有错时，也不要当众纠正，如果错误不明显，无关大碍，其他人没发现，可以"装聋作哑"；如果上司的错误明显，确有纠正的必要，最好寻找一种能让上司意识到而不让其他人发现的方式纠正，让人感觉上司自己发现了错误而不是下属指出的，如一个眼神，一个手势，甚至一声咳嗽都能解决问题。向上司提建议时要讲究方法，考虑场合，不当众提建议，并且提建议时不要急于否定上司原来的想法，而要先肯定上司的大部分想法，然后有理有据地阐述自己的见解。在任何时候，在所有公众场合，作为下属，无论在形象上还是举止上，都要维护好上司的形象。

要正确领会和贯彻上司的意图，努力办好上司交给的工作。如果对上司的指示有异议或认为有欠妥之处，一定要委婉陈述，并择机提出建设性的意见。一旦决定下来的事情，就不能以任何借口拒绝执行，更不能擅作主张，而应依其指令办理，并努力完成工作，还应及时向上司汇报工作进展情况。

（2）以礼相敬

当上司向你委以任务，请先弄清楚对方的意图再衡量做法，以免因误会而带来麻烦，必要时，可以就任务内容多沟通几次。你可以按照自己的理解将任务内容重述一遍，然后问"请问是这样吗？"不要认为这样会让上司烦，相反，上司会认为你办事谨慎细心。每位上司都喜欢这样的下属。

要令上司信任你就必须准时完成工作。谨记工作时限。无论遇到任何工作上的困难，不要过分依赖上司的帮助，更不要等上司来告诉你应该怎样做，因为上司都愿意你带给他结果，而不愿意你带给他问题。

与上司保持良好的沟通，给上司简洁、有力的报告，切莫让浅显和琐碎的问题烦他或浪费他的时间，但重要的事必须请示他。

给上司送的任何文字资料都要仔细检查，确认没有漏洞再交到上司面前。有时做错了事不要找借口或推卸责任。解释并不能改变事实，承担责任并努力工作，以保证不再发生同样的错误，这才是上策，自我批评的同时得学会接受批评。

尽管上司没有要求你把过去的工作记录拿给他看，你也可以把工作记录整理妥当，主动呈交给上司过目，让他知道你的工作能力，你比其他人做了更多工作。

平时有事找上司，应该轻轻敲门，经允许后方可进门。如果不是紧急公务，正逢上司开会，应礼貌地等候或另择时机。向上司汇报工作，应实事求是。未经上司许可，不要随便翻阅上司桌上的文件。上司进门后，自己正坐着，应起身相迎，请上司先落座。

不要只满足于做好自己分内之事，而应在其他方面争取经验，提升自己的"价值"，即使是困难的任务也要勇于承担。

（3）不越职权

不越自己的职权行事，也是尊重上司的表现。在通常情况下，每个员工只有一位直接上司，一般情况下应该只向直接指挥自己的上司请示和汇报情况，不要越级请示汇报，不应接受多头领导。没有获得上司授权，也不能代替上司或者其他同事行使本应属于他们的职权。员工对其主管上司的安排应该服从，即使有意见或不同的看法，也应执行。对上司指挥中的错误可事后提出批评意见，或者执行中提出意见，这是形成高效能指挥系统的必不可少的条件。所有员工必须明白自己的职责范围，对上司交待的工作应认认真真完成，对于不属于自己职权范围的事情，则不宜擅自越位，以免引起纠纷和麻烦。在工作中需要表态决策时，更应及时请示、汇报，切不可自作主张为上司代劳。

（4）应对批评

受到上司的批评，常常会产生不愉快的心理。被批评者有怨言也正常，因为产生错误的原因是多方面的。但是，对于上司的批评，一定要有一个正确的态度，也要正确理解。可能上司对下属批评的分寸、口气、方式等不一定适宜，或有偏颇或有出入，但是上司批评的出发点是为了把工作做好。同时，作为下属要学会换位思考，无论哪一位上司都要对他的下属负责，上司总喜欢高标准地要求自己的下属，希望他们工作上不出纰漏，尽善尽美，所以要体谅上司，努力克制并缓解自己的对抗情绪。如果真的是上司批评错了，也不能当面反驳上司，可以私下选择一个适当的时机跟上司说明白，上司一定会对你有个好印象。一个会尊重上司的员工，也同样会受到上司的尊重。

（5）不乱传话

每个人都有自己的缺点和隐私，只是缺点大小不同，或者隐私是否为别人所知而已。和上司一起相处久了，大家都熟悉了，难免多多少少会知道上司的一些不为人知的隐私，或了解到上司的一些缺点。这些事情即使知道了，也不能作为同事间茶余饭后的谈资，四处扩散，这是对上司人格的起码尊重。

上司也是人，所以在私下场合难免会和他认为关系比较亲近的下属不经意透露一些公司尚未公布或尚未正式形成决策的东西，如果你听到了，只听听就行，既不适合随便评说，更不能当做"头条消息"四外传播。否则，会不利于公司的安定团结，还会影响公司形象，而且公开了公司机密，又会影响公司的决策。

## 📚 知识链接

### 测评与上级的沟通能力

下属与上级沟通时要讲究方法，并合理运用沟通技巧，以保持良好的上下级关系。请通过下列问题对自己的该项能力进行差距测评。

1. 当你面对工作中的难题时，你是如何解决的？
   A. 与上级沟通，寻求支持　　B. 与同事沟通，寻求支持　　C. 自己想办法
2. 你一般采取怎样的方式和上级沟通？
   A. 面对面沟通　　　　　　　B. 电话或电子邮件沟通　　　C. 定期书面沟通
3. 当你和上级的意见不一致时，你采用怎样的方式表达自己的意见？
   A. 面对面沟通　　　　　　　B. 书面报告给上级　　　　　C. 通过其他方式
4. 面对不同性格和处事风格的上级，你如何同他们沟通？
   A. 从沟通对象的角度　　　　B. 注意沟通技巧　　　　　　C. 对事不对人
5. 面对比较强势的上级，你如何同他沟通？
   A. 思路清晰，逻辑缜密　　　B. 先赞同，然后再提意见　　C. 书面或电话沟通

6. 面对效率型的上级，你如何同他沟通？

    A. 简单明了，直指问题    B. 尽量采用封闭式问题    C. 加强时间观念

7. 面对权威型的上级，你如何同他沟通？

    A. 表示出足够的尊重    B. 采用请教的方式    C. 采用书面建议的方式

8. 面对指导型的上级，你如何同他沟通？

    A. 采用请示汇报的方式    B. 采用书面建议的方式    C. 采用询问的方式

9. 你如何使用电子邮件与上级沟通？

    A. 尽量简单，直指结果    B. 直接陈述观点    C. 非常注意措辞

10. 你是否在与上级的沟通中经常与其发生冲突？

    A. 从未发生过冲突

    B. 很少有这种情况

    C. 偶尔会因为观点不同而有冲突

选 A 得 3 分，选 B 得 2 分，选 C 得 1 分。

24 分以上，说明你与上级沟通的能力很强，请继续保持和提升。

15～24 分，说明你与上级沟通的能力一般，请努力提升。

15 分以下，说明你与上级沟通的能力很差，急需提升。

## 3. 技能分析

结合下面的实例，请同学们思考。

### 实例 1

小徐平时好说好动，即使在公司各种会议场合，领导在台上发表对某个问题的看法，他在台下也要一边嘟囔，一边做出古怪的表情；领导在台上公布获奖名单，他会在台下与别人不停嘀咕；领导在台上做分析报告，他在底下向前后左右讲街头新闻。有好心同事提醒他，但他毫不在意。

### 实例 2

阿娇在企划部已工作两年多，参与了公司许多重要公关活动的策划和实施，是企划部最有经验的员工之一，部门副经理的职位一直空着，凭借资历和能力，她认为自己是这个职位最有竞争力的候选人。

最后，阿娇发现了竞争对手——刚来公司不到半年的张然。当然，凭她的资历还不足以成为自己的竞争对手。可是接下来发生的几件事都让阿娇对张然不得不刮目相看。一次，两人同去一家公司谈一个项目，回来后已是中午，阿娇径直走到公司食堂吃午饭。当她回到办公室的时候，经理笑眯眯地走进来说："你们做得不错，看来这个项目成功的希望很大嘛。"原来，张然已经把情况在第一时间向经理一五一十地汇报了。

第二天，阿娇和张然在办公室里就项目方案进行了深入讨论，许多想法都是阿娇第一次提出来的，当时张然听了拍手叫好，对她大大称赞了一番。第二天，经理把阿娇叫到办公室说："张然说了许多新的想法，我觉得很不错。"阿娇的眼睛越瞪越大，因为经理说的"新想法"都是自己的设想，只不过是在此基础上完善了一下而已。经理大概看出了阿娇的心思，笑着说："张然说了，

其中许多想法都是你提出的，但她能够把这些想法进行整合，并加入了自己的构思，很有想法，也很有创意。对于工作经验不算丰富的女孩子来说，能做到这一点很不容易。这样吧，这个项目原来是我负责，现在由她来主抓，希望你能好好配合她完成这个项目。"阿娇再也说不出什么抱怨的话了。

从那以后，阿娇留意观察张然的工作风格，发现她最大的优点就是勤于与经理沟通，无论大事小事，工作的进展和困扰，或者偶然产生的灵感，她都能在适当的时间跟经理进行充分的沟通，有时他们聊得兴致盎然，就像交往多年的老朋友一样融洽。半年后，公司任命张然担任企划部副经理。

思考：

（1）小徐这样的举止会给他带来什么影响？

（2）实例2对你有何启发？你认为应该怎样处理职场中的上下级关系？

（1）小徐在领导讲话时小声嘀咕，是对上司的不尊重。这些事情对一个刚入职场不久的人士来讲，偶尔犯一下错，可以理解，如果成了经常性的动作，或者成了习惯了，那就需要认真反思了。一个人的文明行为不是做给别人看的，而是一种操守，是人内心的修炼。生活无小事，人生无小事，要做一个真正的职场人，就必须脚踏实地地时时谨行，处处慎独。同时，一个人的品位很大程度上表现在与人相处的过程中，人人都有自尊心，上下级必须和谐相处，真诚合作，才可以使自己从中得到成功和快乐。

（2）职场中的上下级关系，一方面是工作关系，另一方面是人际关系。下属与上司如何相处是一门艺术，要讲究方法和运用技巧。建立并保持良好的上下级关系，对一个人在一个组织中的成功与发展具有重要意义。无论是汇报工作，还是说服上司批准自己的请求，下级与上司沟通交流时均要讲究方法，运用技巧，才能达到自己的目的。

### 4．技能运用

结合以下情景，请同学们思考。

【情景1】如果在工作中，你的上级非常器重你，经常分配给你做一些属于别人职权范围内的工作，对此，同事对你颇有微词，你将如何处理这类问题？

【情景2】你手头有许多重要工作，你的上司又交给你一项任务，而你没有多余的时间，你将如何处理这件事情？

情景1：这类问题在工作中会经常碰到，对于下级来说处于两难情境中，需要我们认真遵守上下级关系的礼仪规范。面对这样的情境，一般有三种处理方式。第一种，面对这种情况不感到为难，坚决执行上司交给的任务，并认为这是自己能力强的必然结果。第二种，面对这种情况，感到为难，但又不好向上司提出来（怕辜负上司的信任），私下里与对自己有意见的同事沟通，希望能消除误会。第三种，面对此种情况，确实感到为难，但能从有利于工作、有利于团结的角度考虑问题，态度积极、婉转、稳妥地说服领导改变主意，同时对同事一些不合适甚至过分的做法有一定的包容力，并适当进行沟通。第三种处理此类事件的态度和方式是比较理想的。这样做完全符合处理处下级关系的礼仪规范，既尊重了上司，包容了同事，又使得上下级关系在一种良性发展的工作氛围中继续。

情景 2：这类问题在工作中也会时有发生，面对这样的问题，我们必须冷静分析，既不能影响你与上司的关系，也不能违背处理上下级关系的基本礼仪规范。第一，你应该相信这是上司一时疏忽，或者人手实在少，没办法才交给你的。要正确看待，不心存怨言，更不能认为上司是存心给你"穿小鞋"。第二，如果可能的话，在给上司处理新任务的时候，首先调整手头上的工作，加快工作进度，看看是否可以挤出时间完成，如果加班可以解决的话，就加加班。第三，实在不行的话，向上司说明情况，询问这件任务是否急着要办。如果不是，告诉上司，你要等这些重要工作做完才能去做。按这样的思路去处理这类问题，既向上司解释了情况，又尊重了上司，相信上司是会合理调整工作任务的。

## 技能 2　同事关系礼仪

### 1．技能认知

同事是与自己一同工作的人，与同事关系处理得如何，直接关系到自己工作、事业的进步和身心的健康。所以与同事之间的相处是一种学问。那么，在工作中怎样才能与同事相处得融洽呢？

有位社会学家说过，人一生中要依靠两件事来确立根基，一件是做人，一件是处世。人是"做"出来的，做人是一种修养。人活一天就得做一天人，尽一天责，就得讲一天修养。在人生当中，有无数件事都要我们去做，把每件简单的事做好就是不简单，把每一件平凡的事做好就是不平凡。

处理好同事关系，既涉及怎样做人的问题，也涉及怎样做事（处世）的问题。人在每个发展阶段上，都存在着如何做人、怎样做人、为什么这样做人的问题。人能一心一意地做事，世间就没有做不好的事。成功者和失败者的最大区别并不只在于他们做了没有，而在于他们是否知道应该怎样做。应该怎样做，就是做事的方式问题。美国人际关系专家卡耐基说：一个人的成功，只有 15%是由于他的专业技术，85%则是要靠人际关系和他的做事方式。

同事关系是一种机缘，同事之间的情谊要珍惜，要保护。同事之间共同合作完成一定工作任务，要相互学习，相互支持，互相帮助，共同努力才能取得良好的工作业绩。

### 2．技能学习

在漫长的职业生涯中，我们不得不与形形色色的人打交道，若想有一个和睦的工作环境，和同事愉快地相处，就要了解同事间相处忌讳的事情，掌握和同事相处的礼仪。那么，商务人员应抱着什么样的心态，怎样和同事相处呢？

（1）尊重同事

处理好同事之间的关系，有助于营造一个良好的人际环境，使自己更加顺利地开展工作。同事之间从某种关系上讲，既是天然的"合作者"，又是潜在的"竞争者"。这种微妙的人际关系，作为一种客观存在，在同事的内心世界必然产生既渴望"合作"又警觉"竞争"的复杂心理。面对这种复杂的心理，精明的员工应该想方设法尽力避免诱发对方警觉竞争心理，逐步建立相互信任、互相支持的协调关系。同事之间常常会遇到一些工作上的交叉，也会有一些需要共同处理的事务。对这些工作和事务，同事之间应当互相尊重，互相支持。互相支持是互相尊重的标志，只有互相支持，才能互相配合。对于需要交叉处理的事务，同事之间应当尽量通过协商去解决，不要擅自作主处理。

同事关系是因工作而产生的关系。同事长年累月在一个单位共事，彼此比较熟悉。从对方的喜怒哀乐到爱憎，几乎无所不知。在这种情况下，同事间更应该彼此尊重，以诚相待，切不可揭别人的隐私，更不要东家长，西家短，搬弄是非。首先，自己积极做好本职工作，任劳任怨，尽职尽责。其次，自己工作中每取得一点成绩，都将它看作是同事之间密切配合，共同努力的结果，而决不以此为资本，向同事显示自己的"高明"。再次，对于同事取得的成绩，就和自己取得成绩一样，同样感到由衷的高兴。

（2）团结合作

团结合作的同事关系是一个现代公司所必需的。同事之间要团结合作，首先要密切合作。在公司活动中，要想在事业上取得成功，首先就要提倡一种团结奉献的团队精神。在具体工作中，和自己的同事之间既要有分工，更要有合作，只有大家团结一致，才能维护本单位的共同利益，做好本职工作。比如工作时间外出时，应该向同事打个招呼，倘若领导或熟人来找，也好让同事有个交待。

其次，积极交流。同事之间，因个人性格、职业性质、工作侧重点的差别，日常发生一些小矛盾在所难免。只要保持积极沟通交流的心态，工作中的矛盾摩擦就会减少到最小状态。要积极沟通。一是要以大局为重。对于同事的缺点，如果平时不当面指出，与外单位人员接触时，就很容易对同事品头论足，挑毛病，甚至恶意攻击，影响同事的形象，长久下去，对自身形象也不利。同事之间由于工作关系而走在一起，就要有集体意识，以大局为重，在与外单位人接触时，要多补台少拆台，不要为自身小利而伤害公司大利。二是要求大同存小异。同事之间由于经历、立场等方面的差异，对同一个问题，往往会产生不同的看法，引起一些争论，一不小心就容易伤和气。因此，同事之间有分歧时，要努力寻找共同点，争取求大同存小异。实在不能取得一致意见，不妨冷处理，可以表明"我不能接受你们的观点，我保留我的意见"，这样既可让争论淡化，又不失自己的立场。不要小肚鸡肠，心胸狭窄，钩心斗角难为对方。三是对待升迁、奖励，可保持平常心，不要嫉妒。许多人平时一团和气，然而遇到利益之争，就有可能变得当"利"不让；还有一些人背后互相诋毁，说风凉话，这些做法既不光明正大，于己于人也不利。因此，对待升迁、奖励要保持一颗平常心。同事之间互相借钱、借物或馈赠礼品等物质上的往来切忌马虎，即使是小的款项，也应记在备忘录上，以提醒自己及时归还，以免引起不必要的误会。

最后，热忱关心同事。对于同事在工作上、生活上要给予热忱的关心，既要讲事业，又要重友情。同时要注意每个人都在自己职权范围内活动，尊重他人的职权，支持同事工作，不应该以任何借口、采取任何形式干涉别人工作，侵犯他们的职权。自己的职务职责要明确，坚决克服工作扯皮、推卸责任、透过他人等不良行为和作风。

在日常生活中，如同事生日、结婚、升迁、乔迁等都可以表达祝贺；同事身体不舒服或者生病时，应表达同情的问候；同事买了新衣服，适时地赞美一下；同事出差回来，表达问候等，通过关心同事，体现出你对这个团队的关注和呵护。

（3）摒弃私情

工作时公是公，私是私，不能把私人情感好恶带到工作上来。哪怕在家里或者在上班时间之外，个人有情绪，闹别扭，只要到了公司都应该放下思想包袱，调整心态，不能再把那种别扭劲儿、那种不好的情绪带到工作中来。即使对某个同事有意见，那也仅是私人情感，工作中该配合还是要配合，该协作还要协作，不能因此影响了整体工作安排。

（4）换位思考

不同教育背景、不同年龄、不同工作岗位和身份的人，思维方式、办事方式也都不一样，所以，工作中必须经常换位思考，才能有一个和谐的同事关系。工作中如果遇上有人自己不懂却要充内行人去说三道四，指指点点，这种情况，没有必要太在意，就是因为他们不是本专业的，所以才会有这些让人啼笑皆非的挑剔。另外，工作中如果遇到背后议论或妒嫉，有些难相处的同事因自身的原因与你发生争执，产生冲突，破坏你的工作情绪的时候，要学会体谅。要立足工作，从实际出发，换位思考，容人之过，谅人之短，对他们以诚相待，一视同仁，宽以待人，愉快相处，争取共同进步。

（5）保持形象

办公室是大家共同工作学习的场所，保持整洁、明亮、舒适的办公环境，可以使办公室的同事产生积极的情绪，充满活力，提高工作效率，因此，保持办公室整洁、美观，是每个办公室工作人员的责任和义务。办公室工作人员要以身作则，保持室内干净清洁，无杂物污迹，要及时清扫地面、桌面和办公设备，随时清理垃圾、废纸等。不在办公室内放置有味道的、刺激性强的物品，不在办公室内吸烟。

每个工作人员都有自己工作的位置，办公桌就是自己的工作阵地，也是展现自己工作作风、效率、形象的窗口。每位工作人员要把自己办公桌收拾得井井有条，桌上摆放物品要整齐，各类物品摆放要有序，要有保密意识，文件资料要及时整理归档，不在桌上堆放与工作无关的物品，将要用的物品分类整理，放在随手即可拿到的位置，养成良好的习惯。

办公室人员在言谈举止上、衣着打扮上、表情动作上都要努力表现出文明健康的素质。办公室人员之间要经常保持微笑，体现友好、热情和温暖，使自己的心情处于最佳境地。

## 知识链接

### 测评与同事的沟通能力

与同事沟通时要讲究方法、策略和技巧的有效运用。请通过下列问题对自己的该项能力进行测评。

1. 面对同事的缺点和错误，你会怎样做？
   A. 委婉沟通，引导发现　　B. 直言相告　　　　　　C. 跟我的关系不大
2. 发现同事的优点或者同事取得好的业绩时，你会怎样？
   A. 及时赞美和祝贺　　　　B. 非常关心，想学习其经验　C. 羡慕
3. 当你听到同事在背后说别人的坏话时，你会怎么办？
   A. 不传话　　　　　　　　B. 有时会加以制止　　　　C. 在一定范围内告诉别人
4. 你和同事之间经常怎样看待对方？
   A. 相互讨论双方的优点　　B. 相互讨论双方的缺点　　C. 能很好地谈论对方

5. 表达时，你会注意自己的语气和语调吗？

    A. 每次都非常注意      B. 重要场合下会注意      C. 很少注意

6. 你在表达时，如何把握词语的使用？

    A. 总能找到准确的词语    B. 偶尔找不到合适的词语    C. 经常词不达意

7. 同事在工作中出现重大错误时，你会怎样做？

    A. 直言相告并帮助补救    B. 告知上级并共同补救    C. 视关系而定

8. 当同事对你的工作提出意见时，你会持何种态度？

    A. 积极沟通，找出差距    B. 接受意见，自我检查    C. 表面接受

9. 当你和同事出现误会时，你会怎么办？

    A. 及时沟通，消除误会    B. 通过第三方沟通    C. 等待对方找自己沟通

10. 当你进入一家新公司时，你如何认识新同事？

    A. 主动认识每个人      B. 积极认识部门里的人    C. 在工作中慢慢熟悉

选 A 得 3 分，选 B 得 2 分，选 C 得 1 分。

24 分以上，说明你与同事的沟通能力很强，请继续保持和提升。

15～24 分，说明你与同事的沟通能力一般，请努力提升。

15 分以下，说明你与同事的沟通能力很差，急需提升。

## 3. 技能分析

结合下面的实例，请同学们思考。

### 实例 1

    王峰供职于一家大型 IT 公司的事业部，负责为事业部各项目组提供后台系统支持。一次，由于项目组的紧急工作需要跟公司的规章制度发生了冲突，心直口快的王峰与合同部的刘女士在办公大厅发生了激烈的正面冲突。事后，两人都有些后悔，这以后工作怎么开展？这每天抬头不见低头见的，可怎么相处呀？

### 实例 2

    在同一家公司任职的李小姐和苏小姐素来不和。

    有一天，李小姐忍无可忍地对另一个同事王先生说："你去告诉苏小姐，我真受不了她，请她改一改她的坏脾气，否则没有人愿意搭理她！"

    王先生说："好！我会处理这件事。"

    后来李小姐遇到苏小姐时，苏小姐是既和气又有礼，与从前相比，简直判若两人。

    李小姐向王先生表示谢意，并且好奇地问："你是怎么说的，竟有如此的神奇效果？"

    王先生笑着说："我跟苏小姐说：'有好多人称赞你，尤其是李小姐，说你既温柔，又善良，而且脾气好，人缘更佳！'如此而已。"

    思考：

    （1）请你结合所学知识，给他们提一些建议。

    （2）同事一起工作，你认为应怎样处理相互之间的关系？

**小提示**

（1）工作需要不同部门、不同人员之间的互相配合，工作中有接触就很容易发生矛盾冲突。在上述实例中我们可以分析出三个基本点：第一，发生冲突的王峰和刘女士都是心直口快的性格。我们说这种性格容易引发争端，但是同时也容易解决矛盾。第二，两位都是对事不对人，就事论事，这也是我们处理问题的契机。第三，两人发生冲突的地点是在办公大厅内，也就是说，当着很多同事的面，这样问题的影响就大了。我们可采取以下措施：

正面沟通。冲突一旦发生了，沉默是不对的，当做事情没发生更不可以。正确的态度是坦诚地、认真地沟通，双方要谈。而且不能拖，事后沟通越早越好，时间拖得越长，双方心理上的芥蒂越深，化解起来就越麻烦。况且，在公共办公场所发生争执，对其他同事和同事间的正常关系都会造成不良影响。尽快化解矛盾甚至敌对情况，也是要给其他同事看的，这种姿态是非常重要的。

在沟通的时间和场合上需要注意。不必是很正式的，可以借一个机会。比如，可以直接约一个时间一起吃顿饭，在轻松平静的情绪下顺便交换一下看法。不一定要分出对错，关键是把事情说开，不要因此种下心结。在沟通的内容上，还是要针对具体事情做讨论，做到"对事无情，对人有情"。应该看到，大家出现分歧争执是由于各司其职，但是总的出发点是要维护公司利益。在这个共同的前提下，没有什么事情是不可以谈的。只要双方都是真诚的，看似麻烦也会变得很简单。

着眼未来。不愉快的心结解开之后，还应该考虑一下怎样在今后的工作中避免发生类似的问题。到底是规章制度有问题，还是做项目没有按程序？找到问题的所在，制度是可以修改的，程序是可以提前做准备的。这样一来，既解决了发生的不愉快，又规避了未来可能发生的不愉快。

（2）同事之前需要的是互相欣赏、学习、补充，而不能互相诋毁、抱怨。同事之间如果缺少知心的沟通，就会相互猜疑，互挖墙脚，只会看重自己的价值，而忽视他人的价值。

同事之间应该互相提携，互通有无，共同进步。对待同事的缺点错误，有时候反向的赞美比正面的批评更有效。良好的沟通，不仅会消除矛盾，更会让人与人的心靠得更近，关系更亲密。

## 知识链接

### 测试自己在办公室是否受欢迎

你是一名在校学生，没有很多在办公室工作的人际关系历练，结合你目前的认识水平，请你完成下面的选择题，看看自己在办公室是否受欢迎。

1. 是否经常早到 10 分钟？（　　）

　　A. 经常　　　　　B. 很多次　　　　　C. 偶尔　　　　　D. 从不

2. 是否经常打水，扫地？（　　）

　　A. 经常　　　　　B. 很多次　　　　　C. 偶尔　　　　　D. 从不

3. 是否经常翻人家的东西？（　　）

    A. 经常　　　　　　B. 很多次　　　　　　C. 偶尔　　　　　　D. 从不

4. 是否传小道消息？（　　）

    A. 经常　　　　　　B. 很多次　　　　　　C. 偶尔　　　　　　D. 从不

5. 是否经常打断别人的谈话而自己浑然不知？（　　）

    A. 经常　　　　　　B. 很多次　　　　　　C. 偶尔　　　　　　D. 从不

6. 是否经常向别人得意扬扬地夸耀在哪儿进餐、在哪儿购物？（　　）

    A. 经常　　　　　　B. 很多次　　　　　　C. 偶尔　　　　　　D. 从不

7. 是不是经常"一杯茶、一支烟，一张报纸看半天"？（　　）

    A. 经常　　　　　　B. 很多次　　　　　　C. 偶尔　　　　　　D. 从不

8. 有没有借同事的钱没有还的事情发生，即使数额不多？（　　）

    A. 经常　　　　　　B. 很多次　　　　　　C. 偶尔　　　　　　D. 从不

【参考答案】

如果回答 A 项居多，就要好好反省了，因为测试表明你很可能在同事中不怎么受欢迎。如果回答 D 项居多，那说明你很懂得办公室里的礼仪，应该是很受大家欢迎的人物。

### 4．技能运用

结合以下情景，请同学们思考。

【情景 1】你得到提拔后，A 同事对你十分热情，言听计从；B 同事反应冷漠，不言不语；C 同事冷言冷语，你如何处理与三人的关系？

【情景 2】你有一个很好的工作设想，你经过实际调查认为这个设想既科学又可行，但你的同事们很固执，你采取什么办法说服他们与你合作？

【情景 3】假如你在企业里成绩比较突出，得到领导的肯定，但在评优时，其他同事都不投你的票，故意孤立你，你怎么看这个问题？如何进行应对？

小提示

（1）对于情景 1，一般讲人与人的关系是具有连续性的，不可能说我得到提拔后别人对我的态度就发生了天翻地覆的变化，除非两种人，一种是趋炎附势的"小人"，一种是对我得到提拔不满的人。无论是对哪种人，都不要摆出一副领导的架势，自己觉得高人一等。领导职位只是便于工作的开展才设的，平时大家还是同事，还是朋友，由于要涉及工作安排，跟他们搞好关系是很重要的。和 A 同事相处，不管他是什么样的人，也许未来还是我的好朋友呢，还是以平常的态度对待他。和 B 同事相处，他可能是一个沉默寡言的人，跟我关系一般，但他对任何人当领导都不关心，只是想干好自己的工作，继续以平常的心态来交往也未尝不可，也可以在适当的时机用恰当的方法表示一下热情。比如周末完成工作后即跟他一起去吃个饭，在酒桌上聊聊天。C 同事可能在某些方面对我存在看法或者是偏见。我可以从别人那里打听一下他对我有什么看法。选择适当的时间进行一下建设性的沟通，找出两个人之间的问题症结所在，表示一下友好，消除误会。相信 C 同事也是个通情达理的人。

（2）对于情景 2，可以从以下四个方面着手解决相互合作的问题：

第一，如果产生这种情况，我会感到很遗憾，但要有一片公心，不能心存怨恨。应认识到领导和同事不同意你自己的方案，是有其他方面的原因的。

第二，认真查找自己方案的可行性，保证在实施过程中不但会达到自己意料中的效果，而且也不会发生不良的后果。

第三，与领导和同事们进行沟通，问清楚他们是因为什么原因不同意自己的方案，并虚心听取他们对自己方案的意见，很多时候由于阅历不足等原因，方案可能并没有可行性。

第四，如果方案没有问题，那么根据不同的原因进行说服工作，统一思想，如果涉及荣誉的问题，可以将你的想法公开，把方案当作大家集体讨论的结晶。这样，大家的合作积极性就会很高了。

（3）对于情景3，面对这种情况，自己必须有一个清醒的认识。

第一，被领导肯定是好事，以后要更加努力。

第二，同事孤立自己，要认真反省，是不是过于关注工作，忽视了同事交往，或者工作中是不是做了伤害他人自尊心的事情。今后要乐于助人，多注意发现同事的共同兴趣爱好。

第三，和领导交往要注意不要有过多的私人接触，以免造成不良形象。

## 技能训练

### 上下级关系处理的方式与礼仪

【情景资料】

经理在办公室内开会，办公室外有噪音，经理对秘书小姐可以有以下不同的几种吩咐。

甲："请你现在到外面告诉他们，到别的地方谈话，事情办好后，回来向我报告。"

乙："办公室外面的噪音吵到我们了，你看我用什么办法来处理这个问题？"

丙："办公室外边的噪音太大，影响到我们与客人谈话，我想你应该到外边告诉这些人到别的地方谈话，这样做你认为有没有问题或有没有其他建议？"

丁："外边声音太吵了，是不是麻烦你去处理一下？"

• 训练目标：根据情景资料深入分析上下级关系的处理方式与技巧，并掌握应遵守的礼仪规范。

• 训练步骤：

（1）学生每5人分一组，深入企业调查，了解有关领导、管理者他们是如何处理上下级关系的，每个人应调查3位以上的有实际工作经验的领导者。

（2）学生要从领导者与员工关系的亲疏程度，针对员工工作时间长短和工作熟练程度、责任心大小等方面不同，领导者是怎样处理上下级关系的，进行专门访问调查。

（3）将调查的结果进行整理，可以从上下级关系发展的不同阶段、领导风格差异、工作的性质差异以及下属个性等方面进行具体的汇总分析，形成小组调研报告。

（4）各组选一位代表在班级交流，老师点评，并将各组的调研报告在班级展示。

- 训练成果形式："上下级关系处理方式与技巧调查报告"。
- 训练成果评价如表 5-1 所示。

表 5-1　　　　　　　　　　"上下级关系处理方式与礼仪"评价表

| 项　目<br>（分值） | 标　准 | 得　分 |
|---|---|---|
| 调研报告格式<br>（20） | 格式规范，符合调查报告的基本要求 | |
| 调研报告中处理上下级关系礼仪规范<br>（20） | 调查报告中所涉及的上下级关系符合礼仪规范 | |
| 调研报告撰写<br>（30） | 报告内容，能从上下级关系、交流程度、工作时间长短、工作熟练程度、责任心大小等方面深入细致分析 | |
| 活动过程评价<br>（30） | 小组成员走访调查准备认真，调查过程中自我学习、与人交流、革新创新能力强，职业情感、职业态度、职业作风表现好 | |
| 总成绩∑100 | | |
| 教师评语 | 　　　　　　　　　　　　　　　　　　　签名：　　年　月　日 | |
| 学生意见 | 　　　　　　　　　　　　　　　　　　　签名：　　年　月　日 | |

# 活动二　　接打电话

在信息时代，人与人之间的直接信息传递与交流，除了面对面的语言沟通如访谈、报告会、座谈会等，还有非面对面的电话、短信、传真等形式的沟通。随着现代网络技术的发展，利用互联网进行多种形式的交流沟通也成了人们工作生活中一种重要的形式。本活动主要介绍电话、短信、传真等方面的沟通礼仪。

## 技能　电话礼仪

### 1. 技能认知

在商务工作中，电话扮演着越来越重要的角色。电话礼仪不仅反映我们的修养、礼貌礼节，同时也代表了整个公司形象和公司员工形象。虽然你面对着的只是个没有生命的设备，然而你必须能在想象中看见远方那个接电话的人，好像面对他讲话那样，你做到这些了吗？

电话是 19 世纪发明的一种新式联络工具，电话具有传递迅速、使用方便和效率高的特点，目前电话已成为人际交流使用频率最高、最常见、最经济的一种通信工具。

打电话是指人们利用一定的电信设备，进行信息传递的活动。电话可分为固定电话、移动电话、可视电话等。目前，电话传递的信息有文字、语言、图像等。在日常生活里，电话早已成了现代人重要的、不可缺少的交际工具之一。电话礼仪是商务人员运用电话沟通中应当遵守的礼貌礼节规范。

运用电话不但可以及时准确地向外界传递信息，而且还能够与交往对象沟通感情，保持联络。要正确地利用电话，不只是要熟练地掌握使用电话的技巧，更重要的是要自觉维护自己的"电话形象"。一般认为，一个人的"电话形象"是由他使用电话时的语言、内容、态度、表情、举止以及时间感等几个方面所构成的。据此，可以对通话之人的修养和为人处世的风格有所了解。所以，在接打电话时，要自觉做到知礼、守礼、待人以礼。

### 2．技能学习

打电话是一种不见面的沟通。看似只闻其声不见其人，其实你的声音、态度和语气等通过电话线源源不断地传达给对方，给人留下完整深刻的印象。特别是在商务交往中，电话不仅仅能够真实地体现个人的文化素质，还在一定程度上反映了通话者所在单位的企业文化。因此，看似普通的接打电话，实际上是在为通话者个人和所在的公司描绘了一幅给人深刻印象的电话形象。商务人员要努力把快乐带给身边的每一个人，接电话也是一样，即使对方看不到你的表情，但是愉快的笑容会使声音自然、轻快、悦耳，可以留给对方很好的印象。因此，电话礼仪也是商务人员必须掌握的基本礼仪。

（1）接打电话的基本要求

由于电话是靠声音进行交流的工具，接听或拨打电话时，因为看不到对方，所以更要注意自己的态度和言辞，要记清基本规则，时刻为对方着想，要牢记自己是公司代表或是某部门的代表。要对本公司的业务有深刻了解，做好应对一切的准备，同时要熟悉接打电话的一些基本技巧。

① 彬彬有礼

当我们使用电话交谈时，要将对方看作正在交谈的具体人，尤其是对商务人员来讲，我们面对的都是公司的公众，每次接打电话都是向公众展示公司的形象。因此，礼貌的语言、柔和的声调往往会给对方留下亲切之感。要熟练运用"您好"、"请"、"谢谢"、"对不起"、"再见"等礼貌用语。

② 控制语速

通话时语调温和、语速适中，这种有节奏、有魅力的声音容易使对方产生愉悦感，从而保证双方在心情舒畅的情况下完成信息传递。

③ 应对简洁

电话用语要言简意赅，将自己所要讲的事情用最简洁明了的语言表达出来。一般在打电话前，应想清楚要说什么、怎么说。要做到思路清晰，要点明确。如果谈话内容较多，怕内容遗漏，可以事前将通话的内容要点归纳在便条上。不管什么情况下，电话接通后先打招呼问候，然后直言主题，少讲空话，不说废话。

④ 行为文明

虽然打普通电话的双方只能听到声音，看不见形象，但是双方都能感觉到对方的态度。所以，接打电话时，要面带笑容，坐姿（站姿）端正，口齿清晰，发出的声音柔和，充满活力。

⑤ 相关准备

电话旁边要准备好笔记本、笔、公司内部联络表等，将这些东西放在伸手可得的地方。对客户问到的问题，如公司的地址、到公司的交通路线等随口说出。即使有记不起来的时候，马上翻阅身边的资料也可及时回答。

（2）接听与拨打电话的礼仪

① 接听电话的礼仪

● 迅速接听。当电话铃声响起，应迅速接听，尽量在铃响三声之内接起电话，接听时语气明快，尽量让对方听清，如"您好，这里是××公司"。若铃声响了很长时间才接，要向对方说明迟接的原因并致歉。

● 热情问候。当对方打来电话时，除了迅速报出公司名称外，还要热情问候。如"早上好，谢谢您的电话，谢谢您一直以来的关照"。

● 进入正题。如果商务电话较多，谈话所涉及的内容较复杂，则在电话机旁准备好笔和纸，或专门的来电登记本，以便随时登记来电内容，记录时要掌握"5W1H"技巧，即何时（When），何人（Who），何地（Where），何事（What），为什么（Why），如何进行（How）。

如果对方请你代转电话，应弄明白对方是谁，要找什么人，以便与接电话人联系，此时请告知对方"稍等片刻"，并迅速找人。如果不放下话筒，喊距离较远的人，可用手轻捂话筒，然后再呼喊接话人。

如果被找的人不能马上接电话，或被找的人不在（外出），或被找的人无法接听电话，可先礼貌地应对客人，如"他一回来就马上联系您"，"他现在正在开会，您能稍等一下吗？"并且注意在整个接听过程中，善于随声附和，如"是"、"正是这样的"等，告诉对方你正在认真听。无论什么情况下，都要准确地将事情传达给对方，给对方留下一个认真亲切的印象。

● 确认要点。根据"5W1H"技巧做的电话记录，在通话结束前，对内容难以理解的，要进行确认，特别是一些名字、数字、地点、时间等要仔细确认。如说"请允许我再确认一遍"，即可复述或确认要点。

● 最后答谢。通话结束前，拨打一方表示通话内容已结束，应说："十分感谢，那就拜托了。"接听一方应说："不客气，再见。"当听到拨打一方放下电话时，接听一方才可挂断电话。

② 打固定电话的礼仪

● 时间适宜。商务电话一般应在办公室拨打，以上班时间为宜，通话时间3分钟左右即可。但是对于拨打涉外商务电话，则要考虑对方的时间，要考虑到各国的时间差。如你的上班时间正好是国外的休息时间，在没有约定的情况下你贸然打电话，就会使对方厌烦甚至使生意泡汤。

● 确认对方。当电话接通后，请对方迅速报出单位名称。如对方没有明确说出名称，要主动确认"请问是××公司吗？"确认后要热情问候，如"早上好"或"或麻烦您找一下××"。

● 进入正题。简单问候之后，即可按照"5W1H"技巧简洁地把要说的事情表达清楚。

● 复述要点。通话内容陈述完后，要客气地说："我把要点再复述一遍。"以便让对方能准确地记录下主要内容。

• 最后答谢。内容复述完后，要征求对方意见，"还有没有什么问题？"如没有，可用"十分感谢"、"拜托您了"等结束通话，轻轻放下话筒。

③ 打手机的礼仪

手机便于携带，方便使用，其使用礼仪和固定电话礼仪基本相同。但不同的通话场合和时间也有一些特殊的礼仪要求。

• 打电话给对方手机时。

拨通对方的手机，有时对方不会自报姓名，这时要确认"请问是××吗？"

有时即便知道对方的手机号码，如果对方没有明示"请打到我手机上"，则尽量打到公司。

如果当时无法确定对方所处的场合，则要在电话接通时，先问："现在说话方便吗？"当对方表示方便，就可将重要事情传达清楚。

• 日常使用手机时。

在洽谈或开会时，关闭手机或调成静音状态，避免打扰会议。

在洽谈或开会时，万一手机响起，要向在场的人道歉，尽快挂断电话。

用自己的手机通话时，要认真整理要点，使通话内容简洁，便于对方了解。

一般要选择比较安静的地方打电话。

• 商务活动外使用手机时。

开车时应将手机调成免提模式。

在飞机上、加油站、医疗机构内要关闭手机。

在公众场合要顾及周围的人，打电话时声音不可太大。

不要大声与对方交谈有关公司的信息。

在接到对方电话而不方便接听时，应告诉对方："正忙，稍后给您拨过去。"

（3）收发短信的礼仪

手机短信已成为人们从事商务活动和待人处事的一种重要方式。讲究短信礼仪也格外重要。

① 书写、发送短信礼仪

短信书写内容要简单明了，大多数人在看短信时没有太多的时间，也没有耐心，所以要表达的内容，尽量简明扼要，条理清晰；书写的短信语言要清楚连贯，字句段落间尽可能分明，以免对方产生误解，或摸不着头脑；在短信发出前要从头到尾再认真检查一遍，看有无错误语言和错别字，尤其是写给上级和重要客户的短信，更要特别注意；礼仪短信要署名，如一些节日发出恭贺的短信，在发出时要在最后写上自己的名字，让对方知道是谁发的短信；短信格调要高雅，忌编辑或转发不健康、格调不高、语言污秽的垃圾短信，以免影响自己的形象。

② 接收手机短信的礼仪

日常工作中我们每天会接到不少短信，根据收到短信的内容和重要程度，要分别处理：第一，收到的短信有必要回复的，要及时回复。用短信说不清的，可用电话回复。第二，由于短信内存容量有一定的限制，因此，要及时删除不用的、过期的短信，保持手机短信有一定的空间，以免影响接收新的短信，甚至耽误大事。第三，值得收藏的短信、重要短信可以转到收藏夹保存。

（4）收发传真的礼仪

传真机，全称电话传真机，又叫传真电报，通过电话线路传输文字、图片等信息，能将一份原稿完整地传送到接收方,是同步办公活动中经常使用的一种传递信息的工具。由于传真机能快速、准确无误地传送文字与图片,特别适合于传送批示件、签章、手稿、图片等。传真机在传真通信时具有发送和接收两种功能,但在同一时间只能运行一种功能。不论运用哪种功能,在商务活动中必须遵守基本的礼仪规范。

① 发送传真的程序及礼仪

- 接通电源,将传真机的电缆线接到电源插座上,接通电源。
- 放置原稿。所有传真文件在发送之前,都应当严格登记。登记的方法有两种,一种是按照常规文件进行登记(增加传送方式、传真内容);另一种是在专门的传真文件登记簿上进行登记,便于以后查找。

在放置原稿准备传真前,要仔细检查原稿的质量,使用蓝黑墨水书写的或打印的,并以白色纸书写的原稿可以保证传真质量,将大小厚薄、纸硬度合格的原稿按传真机所示方向放入传真机的输入槽中,按原稿尺寸调整导板,使之紧挨稿纸边缘。

- 设定发送参数。在发送文稿时,要设置合适的扫描线密度,面板上有标准、精细、照片三种按钮供选择,机器默认为标准模式。
- 选择发送。发送方式有两种:手动拨号发送和用缩位拨号或单独触键拨号发送。手动拨号发送时,先要拨通对方的电话号码,等待对方传真机准备好,回音"哔"的信号,然后立即按下"启动键",挂上电话。文稿会自动进入传真机并被发送到对方那里去。此时,如果传送成功,将会显示"成功发送信息";如果失败,也会显示出错信息。如果传真机具有快速拨号功能,则可把对方电话号码预先输入传真机,当置入文稿后,按下相应的缩位拨号键或单能键,传真机将自动拨号进入发送状态。
- 保存原稿。如果原稿未采用上述传真格式,而是一般的信息函和图表,则取出原稿后,标上传真编号,注明发送日期和时间、收件人、单位名称,妥善保管。

② 接收传真的程序及礼仪

- 接收。当自动接收时,传真机必须处于自动接收状态(可通过按键选择或者编程设置),当对方发送的传真到来时,传真机振铃后自动接收对方的传送稿件。当传真机处于手动状态时,电话铃响,拿起话筒,回答呼叫,如对方是手动发送,则按照对方要求,按下"启动键",挂上话筒,便可接收对方的传真文稿。
- 登记。收到传真文稿后,应当进行登记,其项目如下:收文顺序号,一般按收到的时间顺序按年度编流水号;收到日期和时间(具体到时和分);标题(无标题要标明事由);来文编号;来文单位和发送人姓名;密级;紧急程度;承办单位;承办人;传真件编号和存档号。
- 处理。传真件收到登记后,按文书处理程序进行处理。

### 3.技能分析

结合下面的实例,请同学们思考。

### 📚 实例1

一位消费者新买的某品牌电脑出现了故障。她忘了该品牌电脑的维修电话,于是从查号台问到该公司电话后打了过去。一位小姐接了电话后,犹豫几秒钟后说道:"我帮您找人来说,您稍等。"谁知这一等就是好几分钟,这位消费者能听到办公室嘈杂的声音,但就是没人再接电话,那位小姐好像也不知去向。她非常生气,从此对这个品牌印象大打折扣。

## 实例 2

吴东是南京市浦口某企业的中层干部，工作一直兢兢业业。前不久，他突然收到企业一位员工转发给他的短信——里面的内容全部是对他的人身攻击，说他在外面干了什么坏事等。

谁知第二天，他又收到了一条内容相似的短信。经了解，自去年 10 月以来，这样针对他的诽谤短信，公司里的每个员工都收到过。这些短信全都来自同一个号码，发送的时间并不固定。除了单位里的人，吴东的不少亲戚朋友也收到过类似的短信。

## 实例 3

在某机关有位科员负责收发传真的工作，有一次他不加掩盖地拿着一份重要传真文件乘电梯时，一不小心就被记者偷窥到，并且当成独家新闻刊登了出去。

诸如此类的例子可以说不胜枚举，公司里一般都有一些不少机密性极高的东西。因此，每一位职员都必须十分小心，不要在不经意之间泄了密。

思考：

（1）为什么客户对这个品牌电脑印象大打折扣？

（2）对于用短信诽谤他人这种做法，你个人态度是什么？请说明你的理由。

（3）你平时听说过文件有保密的要求吗？为什么有些文件要保密？

---

**小提示**

（1）消费者选择产品往往要选择品牌，消费者心目中的品牌就是质量，品牌就是服务。而实例 1 中，职员服务没到位，让顾客对品牌印象大打折扣，这对所有公司的服务都提了个醒。公司不仅要有优质产品，更要有优质服务，保证优质服务融合在服务的各环节、各层面、各要素中。优质服务就是要让客户满意，所有公司的工作人员必须真诚地照顾每位顾客的心理、爱好、性格等。这样才能让顾客不仅喜欢公司的产品，而且能对公司留下美好的印象。

（2）用手机编发短信是现代通信发展的一大趋势，每个人都可以利用手机随时编发或转发短信。但不论是同事还是朋友之间，坚决不能发布不健康、格调低下、谣言性质的短信，也不能发送影响人际关系和谐的短信，当然也不能利用短信进行人身攻击或诬陷他人。否则这样做不符合手机收发短信的礼仪规范，严重者还会触犯法律。

（3）传真的文件有时是涉及国家政策的，有的是公司的商业秘密，商务工作人员应有高度的保密意识，保密工作体现在商务工作的方方面面，时时处处要细心。国家和公司的政策与商业秘密，对家人和朋友也都应保密。

---

### 4. 技能运用

任务：给下述来电书写电话记录

杨义是 A 公司红光销售部的新职员。上午 10 点，重要贸易伙伴 B 公司的李总打来电话要找正在开会的张总，说希望能将原定今天（9 月 15 日）下午 3 点的洽谈时间改为 2 点。然而当时并不能转接电话给张总。于是杨义决定给张总做电话记录。那么，他应该如何书写这份电话记录呢？

电话记录簿参考样本

| 收 |
|---|
| 公司 部门 |
| 先生 小姐 |
| ☐ 有电话 ☐ 希望回复 |
| ☐ 不久会再打来 ☐ 来公司拜访 |
| 事由: |
| |
| 接听时间: 年 月 日 时 分 |
| |
| 接听人: |

**小提示**

做电话记录，为了做到内容准确，要注意以下几点。

（1）对来电时间、来电者的公司、部门、姓名、事情、联络方式等必要内容（根据"5W1H"原则）进行整理。

（2）考虑如何设计版面，以便于他人阅读。

（3）分条整理，归纳内容要简洁易懂。

（4）电话记录要摆在被找人桌上醒目位置。

（5）口头告诉被找人有电话留言，以保证传达到位。

## 技能训练

### 手机使用情况调查

● 训练目的：调查了解目前人们在接打电话（手机）中遇到的各种烦心事，从而提醒人们注意电话（手机）使用礼仪，文明接打电话。

● 训练步骤：

① 每小组 5 名同学，拟订调查问卷，实地调查不同职业、年龄段人们在使用电话（手机）中遇的烦心事有哪些。

② 分类统计并进行分析，总结出人们在接打电话时遇到的烦心事的内容、种类，以及形成的原因和改进的建议。

③ 总结出 5 条以上接听电话的礼仪规范，并以倡议书的形式，倡议人们提高文明接打电话的水平。

● 训练成果形式："接打电话遇到的烦心事调查"报告；"文明接打电话的倡议书"。

- 训练成果评价如表 5-2 所示。

表 5-2　　　　　　　　　　"接打电话遇到的烦心事调查"评价表

| 项　　目<br>（分值） | 标　　准 | 得　　分 |
|---|---|---|
| 调查问卷设计<br>（20） | 调查问卷设计规范，项目合理，针对性强 | |
| 调查报告<br>（30） | 书写格式规范，内容符合要求，分析问题准确 | |
| 电话礼仪倡议书<br>（20） | 提出应遵守电话礼仪内容 5 项以上，内容有新意 | |
| 调查活动过程<br>（30） | 调查活动组织有序，自我学习、与人合作、与人沟通能力强，职业观念、<br>职业态度、职业良心表现好 | |
| 总成绩∑100 | | |

| 教师评语 | |
|---|---|
| | 签名：　　　　　年　月　日 |
| 学生意见 | |
| | 签名：　　　　　年　月　日 |

# 活动三　工作会议

　　会议是指有组织、有领导地使人们聚在一起，对某些议题进行商议或讨论的一种工作方式。会议的主要功能是洽谈商务，布置工作，沟通交流和解决问题。会议在公司内部与外部工作具有重要的作用。组织会议不仅需要具备专业知识，而且要进行精心的筹备和组织工作，也要遵守会议的基本礼仪规范。

## 技能　会议服务与参会礼仪

### 1．技能认知

　　参加会议或为会议服务是商务人员经常参加的公务活动，熟悉会议流程，了解会议内容，服务好、参加好各种会议，是商务人员的基本礼仪素养。日常工作中公司会开很多会，公司外部也有一些会要参加，不管在哪种会议场合，遵守会议的基本礼仪规范，给他人留下好印象，为公司

**形象增光添彩，是我们商务人员的基本修养。**

会议是指有组织、有领导地商议事情的一种活动。有效的会议是提高公司工作效率的重要辅助手段，其目的在于讨论问题，沟通信息，统一协调，进行决策。

会议的特点。首先，任何会议都是有议题的；其次，会议是有组织的；再次，会议是有步骤的；最后，会议是有领导的，所有正式的会议都必须有专人负责，专人主持。此外，会议还必须遵守约定俗成的一些基本规则。大家都要发表意见，平等交流，相互尊重，发言要简明扼要。

会议种类。实际工作中开的会，一般有两种形式：一种是政策性的研究会，它主要是明确目标，制订规划，研究对策，以及为统一认识而做的学术交流会议，如学术报告会、各种行政工作会议。这种会议要求发扬民主，百家争鸣。另一种会议是执行性的协调会议，主要是布置任务，协调矛盾，组织实施等。这种会议有议有决，会议组织者要有主见、有权威，如产销会、专题会、市场分析会。执行性的协调会必有决议，每件事情都必须落到实处。

会议服务与参会礼仪，是指参会人员在召开会议前、会议中、会议后皆应注意的礼仪规范，是从组织者、主持人到参加者都要共同遵守的固定程序和行为规范。从会风可以看出一个公司的工作作风，看出公司的文化，看出公司职员的职业素养。

## 2．技能学习

**在商务活动中，会议的类型很多，目的不同，其要解决的问题的重要程度也有所不同。因此，不同类型规格的会议也有不同的礼仪要求，但任何会议必须做好会前准备，恪守会议中的各种礼仪规范，这是每一位商务人员必须加以注意的。**

（1）会议的准备礼仪

任何会议都必须有办会者、主持者、发言者和聆听者四种人。不同的人在参加会议前都要有所准备。

① 办会者

很多情况下商务人员要亲自办会。所谓办会，就是从事会务工作，即负责从会议的筹备工作直至会议结束的一系列具体工作事宜。在会议筹备阶段主要有以下几方面的工作。

- 建立组织。召开一个会议要有许多人参与组织和服务工作。这些人要有明确的分工，各负其责。建立各种小组，使他们在各组织的统一指挥下独立开展工作。一般由大会秘书处负责整个会议的组织协调工作。秘书处下设秘书组、总务组、保卫组等组织机构。秘书组负责会议的日程和人员安排，以及文件、简报、档案等文字性工作。总务组负责会议接待、食宿、交通、参观和其他后勤工作。保卫组负责大会的安全保卫工作。根据会议规模的大小、性质还可增设其他必要的小组。

- 明确任务。全体工作人员应当明白会议的目的、要解决的问题，还要明确自己的工作任务及具体要求，尽心尽责做好工作。

- 安排议程和议题。秘书处要在会议前把会议要讨论、研究、决定的议题收集整理出来，列出议程表，提交领导确定。根据领导确定的议题，安排日程以保证会议有秩序地进行。

- 确定与会人员。确定与会人员是一项很重要的工作，该到会的一定要通知到。确定参会人员可以采用以下方法：查找有关档案资料；请人事部门提供资料；征求各部门意见；请示领导。大型会议，还要对与会人员进行分组，便于分头讨论，组织活动。

- 发出通知。名单确定后即可向与会人员发出通知，便于他们做好准备工作。有时准备工作量大，而距离开会时间还长，可先发一个关于准备参加会议的预备通知。接近开会时再发正式通知。通知一般用书面形式，内容包括会议名称、开会目的、内容、与会人员应准备的资料、携带的东西、日程、期限、开会地点、报到日期、线路以及差旅费和其他费用等问题。与会人员接到通知后，应反馈有关参会人员的信息，以便大会制证、排座、安排食宿等。

- 会议签到。为掌握会议人数，严肃纪律，凡大型会议或重要会议通常要求与会人员在入场时签名报到。

- 餐饮安排。举行较长时间的会议，一般根据与会者来自的区域和民族习惯安排食宿。注意尊重有特殊要求与会者的餐饮习惯。

- 预算。根据参会人员的人数、时间以及会议其他耗费，编制会议预算，以确保会议的顺利召开。

② 主持者

会议主持者是会议的总指挥，他在会议前所要做的，主要是落实议程。议程是指会议进行时所应遵循的既定顺序。凡属较正式的会议，其议程大都在事先进行认真的讨论和拟定。一般情况下，会议的主持人无权变更会议的议程，尤其是重要议程，无论遇到什么情况主持人都必须想方设法履行职责，以确保会议按照既定目标进行。因此，会议主持人必须熟悉议程，只有熟悉了议程，才能在会议进行时熟练地驾驭会议，并能应对一切突发性问题。一般正式会议议程包括以下内容：①宣布开会；②介绍来宾；③领导讲话（或做主题报告）；④分组进行讨论，或进行大会发言；⑤总结发言；⑥宣布散会。此议程基本框架难以变动，但在具体环节上，主持人可根据情况和经验做随机调整。

③ 发言者

发言者是指在会议上演讲、报告、讲话的人。大会发言者要求做到以下几点。

- 仪表整洁。发言人的仪表，往往会在其出场之时给听众留下深刻的印象，所以在发言之前，发言人一定要抽出时间，对其个人仪表进行修饰。如头发要梳理整齐，男士要剃去胡须；着装要干净、整洁大方；发言时要精神饱满。

- 发言内容要周全。发言者在会上发言主要是阐明个人观点、见解。因此，发言内容是听众关注的重点。准备发言稿时，要了解听众的思想状况、文化程度、职业特点和心理需求。发言稿要观点明确，中心突出，态度明朗，主张合理，层次清楚，逻辑缜密，以理服人。发言在给定的时间内进行，在充分发表个人见解的同时，还要尽可能地抓住听众的注意力，使听众听得清、印象深。要达到这样的效果，就要在发言稿准备好后，进行预讲演，邀请一些听众发表意见，多次修改演练，做到心中有数。

④ 聆听者

聆听者即听众。就会议的角色而言，听众一般并非主角，但是离开他们的自觉配合，会议也是很难取得成功的。听众在会前准备主要包括下面几点。

- 接到会议通知后，做好参会准备，安排好自己的工作、时间等。

- 要预备好必要的辅助工具，如纸、笔、录音机、电脑等。

- 要仔细阅读会议下发的材料，了解会议情况、掌握会议宗旨。

参会者参加会议时，要按通知要求准时出席会议。参加本地举行的会议，一般应提前5分钟以上进入会场，以便有一定的时间进行个人准备，如签到、领材料等；参加外地举行的会议，最好提前一天报到，熟悉会议环境和情况。

（2）会议中应恪守的礼仪规范

① 办会者

在整个会议期间，办会者应注意以下礼仪规范。

- 做好接待。会议举办期间，一般应安排专人在会场内负责迎送、引导、陪同与会人员。对与会的贵宾、老弱、病残、孕妇、少数民族人士、宗教人士、港澳台同胞、海外华人和外籍人员还需重点照顾。对与会者的正当要求应有求必应。

- 现场服务。会上要安排专门的服务人员负责斟茶续水，或事前放置足够的饮用水，做到卫生方便。

- 会议记录。凡是重要的会议，均应进行现场记录，其具体方式有笔记、录入、录音、录像等。记录方式可单用某种，也可交叉使用。手写笔记会议记录时，对会议名称、出席人数、时间地点、发言内容、讨论事项、临时动议和表决选举等基本内容力求做到完整、准确、清晰。

- 编写简报。有些重要会议，在会议期间就要编写会议简报。编写会议简报的基本要求是"快"、"简"、"准"。"快"就是讲究时效性，在第一时间要将会议内容报道出来；"简"就是要求文字简练；"准"就是准确无误。

- 处理材料。根据工作需要与有关保密制度的规定，在会议结束后应对与其有关的图文、声像材料进行细致的收集整理。该存档的存档，该销毁的销毁。

- 协助返程。会议结束后，其主办单位一般应为外来参会者提供返程的便利。如为参会者订购返程的机票、车票、船票。同时，提供短途交通工具等。当团队或特殊与会者离开时，还要安排专人为其送行、帮助托运行李等。

② 主持者

落实议程、控制时间、掌控会场、完成预期的任务，是主持者的职责。

- 主持者要按事先协商好的议程组织会议，努力确保会议按照既定议程进行。

- 主持者要认真掌控会议时间。一要掌握好起止时间。会议开始时要宣布会议时间，时间一经确定就应得到与会者和会议工作人员的遵守。二要限制发言时间。任何会议，每位发言者都要规定具体明确的发言时间，并通知其本人。主持人在发言人发言之前最好再关照一下，限定时间长度；或者用技术手段提醒发言人。如果会议时间较长，一般应在会议中间安排一定时间休息，以供与会者方便、活动手脚、处理私事。凡举行会议的时间超过 1.5 小时，就应在期间安排一次长约 15 分钟的休息。并在休息前宣布休息时间，确保下面会议的进行。

- 主持者要善于掌控会场气氛。在会议进行期间，主持者掌握会场的能力大小，往往会影响到会议的成败。会议主持者要善于掌控会场气氛。一是要认真落实会议议程，在会议进行过程中要特别注意多看、多听，认真观察会议进行的情况和现场的情绪反应，及时地发现问题、解决问题。二是要善于调节气氛，主持者要根据现场情况采取一些措施，调节现场气氛，使会议保持良好的状态。一般当嘉宾出席会议发言之前，要进行适当介绍，发言人发言结束后，主持人应领头鼓掌，以带动全场听众响应。

③ 发言者

在会议上做一名受人尊重或受人欢迎的发言者要注意以下几点。

- 发言的内容要适合听众，语言简单明了，朴素具体，幽默诙谐，耐人寻味，通俗易懂，生动形象又富有哲理。

- 要情感真实。在发言时，要以自己的真情实感去感染听众、打动听众。

- 在现场发言时要自谦自重，要有与听众平等交流的意识，要注意临场发挥的水平。发言人在上台发言时，循例要向主持人与其他听众欠身致意，并进行问候，在发言的整个过程中，语言、动作、表情都要尊重听众，发言结束时要道一声"谢谢"。

- 宽待其他发言人。有时在会议上进行发言的人士，其见解不同，在个别时候会出现各执一词、针锋相对的情况。遇到他人的观点与自己的相左时，要善于求同存异，以理服人。发言时要对事不对人。

④ 聆听者

要开好会提高会议效率，既要靠会议主持人、组织者的积极努力和得力的措施，同时也要靠全体与会人员的自觉和认真态度。与会人员参会时应做到以下内容。

- 保持安静。在会议进行期间，全体与会者都应当自觉维护会场秩序，保持会场安静，为发言人的讲话与聆听者的倾听创造一个良好的氛围。
- 不要逃会。参加会议要有始有终，这是对组织者的起码尊重。万一有特殊原因，需中途离去，要例行请假。必要时还需说明原因，并为此致歉。
- 聚精会神。在会议期间，会议参加者都要聚精会神地聆听他人的发言，要认真汲取他人的精华，借鉴别人的演讲艺术。
- 笔录要点。会议参加者有条件的都要尽可能地对他人的讲话要点进行笔录，以便会后学习传达、交流会议精神。

总之，很多会议是一种高度聚焦的场合，稍有不慎，便会严重损害自己和单位的形象，因此，所有与会人员都必须遵守基本的会议礼仪规范。

### 3．技能分析

结合下面的实例，请同学们思考。

### 实例 1

小江在学校时就什么会议都不愿意参加，能躲就躲，实在躲不过了，就到最后一排打瞌睡。进了公司后，他发现与学校相比，不仅会议的频率高了，而且他也没办法躲了。作为职场新人，会议室的布置基本上由他一个人承包了。如果单单是布置一下会场，或者做些会议记录，小江虽然有点不情愿，但也毕竟不是什么难事，还总能应付得过去。

有一次，公司为了联络各经销商的感情，准备召开一次重要的商务会议，于是让小江负责选择会议的地点。小江马马虎虎，没有认真地周到地考虑会议的各种细节，没有认真地准备与会议相关的事宜。结果开会那天，因为会议室太小，椅子不够，有些人只能站着开会，这样就挡住了别人的视线，致使他们不能看到主持人正在翻动的图表。空调也启动不了，窗户也打不开，所以室内闷热。有的人生气走了，业务经理非常不满意，小江也觉得很没面子。

### 实例 2

某公司会议注意事项有如下规定：如果会议的参加者有残疾人，那就给他们特殊照顾，事先了解他们的需要是否安排妥当。比如把要用电气设备的残疾人，安排在离电源较近的位置上。对于聋哑人员或有严重听力障碍者，应安排在他们能看见发言者的地方，或者安排手语解说员。如果是坐轮椅的参加者，应考虑方便其入场，有必要时帮助其入座，并保证方便出入。如果有盲人或者视力有障碍者参加会议，应准备盲文材料，或者坐在他旁边的人尽量帮他做一些描述，不要让他们受冷落。

思考：

（1）小江的马虎给企业造成了什么影响？本案例对你有何启发？

（2）实例 2 中该公司会议注意事项规定合理吗？你对此有什么评价？

> **小提示**
>
> （1）会议就是要传达一定的信息给与会者，不仅会议的内容要有新意，值得大家关注，而且会场的环境应该舒适宜人，会议组织应该严谨有序，会议组织工作水平是企业精神和形象的重要宣传途径。而本例中小江由于平时工作就不严谨，责任心差，办事细节关注不够，在让他去看会议场地时，对本应细心检查的各项内容马马虎虎，对会议各项细节心中没数，因而才出现了由于参会人多，座位不够，空调启动不了，窗户又打不开，让参会者不满，公司领导也不满，小江自己也觉得没面子。既造成了个人形象的损害，也对公司造成了不良影响。真是细节决定成败。
>
> （2）该公司这样的决定考虑到残疾人的特殊要求，考虑得比较细致，也比较周到。在举国上下构建和谐社会的形势下，每个人、每个社会组织都应关心残疾人的需求，让他们从容地参加社会的各种活动。

### 4．技能运用

【情景 1】假如让你为公司一次会议拟制前期准备工作规程，你将考虑哪些内容？

【情景 2】你正在主持一个会议，意见对立的双方由争辩发展到恶语相加，你该怎么办？

> **小提示**
>
> 情景 1 中为公司一次会议拟制前期准备的工作规程，包括以下内容。
>
> ① 拟定会议工作方案。
> ② 选定安排议题。
> ③ 拟定会议议程、日程和程序。
> ④ 准备会议文件、报告。
> ⑤ 提出与会人员名单。
> ⑥ 安排分组。
> ⑦ 选定布置会场。
> ⑧ 制发会议证件。
> ⑨ 发布会议通知。
> ⑩ 制定会议须知。
> ⑪ 负责会议报到。
> ⑫ 会议工作机构的设置和工作人员的调配。
>
> 情景 2 中，作为会议主持人，应该把双方争论的焦点、争论的问题记录下来，然后先建议大家安静，或干脆休会半小时，等大家能平心静气坐下来后，主持人再次阐述本次会议的目的，就是要大家心平气和地商量某一问题，提出解决办法，而不是争论。等到局面被控制后，再要求双方各派一名代表将自己的意见、观点、计划总结出来，通过阐述自己的理由，大家举手表决，少数人服从多数人的意见，并把最后的结果写进会议记录中备查。

## 技能训练

### 会议邀请函和会议议程撰写

情景资料：某公司受到金融危机的影响，市场销售形势发生了重大变化。为了有效地应对金融危机，减少损失，拟开一次应对金融危机扩大内需的专门会议。请你帮助起草一份会议邀请函，并列出本次会议的议程。

- 训练目标：学习掌握会议邀请函的格式和内容，熟悉邀请函的相关知识和礼仪，并学习掌握会议议程内容的相关知识。
- 训练步骤：

① 学生每 5 人分为一组，深入公司办公室或相关科室调查，了解有关公司会议邀请函的种类、格式和相关内容，以及与会议议程有关的内容。

② 小组成员对收集到的相关内容进行汇总整理，共同讨论编写本次邀请函的初稿，列出本次会议议程的草案。

③ 带着打印好的邀请函初稿和会议议程的草案，去公司征求相关人员的意见和建议。在吸收公司相关人员意见和建议的基础上，撰写本次会议的邀请函和会议议程。

- 训练成果形式：一份会议邀请函和一份会议议程。
- 训练成果评价如表 5-3 所示。

表 5-3                     "会议邀请函和会议议程撰写"评价表

| 项　目<br>（分值） | 标　准 | 得　分 |
|---|---|---|
| 会议邀请函<br>（20） | 格式规范，符合会议邀请函礼仪规范的基本要求 | |
| 会议议程<br>（20） | 内容规范，符合相关会议的基本要求 | |
| 调查活动组织<br>（30） | 调查活动安排有序，收集到一手资料，去公司征求意见有改进 | |
| 活动过程评价<br>（30） | 活动过程中，小组成员与人交流、与人合作、解决问题能力强，职业态度、职业良心、职业守则表现好 | |
| 总成绩∑100 | | |
| 教师评语 | | 签名：　　　　　　年　月　日 |
| 学生意见 | | 签名：　　　　　　年　月　日 |

# 活动四　突发事件处理

## 技能　职场中突发事件处理礼仪

### 1．技能认知

随着全球化、信息化的发展，现代社会危机的形式和范围都有了新的变化，突发性更强，破坏性更大，发生更为频繁，涉及的领域更广。因此，认识突发事件的潜在危害，注意突发事件处理的礼仪规范，提高突发事件应急处置能力，也是商务人员必须做好的一项基础性工作。什么是突发事件？突发事件有何特点呢？

突发事件，就是指在事先没有任何预兆的情况下，突然发生的，有一定的破坏力和影响力的事件。随着社会主义市场经济的不断发展，人们在狠抓经济发展的同时，安全意识容易放松，导致突发事件频频发生。这不仅阻碍了经济的持续发展，而且也影响了社会稳定，是一件非常严重的事情。

突发事件具有不确定性，什么时候发生，会造成什么影响和后果，都是未知和难以把握的，很多突发事件总是以前所未闻的形式突然发生。突发事件具有不可预测性、隐蔽性、突发性。同时，突发事件具有可延展性，突发事件一旦发生，就其波及的范围来看，往往会跨越领域和物理的界限。某一项突发事件可能会迅速扩大影响范围，有时可能导致被放大而产生裂变效应，由一般性的问题演变为敏感性，甚至高度政治化的问题。就其影响人群来说，极有可能因个人而扩展到同质群体、相关群体。突发事件具有互构性，突发事件从发生，融化，消除，都与人的实践活动联系在一起，突发事件是人的能动实践和社会结构互动造成的，包括人与群体、群体与社会互构，国家、市场、社会力量之间的互构，以及这些关系与自然界的互构。应对突发事件，必须从人的自身着手，对人的活动进行建设性反思，依靠人的使命感和责任感，社会协同共同直面突发事件。

处理突发事件，要坚持谁主管谁负责，统一管理、分级负责，各司其职、各负其责，紧急处理、人人有责的原则，并要坚持突发事件处理中的基本礼仪规范。

### 2．技能学习

突发事件大多是在没有先兆的情况下发生的，公司为了保证生产和经营的安全运行，在日常的管理活动中，就要按照生产经营规律，完善规章制度，严明操作流程和规范，对各种可能发生的突发事件进行分析疏理，加强防范措施和应对处置办法，以便将突发事件灾害损失降低至最低限度。为了应对突发事件，公司应具体做一些什么工作，才能有效应对各种突发事件呢？

（1）事前教育，即突发事件发生前的教育。平时加强有关突发事件相关知识、危害程度的学习了解，增强商务人员的安全意识，避免突发事件的发生，即使突发事件发生了，商务人员掌握了各种突发事件发生时的应急措施，才能自如地应对突发事件。

（2）事时教育，即突发事件发生时的教育。商务活动中可能发生的突发事件包括以下方面。

① 突然停电、停水

当由于某种原因公司突然停电、停水时，应对的礼仪规范。

● 及时汇报上级部门（不管是职务内，还是职务外，发生后，第一时间汇报）。

- 及时联系相关单位，了解停电、停水的原因。
- 寻求解决办法（启动应急灯，点蜡烛，或启用应急供电系统，以保证营业区照明，必要时向现场的顾客如实说明情况，尽快与供电部门联系；启用备用水源，安排员工临时用水直至正常供水）。
- 如检查发现属简单原因，尽快修复，保证供电、供水；如属供电、供水系统出现故障，要尽早通知所有员工。

② 突然局部起火

当由于不明原因公司局部起火时，应对的礼仪规范。

- 当局部起火时，应根据实际情况，具体问题具体解决。如是一般火灾，工作人员应用灭火器材进行灭火。如火势较大，无法控制，及时拨打119报警。现场救火要贯彻"救人第一，救人与灭火同步进行"的原则，按平时演练的方法进行人员疏散，指导员工向安全地区有组织地疏散。
- 当事人在现场的要尽快切断电源、煤气源或油源，消除救护人员触电等方面的危险。火势熄灭后应清查人员及物品损害情形，并保持完整现场，以供警方或保险公司处理。
- 如是局部小火灾，应在突发事件发生（1小时内）及时上报公司上级部门。如火灾较严重，必须当时电话上报公司上级部门，事后将事件经过书面上报。

③ 在公司营业场所突然发生打架斗殴事件

当由于一些不明原因在公司营业现场发生打架斗殴事件时，应对的礼仪规范。

- 如果是公司内部员工发生打架斗殴事件，第一时间通知值班保安赴现场进行控制并制止，当事工作人员也要加强劝说，并及时制止。如有较多人员围观时，应及时将斗殴双方带到安全地方处理。对事件的有关责任人可送有关部门处理，同时上报上级部门。
- 如果是在公司营业场所顾客之间发生了打架斗殴事件，应视情况先疏导旁边其他顾客离开这个区域。工作人员处理事件时，立场要公正、公开、公平，尽量劝说对方，以理服人，千万不可偏袒一方或加入其中一方，同时认清对方面貌、特征、人数、车牌号等。
- 如果事态严重，公司保安不能有效控制现场，要及时拨打110报警，并保护现场，交110民警处理。

④ 在公司营业场所内突然发生顾客受伤事件

由于一些原因在公司营业场所内发生顾客受伤事件时，应对的礼仪规范。

- 现场商务人员得知消息后，应立即了解情况，尽可能对事件经过做完整及时的记录，表示高度关切和有所行动。
- 视情况需要，提醒顾客保管好自身相关财物，立即主动提出协助送医院检查或拨打120急救电话，必要时，为顾客联系亲友。
- 立即报告主管，取得主管或上级领导的指示。
- 在事件发生后的第二天与顾客联系问候病情，或到医院或到家中进行探望。不要争论是非对错，但可以对此事件发生表示抱歉和遗憾。
- 如果顾客提出赔偿需求，如果在你的权限范围内不能给予顾客满意解决，要立即报告主管进行处理。

⑤ 在公司营业场所发生顾客财物遗失事件

由于某些原因顾客在公司营业场所发生财物遗失事件，应对的礼仪规范。

- 当顾客提出自己的某物品遗失时，相关商务人员应马上通知经理，负责该区域或事务的商务人员要站在现场等候经理及保安来解决。

- 经理应协同保安部人员仔细检查顾客所使用过的东西,询问清楚顾客到过的地方以及和哪些朋友在一起,是否朋友拿了去用。
- 同时也要检查现场的相关人员,询问当时情况,并立即通知保安检查周围环境和相关人员办公桌、柜,如还没有找到就叫保安做记录,以便以后有线索能联系到顾客。

⑥ 突然接到顾客投诉

若不知具体原因突然接到顾客投诉时,应对的礼仪规范。

- 公司相关人员接到顾客投诉事件,应立即向顾客了解投诉事件发生的前因后果。
- 请顾客出示投诉的相关材料,公司负责人要亲自过目投诉书的内容。
- 要尽快告知顾客公司在最短时间内的处理办法,并征询顾客的意见,如顾客提出赔偿要求,须立即告知顾客,公司将会有满意的答复。
- 公司负责人立即组织人员对顾客投诉事实进行了解,掌握详细情况。
- 在确定造成顾客伤害的不是本公司的原因时,与顾客取得联系,并将准备的证据告知顾客,并欢迎顾客认真核实相关事实。
- 如确认是本公司原因,将情况向公司领导汇报,并主动与顾客联系协商解决方案。

⑦ 公司遇到卫生、消防等部门突然来检查

当公司遇到卫生、消防部门突然来检查,应遵守的礼仪规范。

- 由公司一名管理人员做好接待工作,尽量先安置在会议室就坐,争取时间。
- 由公司另一名管理人员及时对要检查的项目进行处理,组织员工对检查人员比较注意的地方以及灭火器具等进行快速整理。
- 适当整理后再请检查人员进入现场进行检查。
- 检查出的问题,严重的要马上想办法解决,并向上级部门报告。

⑧ 公司突然遇到新闻媒体进行调查采访曝光时,应遵守的礼仪规范

- 现场负责人在第一时间向公司领导汇报,并听取公司领导的指示。
- 告知职工特别是一线职工,根据情况能实事求是地说明,情况不明、事实不清的,可不做说明或回答,不该说的话不要多说一句。
- 委婉地向记者了解此行的真正意图,需特别注意记者是不是正在对某个事件进行暗访和录音、录像。
- 如果记者在营业现场拍照或摄像,要委婉地告诉记者因为资产及商业保护的需要,营业现场属于不能拍照的范围。建议新闻媒体人员在此范围外拍照或摄像。
- 媒体如需采访公司员工,要委婉地向媒体解释,我们非常重视媒体的关注和采访,公司只能指定人员或相关领导才有权采访和对外发言,因此员工在未经授权的情况下不能接受采访。
- 如果媒体不愿透露身份及媒体名称时,可委婉地告诉媒体记者,我们希望能确认记者的身份和联系方式,以便于我们能够保持沟通。
- 如果确定了事件是由某顾客投诉引起的,公司负责人应立即与当事人联系,代表公司致以诚挚的歉意,并保证对顾客提出的意见及建议做出最积极的解决办法。
- 专门登门拜访媒体负责人,恳请支持本公司的发展,请媒体能站在公司的角度看待一些问题,为公司避免负面影响。公司负责人平常应与媒体保持良好的关系,建立巩固的友谊关系,避免媒体曝光。

（3）事后教育，即事件发生后的教育。主要任务是做好公司内部当事人思想稳定工作、对有关成员的沟通以及向有关领导汇报。剪断突发事件的"链式"行为反应，避免事件的扩大，保证公司整个的经营秩序。

社会正处在关注生命的时代，对于一个公司来说，安全经营是头等大事。这关系到公司的生存和发展，更关系到社会的稳定，因而安全教育应该是一项常态性工作，安全教育应以预防为主，未雨绸缪，尽量使突发事件不发生或少发生，使发生了的突发事件灾害减少到最低限度。

### 3．技能分析

结合下面的实例，请同学们思考。

### 实例1

2011年6月1日上午8时，邢台市大洋百货购物广场发现一层多个专柜大量贵重物品被盗，被盗物品价值150万元（包括大量笔记本电脑、高档照相器材、纯金纪念币、金银首饰、珠宝等）。商场随即向公安部门报案，并上报公司领导，认真保护现场。

初步判断犯罪嫌疑人是5月31日夜间潜入商场做的案。通过调取查看监控视频和大量的现场勘查、调查走访工作，专案组很快确定并印发了大量嫌疑人的视频截图，在各处张贴，并在网站发布。

12月2日上午10时许，专案组民警在江苏省宿迁市将犯罪嫌疑人张某抓获，并冒着寒冬大雪，于当晚10时许将犯罪嫌疑人张某成功押解回邢台。12月3日，民警押解犯罪嫌疑人张某到大洋百货购物广场进行了现场指认。历经184个日日夜夜后，"6·1"特大盗窃案成功告破。

### 实例2

2012年5月16日清晨8点22分，由于电路老化，四川省广元市某商城突发大火，200余家商铺受到严重威胁。该商城已使用16年，地处广元市老城中心繁华地段，主要经营药品、服装鞋帽、床上用品等商品。据目击者称，火灾事故是由于商城2层某服装店商家操作不当，导致老化的电线电路短路，引发火灾，瞬间蔓延成一片火海。市消防官兵和利洲区人武部160余人奔赴现场，展开紧急救援。经过5个多小时的扑救，大火于下午1点30分左右被扑灭。此次大火导致50余户商家严重受损，由于组织迅速，无一人民群众伤亡。

思考：

（1）商场突发盗窃案件，你是一名发现盗窃现场的职员，按照礼仪规范你应该做什么？

（2）当商场发生大火后，商场按照礼仪规范一般应该怎样应对？

> **小提示**
> （1）商场发生盗窃案件，不要惊慌，按照礼仪规范要迅速做好以下几项工作。
> ① 保护好现场，公安人员未到前，任何人不允许进入现场进行查找核实或乱摸乱动。
> ② 通知公司领导，由领导联系公安部门，请公安部门协助调查侦破。
> ③ 公司物业或保卫部门组织相关人员保护现场，设置警戒带，并阻止无关人员进入，疏散围观人员。
> （2）商场发生火灾事件后，按照礼仪规范需要做好以下工作。

① 接到报警后，物业保卫部门人员迅速到达着火地点，按命令带领保安队员组织实施灭火和疏散顾客及员工。

② 报 119 火警后，由物业保卫部门派专人到大门迎候，指引消防车到达火灾现场。

③ 物业保卫部门经理负责火灾现场人员安排调动。对火灾区域设置警戒线；并在现场外安全区域开辟现场急救区，严禁无关人员进入该区域。

④ 指挥人员立即组织保安队员协助专业消防队伍实施灭火。

⑤ 财务人员应迅速整理好账本、现金、支票等重要文件，锁好保险柜、门窗，迅速离开。

⑥ 应急物资配备室物业人员要坚守岗位，听从应急指挥部的命令。

⑦ 人员撤离火场时，要准确核实人员是否安全撤离，如发现和确认火灾现场有未撤离人员，应及时上报专业消防队伍抢救。

⑧ 物业保卫部组织保安人员维持现场秩序，确保救火、救人车辆畅通无阻。

**4．技能运用**

问题：每个公司由于经营环境和经营性质不同，面临的突发事件可能也有很多种，既有特殊性的内容，也有共性的内容。请同学们结合下面的实例，分析总结应对突发事件共性的工作要做些什么，必须遵守的礼仪规范有哪些。

实例：《公共场所危害健康突发事件处理办法》

一、迅速成立公共场所危害健康突发事件处理小组，组长：×××。成员：××，××，××，××。

二、准备好事件处理所需器材和相关应急器材、监测仪器、执法文书和参考书籍、照相机、摄像机等，并准备好采样用品，微生物采样必须在无菌条件下操作。采样用具，如试管、增菌液试管、酒精灯、棉签、酒精、棉球等必须灭菌处理，无菌保存。文书：现场卫生监督笔录 30 份、卫生监督意见书 30 份、调查笔录 30 份、采样单 30 份、卫生行政控制决定书 20 份。参考资料：《公共场所卫生管理条件》《公共场所卫生管理条例实施细则》。

三、调查处理的程序和方法：第一，接到公共场所危害健康突发事件报告后，处理小组应于 24 小时内赶赴现场组织参与事件调查处理工作。第二，及时报告现场初步情况，内容包括事故发生时间、地点、伤亡人数、发病情况、已采取的措施等。第三，突发事件故处理程序。1. 抢救受害者。应尽快使受害者脱离事故现场，防止其继续遭受有害因素危害。及时将病人送往医疗机构救治。对危害较轻、暂无临床表现者，应适当安置，认真进行观察。将受害人员注册登记，登记表中包括受害人的基本情况及疾病表现，是否送医院治疗、安置地点等，以免遗漏受害人，并为下一步调查做准备。2. 消除有害因素。根据事故现场特征和受害人的临床表现，迅速作出事故原因的初步诊断，采取有效措施，防止有害因素继续危害人群。并开窗换气、暂停空调、临时关闭游泳池或浴池等。3. 保护现场。在优先抢救病人的前提下，采取有效措施，尽可能保护好现场。4. 调查取证。包括采取可疑有害因素样品，对现场进行有害因素检测，对受害人员进行个案调查，由有关人员进行询问笔录，对现场进行录像、录音等。根据现场具体情况，收集一切有关资料。在查明发生危害健康事件原因的基础上，提出对事故责任人的处罚意见。针对公共场所经营单位存在的实际问题，从技术上指导事故单位制订卫生预防措施，并认真监督实施，防止事故再次发生。5. 追究事故责任。根据调查结果和获得的事故证据，依法处罚事故责任单位或责任人。

四、总结上报，将事件调查处理结果及相关资料等汇总归档。总结上报材料包括：第一，事件基本情况，包括发生时间、地点、单位、原因、污染物名称、现场监测结果等；第二，流行病学资料及实验室检查资料，包括暴露人数、发病人数、死亡人数、主要临床表现、实验室检查结果和诊断等；第三，处理措施及处理情况，发出相关卫生监督、行政处罚文书等。

> **小提示**
>
> 作为一名公司领导或商务人员，面对突发事件如何处置，事关事件的发展方向及其对社会的危害程度，所以遇到突发事件时，应重点把握以下几个环节。
>
> （1）判断要准确及时。突发事件有各种类型：特大安全事故、恶性刑事治安案件和规模较大的群体性事件等。因突发事件的突发性强，事件一旦发生，在短时间内往往是信息不灵或信息不准，所以以准确及时的判断对妥善处置突发事件显得尤为重要。作为主要领导，处于决策和指挥的位置，要立即赶到现场获得第一手材料，然后对事件发生的原因、经过、性质以及可能造成的后果等进行认真分析，要尽可能征求班子成员以及了解事件情况的有关人员的意见，以达到集思广益的目的。该公开的要尽快公布真实情况，尊重顾客的知情权。在这个过程中，领导要做到遇变不惊，沉着冷静。
>
> （2）方案要周密细致。突发事件往往情况复杂，处理起来比较棘手，所以制定行之有效的实施方案是妥善处置的关键。要注意方案的全面性，对组织领导体系、现场处置方案、后勤保障、善后处理、新闻报道等都要有详细的安排。要注意方案的科学性，制定方案必须请熟悉情况的专家及有关人员参加，并充分尊重他们的意见和建议。尽量把问题想全面，方案定周全，要尊重当事另一方，相互配合，不要让事态继续扩大。
>
> （3）处置要果断有力。一般来说，突发事件不仅突发性强，而且事态蔓延快，所以处置突发事件，"果断"二字非常重要，这是尽快控制局面，防止事态扩大的基本要求。主要领导面对复杂多变的情况，不仅要善于决策，更要勇于决策。
>
> （4）方法要灵活机动。突发事件往往来势较猛且具有较强的对抗性，所以处置过程要注意灵活机动，针对不同情况采取不同的措施。要把握火候，审时度势，宽严相济。
>
> （5）善后处理要妥当合理。突发事件的善后工作十分重要，如果做得不好，同样会带来一系列问题，有些还会引发新的突发事件。所以要克服重平息事态、轻善后工作的错误倾向，把善后工作作为处置突发事件的重要一环，妥当安排，合理处置。善后工作一般应在处置方案中统盘考虑，提前安排。有些要与处置过程同步进行。要按照有关政策规定，同时要一次兑现到位，以免引发新的矛盾。
>
> （6）教训要反思吸取。突发事件的发生，表面上属偶发性事件，实质上都具有必然性的一面，事件所造成的社会影响往往也是较大的。所以，要认真总结经验教训，尤其是要认真剖析导致事件发生的深层次原因，找出工作中存在的失误和不足，并引以为戒。

### 技能训练

## 关于公司应急预案制定情况的调查

【背景资料】在目前社会环境下，全社会都提倡"以人为本，尊重生命，关爱生命"的发展理念。有越来越多的公司企业为了保障职工生命安全，确保安全生产和经营，制定了各种突发事件的应急预案。请同学们走访大型超市、专卖店、饭店、旅馆等不同类型的商贸企业，收集各公司制定的应急预案。

- 训练目标：通过社会调查，了解公司的各种应急预案及各种应急演练，提高对职工生命关爱和公司安全生产的重要性的认识，从而提高同学们的安全意识，强化安全责任，践行安全行为。
- 训练步骤：

① 学生每五人分为一组，深入公司调查各种应急预案和了解各种应急演练，并收集整理有关资料。

② 每组应收集五种以上应急预案及一种应急演练活动资料。

③ 小组共同讨论收集的应急预案的特点，并进行评价。

④ 形成"关于公司应急预案制定情况的调查"报告。

⑤ 同学们在班级交流，每组选一位代表发言，同学们相互点评。将有特色的调查报告在班级展示。

- 训练成果形式："关于公司应急预案制定情况的调查"报告。
- 训练成果评价如表 5-4 所示。

表 5-4　　　　　　　　　"关于公司应急预案制定情况的调查"评价表

| 项　目<br>（分值） | 标　准 | 得　分 |
|---|---|---|
| 调查报告<br>（40） | 调查报告格式规范，内容充实，总结分析有深度 | |
| 应急预案收集<br>（30） | 五个以上应急预案，并且内容完整，实用性强 | |
| 调查活动<br>（30） | 调查活动组织有方，与人合作、与人交流、信息处理能力强，职业观念、职业情感、职业良心表现好 | |
| 总成绩∑100 | | |
| 教师评语 | 签名：　　　　年　月　日 | |
| 学生意见 | 签名：　　　　年　月　日 | |

# 任务六
# 商务交往礼仪

## 认知目标

1. 了解营业员销售和推销员推销礼仪常识。
2. 熟悉展览会和商务谈判签约等商务活动礼仪常识。
3. 知晓涉外商务活动中见面与餐饮方面的礼仪常识。

## 技能目标

1. 灵活运用销售和推销活动中的相关礼仪规范。
2. 逐步形成自觉践行销售和推销礼仪的习惯。
3. 感受商务礼仪在公司经营管理活动中的社会价值。

## 案例导入

### 推销员为何被赶跑

盛夏的一天，张太太家的门铃突然响了，正在家中做家务的张太太打开门一看，迎面而站的是一位戴墨镜的年轻男子，但却不认识。于是张太太狐疑地问："您是？"这位男士也不摘下墨镜，而是从口袋中摸出一张名片，递给张太太："我是保险公司的，专门负责这一地区的业务。"张太太接过名片一看，确实是推销员，却打心底让她反感，便说："对不起，我不买保险。"说着就要关门。这位男士动作却很敏捷，已将一只脚迈进门内，一副不礼貌的样子。"你们家房子装修得这么漂亮，真令人羡慕，可是天有不测风云，万一发生个火灾什么的，再重新装修，势必要花费很多钱，倒不如你现在就买份保险……"张太太越听越气，光天化日之下，竟然有人来诅咒她的房子，于是硬把年轻男子赶了出去。

思考：

（1）推销员为何会被赶跑？

（2）本案例对你有何启发？

# 活动一　日常销售礼仪

不管是营业员还是推销员，他们的形象就代表着公司的形象，他们的仪容、仪表、仪态都能折射出一个人的素质，同时也反映出公司的管理水平和形象。

## 技能 1　销售礼仪

### 1．技能认知

公司通过日常销售使消费者获得消费品及与消费品有关的无形服务的满足，它直接关系到消费者的生活质量和生活方式。因此，销售人员在日常销售活动中对顾客的每一次真诚的服务、每一次微笑都会让人感到善意、理解和支持，都能让顾客在销售活动中体会到人和人之间的友情，体会到社会的精神文明成果。因比，销售人员只有努力践行销售礼仪，才能做到让顾客在充满信任的环境中实施购买行为。那么，什么是销售，商务人员应遵循哪些销售礼仪呢？

销售又称商品出售，是属于市场实现的范畴，是公司最显著、最独特的经济职能。这里的销售是指公司的经营者在满足消费需要和谋求最佳经济效益的观念指导下，在销售现场以科学的方式和方法向消费者出售商品，不断扩大经营规模的过程。

商品销售涉及生产、流通、消费三大领域，因此，销售人员既要重视对生产、流通领域的研究，又要注重对消费领域的探讨，这样才能以对路的商品、合理的数量、适当的方式，实现商品的"惊险跳跃"。同时，商品销售不单纯是商品与货币的交换过程，还包含着公司与消费者之间人际情感的内容。因此，在商品销售过程中，除了应有为扩大销售而吸引消费者的注意，积极销售商品外，还应借助于娴熟的接待技巧、规范的礼仪，融洽与顾客之间的关系，赢得顾客的理解和信任。那么，什么是销售礼仪呢？销售礼仪，是指礼仪在商品销售活动中的具体运用，是营业员在商品销售岗位上通过言谈举止、行为等，对顾客表示尊重和友好的行为规范和惯例。

随着市场经济的发展，公司之间的竞争日益激烈，竞争也从价格竞争等硬实力竞争转向服务、质量等软实力的提升。销售技巧、销售礼仪等引起了企业广泛的重视。特别是销售礼仪，它可以塑造销售人员良好的个人形象，给顾客留下最好的第一印象，让销售人员在销售开始之前就赢得顾客的好感。销售礼仪同时贯穿于销售的每个程序，它可以帮助销售人员从细节上分析顾客心理，从而和顾客打交道更加得心应手。销售礼仪更能让销售人员在和顾客打交道中赢得顾客的好感与尊重，也只有运用销售礼仪，才能避免或及时化解顾客的异议和投诉。可见销售礼仪在销售中就是完善自身的"点金棒"和与顾客交往的"润滑剂"、成功交易的"催化剂"。

### 2．技能学习

销售人员通过为顾客提供服务，旨在使顾客的购买行为更有价值，公司的所有员工和销售组合的所有元素提供的服务都会增加商品的价值，因此，营业现场的销售人员的仪容、仪表、言谈举止、职业素养，都决定了为顾客服务的水平和价值。

商品销售都是由营业现场的销售员来完成的，销售人员不仅代表着个人，更代表着公司的整体形象。因此，营业现场的销售人员的仪容、仪表、言谈举止等都必须遵守礼仪规范。

（1）销售准备礼仪

销售人员工作在第一线，每天直接和成百上千的顾客打交道，他们的仪表、举止是否规范，他们的商品知识是否丰富，不仅关系到个人形象，而且关系到公司形象。为此要从以下两个方面做好准备工作。

① 预测客户的需求

销售人员在接待顾客之前，应先预测顾客可能有哪些方面的需求，然后根据顾客需求做好准备。顾客一般有以下三方面的需求。

• 信息的需求。销售人员要具备所销售商品的相关知识，包括同类商品目前市场销售趋势、商品质量及功能构成等方面的知识，以及商品质量鉴别知识，商品使用中需要注意的问题。只有销售人员的商品知识丰富了，才有可能为顾客提供满意的服务。

• 环境需求。销售环境的好坏直接关系到吸引顾客的多少。好的销售环境应包括：营业场所要有顾客休息的地方，天气热时要有冷气开放，销售过程等候时间较长时可提供一些书报杂志供顾客翻阅，商场还应提供优雅的背景音乐，使顾客在购物时开心舒适。

• 情感的需求。顾客都有被赞誉、同情、尊重等方面的情感需求。销售人员需要去理解顾客的这些情感。商务企业应从理念、产品、服务等方面尊重顾客。在理念方面主要是企业的行为机制、行为规则、行为模式的设计与选择，要从方便顾客、节约顾客的购买成本角度考虑。在产品方面必须保证销售产品的质量、产品的功能、设计包装和产品价格适合顾客，让顾客满意。在服务方面是指在销售过程中让顾客称心，在售后服务方面让顾客放心，在销售环境方面、在方便性等方面让顾客满意。只有这样，公司销售人员才能真正理解顾客，尊重顾客，不断为顾客提供令其满意的服务，公司才能掌握销售的主动权并不断获得发展。

② 注重个人形象

很多销售专家都认为"销售产品之前首先销售自己"。因为顾客首先接受的是销售人员，然后才会接受产品。所以，销售人员要与顾客打交道，就要先给顾客留下美好的印象。

• 穿着要整洁。在销售活动中，最先映入顾客眼帘的是销售人员的衣着服饰。一般来说，衣着打扮直接反映出一个人的修养、气质和情操。穿戴整齐、干净利落的销售人员容易赢得顾客的信任和好感。

• 说话要有艺术。在销售过程中，销售人员处处都应正确使用服务用语。服务用语是销售工作的基本工具，要使每一句服务用语都发挥它的最佳效果，就必须讲究语言的艺术性。销售人员应特别注意词语的选择和表达。如果能预先做好销售语言的练习、积累，将有助于赢得顾客的好感，达到最佳的销售效果。

• 举止要得体。好的行为举止是销售人员言行一致、表里如一的反映，是尊重顾客的体现。销售人员在日常生活中就应多注意个人修养，多积累礼仪知识，或积极参加一些礼仪培训，让自己的一言一行都能表达出心中的那份真诚。

（2）销售的流程和礼仪

商务企业日常经营中，最重要的就是销售商品，一切活动都围绕着销售做文章。商品销售的成功，主要靠的是销售人员严格执行销售流程和销售活动中的各种礼仪规范。销售流程和礼仪如下。

① 主动接近顾客

当有顾客接近时要在第一时间内（争取在 30 秒内）与顾客打招呼。向顾客打招呼可采取点头微笑，并同时说"欢迎光临"等礼貌用语，然后让顾客从容、轻松浏览挑选商品。不同类型的顾客采取不同的接近技巧：对于确定型顾客（买客）应尽快提供服务，尽快完成交易；对于半确定型顾客（看客）应态度热情，耐心周到，并揣摩其心理，启发引导其购买行为；对于不确定型顾客（游客）应满腔热情，留给他们良好的印象，欢迎他们再来光顾。

② 主动促成交易

顾客产生购买欲望时会对商品不停地鉴赏，手拿商品考虑并四处张望找销售人员询问时，或者在寻找其他商品的时候，销售人员就要保持良好的姿势，做好成交的准备；或让顾客认真考虑，细做比较，自主决定是否购买；或根据你的专业眼光留意顾客的喜好，为顾客做出购买建议；或聆听、观察顾客的反应，找出顾客的购物动机，然后再做促销；或鼓励顾客继续选购其他商品。

③ 处理顾客异议

当顾客对所介绍的商品提出异议时，一是要认真了解产生异议的原因；二是以冷静和友善的态度回应，应保持轻松、微笑和信心，用心倾听顾客的意见；三是无论事实怎样，永远不要对顾客说"不，你错了"或类似的语言；四是尽快提出解决异议的办法，要按照企业的规定，并站在顾客的立场上尽量满足顾客的要求，与顾客达成共识，迅速采取补救行动。

④ 成交

当顾客选取商品后，销售人员对照商品逐项填写一式三联的销售凭证（收银联、专柜联、顾客联），销售凭证填好后交给顾客，向顾客提示收银台位置，请顾客交款，并为顾客暂存选好的商品，顾客交完款后交回销售凭证，销售人员认真审核收银记录，无误后集中存放。

⑤ 跟进与道别

当顾客购买商品后，销售人员要微笑着双手把商品交给顾客，感谢顾客购买本商场商品，并提醒顾客带好随身物品，妥善保管好销售凭证顾客联、信誉卡、保修卡等凭证，以便商品出现质量问题时退换。也可适时鼓励顾客去商场其他部门看看，或向顾客介绍连带商品。最后以"您走好，欢迎下次再来"等文明用语道别。

即使顾客没有成交，也要用微笑的眼神与顾客接触，或鼓励顾客再选购其他商品，或礼貌地邀请顾客下次再来。

### 3．技能分析

结合下面的实例，请同学们思考。

### 实例1

有人曾问全国商业特级劳模上海市浙兴菜场营业员安根娣："一天之中要接触那么多的顾客，始终如一地坚持微笑服务，是否疲劳？"她回答说："我把顾客当亲人，微笑服务是对他们的尊重和热爱，我对他们微笑是应该的。我坚持微笑服务，越笑心里越舒坦，不觉得疲劳。"她还说："我也是一个普通人，也有自己的喜怒哀乐，生活中也有酸甜苦辣，但是我一上岗，就把个人的一切烦恼、不安，统统置于脑后，振作精神，笑容满面地接待每一位顾客。"她主动热情地为顾客服务，以自己的热情，换来顾客的满意，成为商业战线的楷模。

### 实例2

人物：妈妈、儿子、某服务员。

地点：某大卖场。

① 儿子：妈妈，电子词典在哪儿啊？

妈妈：我也不知道，这个卖场这么大，方向都搞不清楚，问一下服务员吧！请问电子词典在哪儿卖呀？

服务员甲：在二楼。

妈妈：二楼怎么走？

服务员甲：前面左转。

妈妈：哪个前面啊？

服务员甲：你往前走，看一下指示就知道了。

妈妈：你就不能说清楚一点吗？我要知道，就不用问你了！真是的！

② 儿子：妈妈，电子词典在哪儿啊？

妈妈：我也不知道，这个卖场这么大，方向都搞不清楚，问一下服务员吧！

服务员乙：欢迎光临。

妈妈：请问电子词典在哪儿卖呀？

服务员乙：电子词典在二楼家电精品区。

妈妈：请问二楼怎么走？

服务员乙：您往前走，会看到摆放家具的区域，往左边转，您就会看到手扶电梯。上了楼右转就可以看到卖相机、随身听的区域，那儿就是了。

妈妈：谢谢您！

服务员乙：祝您购物愉快！

思考：

（1）你认为是什么力量能使安根娣始终如一地坚持微笑服务？

（2）实例2中两位服务员对待顾客态度上的差异说明了什么？

> 小提示
>
> 安根娣从信念上把顾客当亲人，把全心全意为顾客服务作为营业员的天职。她的人生价值就体现在为顾客服务的具体工作中。
>
> 商务企业是一个社会的窗口，社会物质文明和精神文明都可以从这个窗口得到反映和体现。而销售人员是社会精神文明的传播者，销售人员的服务态度、服务水平，体现了销售人员的职业道德素养，反映了公司的社会形象，也折射出社会文明的程度。
>
> 顾客是上帝，顾客是亲人，这是商务服务礼仪的基本理念。顾客在商场询问销售人员一些问题，销售人员应该真诚、耐心、清晰、准确地回答，这既体现了销售人员良好的职业道德，体现了对顾客的尊重和关爱，也能赢得顾客的信任和支持。

## 4．技能运用

目标：同学们通过参加销售活动，体验销售礼仪的社会价值，培养销售方面的专业能力和礼仪素养。

思考：

（1）描述你在购买中比较愉快的一次体验。

（2）当你进入商场，对销售人员销售礼仪方面有何要求？

要求：

（1）利用节假日，到附近商场参与销售活动。

（2）将销售体验情景进行文字或录音记录。

（3）整理撰写"销售礼仪体验报告"。要求每位同学独立完成。

步骤：

（1）事前查找有关资料，认真学习销售礼仪的相关知识，做好体验准备。

（2）在现场要认真观察有经验的销售人员销售礼仪的践行表现。

（3）积极参与销售，践行销售礼仪。

（4）将观察记录和个人体验整理形成文字报告。

考核要点：

（1）参与体验，有详细的体验记录资料，体验深刻。

（2）体验报告撰写规范，内容全面，文理通顺。

（3）销售礼仪表现良好，体验总结内容丰富。

> 小提示
>
> 　　一切真理源于实践，一切知识、能力都来源于实践，所有同学都要有积极的态度，勇于参加实践，参加体验。
>
> 　　成功属于有准备的人，体验是参与的过程。参与前必须有知识准备，做好相关的信息收集，并准备好必要的记录设备。要保证体验过程有收获，所有感受亮点能记录下来。
>
> 　　善于总结反思。任何交际活动都是人的知识经验情感态度的体验和交流，只有我们走进角色，明确责任，体验才能更真实，感悟才能更深刻。

## 技能 2　推销礼仪

### 1．技能认知

人员推销是随着商品交换的产生而产生的。人员推销的对象是顾客，推销有着双重目的，一方面是满足顾客的特定需求，另一方面是要达到公司的营销目标。另外，推销要符合社会伦理的要求，推销行为应有利于社会的进步，有利于人类社会的可持续发展，而且要在与顾客的交往过程中尊重顾客、诚实推销，用自己谦和、善良、诚信的言行举止，树立企业的良好形象。作为商务人员，我们既要明白人员推销的含义，也要掌握人员推销礼仪的内容。

人员推销是指企业通过派出推销人员上门与一个或多个可能成为购买者的人交谈，帮助、说服购买者购买某种商品或劳务的过程。人员推销是一项专业性很强的工作，是一种互利互惠的推销活动，它必须同时满足买卖双方的不同要求，解决各自不同的问题。人员推销不仅是卖的过程，而且是买的过程即帮助顾客购买的过程。推销人员只有将推销工作理解为顾客的购买工作，才能使推销工作进行得卓有成效，达到双方都满意的效果。为顾客服务，不仅是推销人员的口号和愿望，而且也是推销人员本身的工作要求。推销员不是推销单纯的产品，而是推销一种可以解决某些问题的方案。能否成功地使产品满足顾客的需要，从而解决顾客的问题，是推销成功与否的关键因素。

人员推销是一种具有很多人为因素的、独特的促销手段。人员推销较适合于推销性能较复杂的产品，当销售活动需要更多的解决问题工作和说服工作时，人员推销是最佳选择。因此，如果推销活动中推销人员运用适宜的推销礼仪，推销效果更佳。

推销礼仪是指礼仪在商品推销过程中的具体运用，是推销员在推销活动中通过言谈举止、行为等，对顾客表示尊敬和友好的行为规范与惯例。遵守推销礼仪，使推销过程有形化、规范化、系统化，既可以树立推销人员和公司的良好形象，还可以使推销人员在与客户交往中，赢得理解、好感和信任。

## 2．技能学习

人员推销是人与人之间的交流、理解、说服以及采取购买行为的过程。人员推销面对的顾客都是有思想、有情感的活生生的人，他们希望在与推销人员交流的过程中，能够买到他们需要的产品，更希望整个推销过程中推销人员能理解顾客、尊重顾客，诚信推销，严格遵守推销礼仪规范。

（1）人员推销的准备礼仪

当推销人员具备了一定的素质后，进行推销还需有一个准备的过程，这个过程包括以下几个方面。

① 掌握顾客的相关资料

推销人员面对的客户是千差万别的，每个客户又都认为自己是最重要的。因此，推销员一定要尽可能地了解对方信息，在了解的基础上"投其所好"，采取恰当的方式接近对方，使对方觉得你很尊重他、重视他。所以，要建立客户档案，详细记录客户的姓名、性别、年龄、职业、教育背景、生活水平、购买能力、社交范围、个人喜好等。

② 与客户见面要先预约

推销人员登门拜访之前要先用电话预约。打电话预约只是安排一次约会，而非完成一次交易。因此，在打电话交谈中，要使顾客明白完成这次购物能给他带来的好处，而不必在电话中传递更多的信息。在预约见面时，推销人员应本着为顾客服务、替顾客着想的原则，尽量由客户决定约见时间。对于集团用户，推销人员在打预约电话时必须了解该单位的作息制度，尽可能避开对方工作高峰和公休时间。预约见面地点基本原则是方便客户，最佳地点是客户的工作地或居住地附近。推销人员一旦约好时间和地点，就必须按时到达，切忌失约或迟到，让客户白白等候。

③ 准备相关资料

产品方面的资料主要包括企业简介、产品说明书和产品价目表，还要准备好订货单、合同书、自己的名片。资料齐全且规范，给人的印象就是办事可靠、有经验，所以推销人员在拜访客户之前一定要检查资料准备得是否齐全。

④ 注意自身形象

顾客第一眼看到的就是推销人员外在的形象，而推销又是与人打交道的工作，生活经验告诉我们，穿戴整齐、言谈有理、举止得体的人容易赢得他人的信任和好感，衣冠不整、言语粗俗、不拘小节则会让人反感，不愿与之接触。因此，推销人员要仪表大方，举止得体，给客户一个好的印象，从而赢得客户的好感和信任。

（2）人员推销的程序和礼仪

在实际推销活动中，大多数推销人员是按照下面程序和礼仪完成推销任务的。

① 确定推销目标

人员推销首先要找出潜在的顾客。潜在的顾客一般要具备四个条件：有需要；有购买能力；有购买决策权；有使用能力。寻找潜在顾客的方法主要有：推销人员个人观察、访问、查阅资料、直接寻找；利用朋友介绍，或通过其他推销人员帮助推荐，也可利用广告开拓。不管利用哪种方法寻找潜在客户，一定要遵守职业道德，保护客户个人隐私。

② 接近潜在客户

推销人员目标确定后要认真熟悉有关产品知识，了解客户需求，知晓竞争对手，抓住一切时机迅速接近顾客。接近顾客时，推销人员要注重礼仪，既要不卑不亢，又不诋毁竞争对手，给对方一个诚实的印象，同时验证在准备阶段所做的工作，为后面的推销做好准备。

③ 推销介绍产品

这一阶段是推销人员运用各种方法说服顾客购买的过程。可运用提示说服、演示说服等方法，重点说明产品的特点和购买后能给顾客带来的利益与好处，以及如何优于竞争者的产品，有时也可指出本产品的某些不足或可能发现的问题，以及应该如何减轻和防范。推荐商品应实事求是，给顾客留下诚实可信的印象。

④ 回答异议

潜在顾客在任何时候都可能提出一些异议，这就给推销人员提供一个机会，去消除那些可能影响销售的负面意见。潜在顾客提出的异议一般可分为两类：第一类是产品的质量、性能和价格方面的；第二类是售后服务方面的。这两类异议，第一类需要在购买之前解决；第二类需要进一步沟通，直至使用完好后终止，千万不要将顾客的异议视为对企业产品的指责和刁难。

⑤ 成交

一旦对顾客提出的问题解决后，推销人员就要准备达到最主要的目标——成交。这时推销人员要善于抓住时机把握客户心理，趁热打铁促成交易，并对顾客购买本企业产品表示真诚的感谢。

⑥ 追踪服务

追踪服务是推销人员为购买自己产品的顾客提供售后服务的工作。追踪服务是人员推销的最后环节，也是推销工作新的起点。真诚的追踪服务能加深顾客对企业和产品的信赖，促使其重复购买。同时，通过追踪服务可获得各种反馈信息，改进产品质量，建立良好的客户关系，也可为推销人员积累更多经验。

## 📚 知识链接

### 测评与客户的沟通能力

与客户沟通是企业营销人员每天要做的工作，与客户沟通的能力决定着营销人员的营销能力和服务水平。请每位同学走访两位营销人员，结合走访营销人员与客户沟通的情况，填写下面的测量表，从而加深对营销人员沟通能力重要性的认识。

1. 对于公司的大客户，你一般采用怎样的方式与他们沟通？

    A. 面对面沟通         B. 电话沟通         C. 定期发邮件沟通

2. 对于公司新开发的客户，你通过何种沟通方式进行相互了解？

    A. 登门拜访         B. 定期电话沟通         C. 通过邮件保持沟通

3. 在进行产品演示的时候，你如何同客户沟通？

    A. 让客户参与演示并亲自体验

    B. 引导客户发表看法

    C. 我说客户听

4. 当客户对你的介绍不感兴趣时，你如何激发其兴趣？

    A. 从客户的需求中找突破点

    B. 让客户看到现实利益和好处

    C. 其他方式

5. 面对客户的无理抱怨，你如何应对？

    A. 认真倾听

    B. 认真倾听，有针对性地解释

    C. 表现出气愤的态度

6. 面对客户的无理要求，你如何应对？

    A. 表示理解但无能无力    B. 解释不能满足他的原因    C. 直接告诉他不可能

7. 面对客户的无理投诉，你如何处理？

    A. 记录投诉，仍安慰客户    B. 向客户解释清楚    C. 直接反驳客户的投诉

8. 你采用怎样的方式增进客户购买后的满意度？

    A. 定期电话回访    B. 及时处理相关问题    C. 鼓励客户提出意见

9. 在与客户沟通时，你如何运用你的表达能力？

    A. 因客而异，因人而异    B. 非常注意语言和语气    C. 没有注意到这个问题

10. 你如何让客户记住你？

    A. 定期沟通    B. 通过赠送纪念品或礼品    C. 持续关心，节日祝福

选 A 得 3 分，选 B 得 2 分，选 C 得 1 分。

24 分以上，说明你与客户沟通的能力很强，请继续保持和提升。

15～24 分，说明你与客户沟通的能力一般，请努力提升。

15 分以下，说明你与客户沟通的能力很差，急需提升。

### 3．技能分析

结合下面的实例，请同学们思考。

### 📚 实例1

    黄某是某机电集团销售公司总经理，经过短短的几年拼搏，业绩逐年上升，成为集团公司的标兵。谈起成功之道，他说：首先，就是要善于观察事物、发现问题、寻找商机、寻找目标客户；其次，在找到目标客户之后，要实地拜访，一次不行两次，两次不行三次，一直到成功为止；最后，要学会与顾客沟通，聆听客户的需求和抱怨，仔细解释我们的服务、宣传我们的文化。一次，他得知一家大企业正计划购进一批机电设备，为让这家企业使用自己的产品，他便连续 8 个月近 40 次登门拜访，不厌其烦地向客户讲解产品的优点，介绍集团的服务，宣传企业的文化。最终，他不仅把与这家企业的首次合作"搞定"，而且使该企业成了集团的"黄金客户"，每年都会达成百万元左右的订单。黄某不仅注重销售，而且注重服务。他请来专业工程师担任技术服务主管，建立客户服务网络，配备多名专职客户服务员，随时为客户提供优质的服务。目前，他带领的销售公司销售业绩以每年平均 40%以上的速度上升，他也多次被评为推销精英。

**实例2**

夏天，推销员小刘浓妆艳抹、衣着时髦地来到顾客家上门推销产品。她敲开门后立即自我介绍："我是来推销××消毒液的。"当主人正在犹豫时，她已进入室内，拿出商品说："我厂的产品质量好，×元一瓶。"顾客说："我从来不用消毒液，请你介绍一下消毒液有何用途？"

小刘随即往沙发上一坐，对顾客说："天这么热，你先打开空调，我再告诉你。"顾客不悦地说："那算了，你走吧。我不要了。"小刘临走时说："你真傻，这么好的东西都不要，你会后悔的！"

思考：

（1）请你分析机电集团销售公司黄总经理推销成功的主要原因。

（2）为什么顾客没有接受小刘推销的商品？

> **小提示**
>
> 推销活动是一种既需要推销知识、商品知识、销售技巧，又需要懂得推销礼仪规范的商务活动。推销人员既需要有吃苦耐劳的精神，还要有永不言败的勇气。不断坚持，不断总结，坚持下去才能成功。
>
> 推销活动一方面是推销商品，另一方面是人与人之间的交流和沟通。推销员小刘浓妆艳抹，让顾客产生防备心理。在顾客家里不顾主人感受，自顾自地提要求，这种失礼行为让顾客反感。此外，对顾客不礼貌的言语更是伤害了顾客的自尊。因此，推销很难成功。
>
> 推销人员要想推销成功，首先要从心理和情感上接近顾客，让顾客感觉到你确实在帮助他解决问题，这时顾客才能产生购买的欲望。顾客第一眼看到的是推销人员的外在形象，通过交流和其行为可了解到推销人员的内在素质，进而从推销人员的言语举止联想到企业的形象、企业的产品和服务的质量。

### 4．技能运用

背景：学生模拟推销手机

目标：通过学生之间互相推销手机的模拟训练，让学生体会推销技巧和推销礼仪。

规则和要求：

（1）班里同学每5人一组，每次由两组各推荐一位同学，抽签决定谁扮演推销员或客户，并模拟推销过程。

（2）在推销过程中，客户可以提出各种疑问或拒绝，直到被推销人员说服主动购买。

（3）模拟推销时间每次5分钟。

步骤：

（1）认真了解所推销手机的功能、质量、操作及服务措施等细节（以同学们手中的手机为实际推销的产品）。

（2）对你的目标顾客的身份、经济条件、从事的工作有所了解（可假设）。

（3）有针对性地介绍该手机给顾客。

考核要点：

（1）选5位同学组成考评小组，对模拟推销的同学认真观察，每人给出考评意见和成绩。

（2）考核内容要符合推销过程，每个阶段有具体内容，推销语言有技巧，推销过程中礼仪规范，最后手机推销成功。

> 客户是我们服务的对象，只有了解客户的真实需求，才能有目标地推销，推销也才能成功，所以假设客户一定要与该手机目标客户基本吻合。
>
> 手机生产厂家在设计生产手机时根据目标客户，开发了一些新的卖点，一定要了解该手机的最大卖点是什么，最吸引顾客的功能特点是什么。
>
> 推销中要巧妙地把产品卖点、顾客需求以及推销过程与推销礼仪进行精巧的设计，这样才能推销成功。

## 技能训练

### 推销礼仪业务胜任能力训练

- 训练目标：引导学生熟悉推销过程及推销礼仪，培养相应的推销方面的专业能力。
- 训练步骤：

① 熟悉背景资料。

场景 1：A 现在要将公司的家电产品卖给 B，而 B 则想方设法地挑出本商品的各种毛病，想制造僵局机会。A 的任务是一一回答 B 的这些问题，努力化解僵局，即便是一些吹毛求疵的问题，也要努力让 B 满意，不能伤害 B 的感情。（家电产品可从电视、电脑、手机等你熟悉的产品中任选一种或老师事先指定几种产品。）

场景 2：假设 B 已经将本店的商品买了回去，但是商品现在有了一些小问题，需要进行售后服务。B 要讲一大堆对于商品的不满，A 的任务仍然是解决这些问题，提高 B 的满意度。

② 学生每两人一组，模拟上面的两个场景，其中一人扮演销售人员（A），一人扮演顾客（B）。

③ 学生要事前参观商务企业，现场观察商品推销的情景，熟悉销售人员在推销过程中使用的技巧和应注意的推销礼仪。

④ 在教室布置场地，推销时间为 5 分钟。

- 训练成果形式：

① 现场模拟推销；

② 关于模拟推销××产品的报告。

- 训练成果评价如表 6-1 所示。

表6-1　　　　　　　　"推销礼仪业务胜任能力训练"评价表

| 项　目<br>（分值） | 标　准 | 得　分 |
| --- | --- | --- |
| 现场模拟推销程序<br>（20） | 推销过程完整，思路清晰，推销重点把握得好 | |
| 现场模拟推销礼仪<br>（20） | 言行、举止符合推销礼仪规范 | |

| 项　目<br>（分值） | 标　准 | 得　分 |
|---|---|---|
| 课业报告撰写情况<br>（30） | 课业报告撰写规范，内容符合要求，文理通顺 | |
| 模拟训练活动表现<br>（30） | 活动积极参与，推销过程中，信息处理、与人合作、解决问题能力强，职业观念、职业情感、职业作风表现好 | |
| 总成绩∑100 | | |
| 教师评语 | 签名：　　　　　年　月　日 | |
| 学生意见 | 签名：　　　　　年　月　日 | |

# 活动二　商务专题活动礼仪

　　商务专题活动是公司经常举办的隆重礼仪活动的一种重要形式。在商务专题活动中，公司往往要邀请各方来宾，如政府机关领导、客户代表、合作单位代表、各种媒体记者等，对于这些来宾，都要按照礼仪规范要求，做好各种接待和安排工作。只有严格按照礼仪规范要求来组织好相关商务专题活动，才能增进感情，密切合作关系，对双方的进一步合作产生积极的影响。

## 技能 1　展览会礼仪

### 1．技能认知

　　展览会是现代商务活动中集中公开向社会公众展示公司形象，宣传公司产品和服务的常规方式。公司从领导到员工都要高度重视展览会的组织与管理工作，通过精心的安排、高效的管理以及工作人员得体的礼貌礼仪言行，给公众留下一个好印象，为公司塑造一个好名声。

　　展览会是指公司为了介绍本单位业绩，展示本单位的成果，推销本单位产品或服务，以集中陈列实物、模型、文字、图表、影像资料供人参观了解的形式，所组织的宣传性聚会活动。它简称为展览、会展等。展览会是一种非常直观、形象生动的传播方式，又是一种复合传播方式，是声音媒介、文字媒介、图像媒介等多种传媒的组合运用，为公司与公众的直接沟通，为提高公司的名气和声誉提供了极好的机会。

展览会礼仪是指商务公司在组织、参加展览会时，所应遵守的礼仪规范和惯例。

## 2．技能学习

对于公司来说，积极参与各种类型的展览会，是其从事商务活动的一种常规手段。公司在组织、参加展览会时，应当遵守展览会中的基本礼仪规范和惯例。

（1）展览会的准备礼仪

一般的展览会，既可以由公司自行组织，也可以由会展公司出面组织。不论哪种组织方式，公司都必须认真、细致地做好各项准备工作，使展览会取得预期效果。

① 明确展览会的主题

公司组织任何一次展览会，都应有一个鲜明的主题，这样才能明确展览会的对象、展览会的规模、展览会的形式等，并以此进行展览会的策划、准备和组织实施，使展览会的宗旨意图更加突出。

② 确定时间、地点

公司在选择展览会举办的时间、地点时，要针对展览会的目的、对象、形式以及效果等多种因素综合考虑。展览会举办时间的选择要对参观方和主办方都有利，并与商品的淡旺季匹配。选择展览地点，则要考虑交通的便利性、展览场所的大小、设施质量等，还应考虑展览场所周围环境与展览主题的相互协调性。

③ 展览内容的宣传

为了引起社会各界对展览会的重视，扩大展览会影响，公司有必要针对展览会的内容进行大力宣传。其宣传的方式方法主要有：举办新闻发布会；邀请新闻记者到现场进行参观采访；发表有关展览会的新闻稿；公开印发广告；张贴关于展览会的宣传画；散发展览会的宣传资料；在举办地悬挂彩旗、彩带；悬挂氢气球和拱门等，以吸引各界人士的注意和兴趣。为了搞好宣传，公司应成立专门小组负责前期的宣传工作，以扩大社会影响，增强展览会的效果。

④ 展览会的布展制作

对公司来讲，展览会现场的规划布置是非常重要的。该项工作具体包括展位的合理分配，文字、图表、模型与实物的拼接组装，灯光、音响、饰件的安排，展板、展台、展厅的设计与装潢等。布展的效果与展出的物品合理搭配、互相衬托、相得益彰，有效地突出展览会的主题。

⑤ 安全保卫事项

无论展览会规模大小，公司对于有关安全保卫事项均应认真对待，免得由于事前考虑不周而麻烦丛生。在举办展览会前必须做好以下几项工作：a. 必须依法履行常规的报批手续。主动将展览会的规模、时间、地点与当地公安部门进行通报，求得其理解、支持与配合。b. 要从合法的保安公司聘请一定数量的保安人员参加展览会的安保工作，并签订有关协议。c. 为了预防天灾人祸等不测事件的发生，应向声誉良好的保险公司进行数额合理的投保，将可能出现的损失减小到最少。d. 在展览会的入口处和展览会的入场券上，将参观的具体注意事项以文字形式正式列出，使观众心中有数，减少纠葛。

⑥ 辅助服务项目

公司有义务为参展的单位提供一切必要的辅助性服务项目。包括：展品的运输与托运；车船票、机票的订购；提供电话传真、电脑、复印机等通信联络服务；提供举行发布会和洽谈会的场所；提供必要的餐饮服务；提供参展单位所需的礼仪、讲解和推销人员。

⑦ 经费的预算

展览会的经费预算包括：场地使用费、工作人员酬金、宣传媒介租用和制作费、宣传品和纪念品的制作费、运输费、保险费等。

（2）展览会中的礼仪要求

① 参展方人员的礼仪

- 公司的工作人员要注意自己的形象，穿着应庄重，一般要统一着装，胸前佩戴标明本人单位、姓名、职务的胸卡，各就各位站立迎宾。礼仪小姐应穿着色彩鲜艳的旗袍，胸披印有本公司名称的红色绶带。

- 公司的工作人员要善于运用解说技巧，要以热情、诚恳的原则接待每一位参观者，当参观者进入展厅时要主动与之打招呼，以示欢迎。对于参观者提出的问题，要做到百问不烦，认真回答。当参观者离开时，工作人员要主动道别。

- 公司的工作人员应恪尽职守、各尽其责，认真做好产品的宣传推广工作。

- 公司的讲解员要注意语言流畅，语句清晰、声音洪亮，对于介绍的内容要实事求是，并突出公司展品特色，必要时还可做一些现场示范。讲解完毕，应对听众表示谢意。

② 主办方人员礼仪

- 主办方工作人员要注意形象，穿着要庄重，举止要文雅。

- 搞好与各参展单位的关系，做好各项服务工作。

- 主办方人员应自觉树立防损、防盗、防火、防水等安全意识，保证展览会的平安进行。

（3）要及时进行展览效果的测定

展览的效果一般体现在观众对展品的反应，对组织形象的认知以及对整个展览会从内容到形式的总体看法等方面。为了检验展览会的目的是否达到，必须对展览效果进行检测。通常的检测方法有：查看观众留言簿、召开座谈会、检验公众对展品的留意程度等。

### 3．技能分析

结合下面的实例，请同学们思考。

### 🌱 实例 1

"五一"劳动节小王和室友商量好要去看一场展览会，该展览会是一场全市各大书店参与的图书展销会。图书展销会布置在一个大广场上，搭棚展销，前来观展的人很多，每个展位前都挤满了人。而各家展位面积小，服务人员少，很多人选好书却交不了钱，需要排长队等候。大家不断抱怨展览会组织的问题：买书的人多，服务的人少，想买的挤不进去，选好书又结不了账，真让人活受罪。

### 🌱 实例 2

乔治·吉拉德曾是美国排名第一的汽车推销员。有一次，一位名人向乔治买车，乔治向他推销一款新型车，眼看就要成交了，对方却突然决定不买了。对方为何突然变卦呢？乔治百思不得其解。到了晚上11点，他忍不住拨了电话给买主，买主对他说："今天上午你没有用心听我说话，我提到儿子即将进大学就读，我提到儿子的功课成绩与他将来的抱负，我以他为荣，但你没有任何反应。"乔治不记得对方曾说过这些事，因为他当时根本没注意听。对方又说："我看得出来，你正在与另一名推销员讲笑话，这就是你失败的原因。"

思考：

（1）本次书展，展览方主要失误在什么地方？

（2）请指出乔治·吉拉德在推销汽车中的失礼之处，并谈谈对你有何启发。

> **小提示**
>
> 　　任何展览展销会都是一种集中销售的方式，由于多种原因就可能出现顾客一下涌来的局面，有时会造成场面失控。因此，不管哪一种展览展销会，事前都要进行一些调查了解，熟知消费者希望在什么时间、什么地点、什么方式来展出销售商品，并根据消费者需求进行展销。为了安全考虑，大型集中的展销展览活动都要做好安全防范预案，做好疏导分流，避免踩踏事件，保证展销会的参与者人身和财产安全，努力达成展销展览的预期成果。
>
> 　　展览展销会是人员推销的另一种销售方式。人员推销目前是一些商品的重要销售方式，由于人员推销是推销人员和消费者面对面、声对声的沟通，要求推销人员在推销服务过程中真诚倾听顾客的倾诉，急顾客所急，想顾客所想，让顾客对你产生信赖，从而能接受你，顾客只有接受了推销人员，才有可能接受推销人员推销的产品和服务。

## 4．技能运用

背景资料：正逢学院艺术节期间，班里举行了书法、绘画、手工作品的比赛活动，请同学们分三组分别利用教室举办书法、绘画、手工作品展览。

要求：

（1）每类展览要有总体设计，并附文字说明，并介绍每个作品的特点以及整体设计思路。

（2）每个展区有两名讲解员负责介绍。

（3）老师和班委成员共同对各展览设计策划与讲解进行评价。

> **小提示**
>
> 　　任何展览目的要明确，这样才能加深人们对展览的认识和理解。
>
> 　　展览布局是需要进行精心策划设计的，设计新颖、布局结构合理的展览会能给人留下深刻的印象。
>
> 　　任何展品都有各自特点和风格，讲解员进行讲解介绍更便于人们对展品的认识和理解。
>
> 　　通过实地组织展览活动，参与展览活动，有利于加深对展销会相关礼仪规范的理解，提升践行相关礼仪规范的能力。

## 技能 2　商务谈判及签约礼仪

### 1．技能认知

在现代商务活动中，要使商务活动能正常进行，必须开展商务谈判以及双方对谈判结果达成协议。这种商务活动，一方面是商品和服务的交易活动，同时也包含一系列商务礼仪活动的内容。

商务谈判是指在商务活动中，具备一定条件和资格的交易各方，为了满足各自的某种经营需要，实现各自的目的，就涉及各方利益的标的物（包括一切无形、有形资产）进行的洽谈磋商，通过不断调整各自提出的交易条件，达成一致协议的过程。从上述定义可知，商务谈判的含义包括以下几点。

① 商务谈判是在两个或两个以上的公司或个人之间进行的。

② 商务谈判是一项合作的事业，是一种合作的过程。

③ 商务谈判双方或多方面临着共同的利益需求。

④ 商务谈判是一种信息的沟通与交流活动。

商务谈判是两个紧密相连的过程。谈，就是各方充分阐述其追求的目标、利益要求，应承担的义务和权利、建议意见等。判，则是对各方共同认可的事项的确认。谈是判的基础，判是谈的结果。

商务谈判礼仪是指双方在商务谈判过程中，都应遵守的相互尊重、友好合作、平等互惠等礼仪规范。

商务签约仪式礼仪，是公司与对方经过会谈、协商，形成了某项协议或协定，举行签字仪式过程中应遵守的礼仪规范。活动越隆重，礼仪规范越严格。

## 2．技能学习

成功的商务交易很多时候依赖于谈判的艺术，很多成功商人都是谈判高手，这使他们能轻而易举地完成一笔笔交易。在任何谈判中，礼仪都是必不可少的，它不仅体现出一个人的素质、涵养，还有利于促进与谈判对手之间的感情，促使谈判迅速、顺利进行。

（1）商务谈判准备礼仪

在商务谈判准备阶段，主要是组成谈判班子，调查了解对方业务情况、谈判人员情况，估计谈判双方的实力，安排谈判地点，最后确定自己的谈判目标。

① 组织商务谈判班子

确定谈判领导人，选择谈判人员，准备后援人员，组成谈判小组。小组中必须由能够拍板定案的人、专业技术人员、有谈判经验的人员组成。要明确各自职责范围，互相配合，使之成为一个协调的整体。

② 掌握对方的相关信息

• 收集与谈判主题有关的背景资料，如己方和对方的财务计划、决策的优先顺序、成本分析、组织结构、经营方向及宣传资料、报告书、公开声明等，以及谈判所涉及的党和国家的有关政策、法令及其相关资料。

• 有关谈判对方的各种情况。包括对方个人的详细资料，如气质、性格、经历、家庭背景、生活习惯、兴趣爱好甚至思维方式、行为特点和心理倾向等。

③ 合理安排谈判地点

商务谈判场所要求较为严肃、安静。一般来说，较大型谈判场所可以双方轮流设在中立的第三方处，而小型谈判的场所可以随意些。如果轮到己方做东，则要安排好对方的食宿，了解对方的风俗习惯，努力为对方创设一个舒适的生活环境，给对方营造一个良好的心境，这样有利于谈判的顺利进行，而且也符合起码的待客之道。

在安排谈判地点时，东道主不仅应当布置好谈判厅的环境，准备好相关的用品，而且应当特别重视礼仪性很强的座次问题。举行双边谈判时，应使用长桌或圆形桌子，宾主应分别坐于桌子两侧。以门为标志，若桌子横放，则面对正门的方向为上，应属于客方，背对正门的方向则应属于主方。若桌子纵放，则应以进门的方向为准左侧为上，右侧为下，左宾右主为好。各方的主谈人员应在自己一方居中而坐，其余人员则应遵循左高右低的原则，依照职位高低，自近而远依次在主谈人员的两侧就坐。如果需要翻译人员，则应安排其就坐于仅次于主谈人员的位置，或主谈人员之后，并以此顺序布置环境，排放座签。

④ 积极营造融洽的谈判氛围

营造融洽的商务谈判氛围，主要应考虑以下三个方面的问题：一是谈判日程的安排。要注意时间、地点有无不利，谈判项目有无疏漏，谈判人员是否对等。二是细化谈判。不同阶段的准备工作，应准备充分，做到随机应变。三是科学确定谈判目标。富有经验的谈判人员将目标分为三个层次，即理想目标、一般目标和最终目标。理想目标是公司希望达到的目标，用来作为与对方讨价还价的筹码，必要时可以放弃；一般目标是可望达到的目标，如果为此对方要做出重大让步和牺牲，难以实现，那么这一目标也可以放弃；最终目标是一定要达到的目标，在谈判中应当无条件地达到，否则宁可谈判破裂。这三类目标，应当在谈判前经过权衡确定好，以便在谈判过程中做到心中有数。

（2）商务谈判过程中的礼仪

① 开局阶段

该阶段是通过与对方的见面相识，力求建立密切友好的关系，共同为谈判创建一个和谐友善的氛围。在介绍时以个人自我介绍为宜；团体则可由团长介绍，把参加谈判的每个成员的姓名、身份、职务简要介绍给对方，按照身份和地位依次介绍下去，介绍到谁，谁就可起立，也可坐在原位，面带微笑点头示意。在一方介绍时，另一方要认真倾听，注意力要集中。

相互介绍后进入主题之前，可先谈一些轻松的非业务性的话题，如旅途经历、季节气候、各自爱好或以往合作的情况，以拉近情感距离，然后自然进入谈判主题。最适宜的方式是，以轻松自然的语气先谈谈与对方容易达成一致意见的话题，如"咱们先把今天洽谈的程序协商一下，您看如何？"这种问话式语句既能体现尊重对方、表现以平等态度商讨问题的诚意，又能得到对方的肯定答复，有利于创造一种和谐的气氛。然后陈述各方洽谈的基本想法、意图与目的，陈述应简明扼要，重点突出，让对方感到你的坦诚和真诚。对方陈述时要认真倾听，做到"耳到、眼到、心到、脑到"，并注意分析和记录。认真倾听，不仅是对对方的尊重，而且可以从对方那些似乎无意的话语中，发现对方隐蔽的动机和心理活动，找出对方的意图和目的。所以，有经验的谈判者一坐到谈判桌前就注意观察对方的表情，倾听对方的陈述，琢磨对方的语言内涵，同时还给对方留下好的印象，使其心情愉悦，乐于继续讲述。

② 明示阶段

在这个阶段标志着谈判进入了实质性问题的磋商阶段，谈判双方各自陈述自己的谈判目标、要求、意图，使对方明了自己的需求，为交锋阶段做好准备。在陈述时，应注意把该说的说清楚，但不要轻易表露自己的内心世界和商谈秘密。相反，在这一阶段，主要是听，注意倾听对方在陈述过程中的潜台词，注意观察对方在陈述过程中的心理变化，从多个角度把握对方的动机、权限和底线，以争取主动权。

在明示阶段，因双方要提意见、摆问题，很容易发生分歧。如果操作不当，友好轻松的气氛就难以继续，所以要做到以下几点。

● 坦诚相见。在谈判中由于双方各自代表的利益不同、肩负的使命不同，彼此会有一些提防心理，这是可以理解的。如果一方主动做到言辞坦诚，态度真诚，清楚地表明自己的观点、看法、希望和担心，将对方想知道的情况坦诚相告，就容易使对方消除戒备心理，获得对方的信赖，形成彼此信任、平等协商的局面。在商务活动中，开诚布公、直言坦率的豁达风度，正是谈判人员礼仪修养的重要方面。

- 心平气和。在谈判中双方都应保持清醒的头脑，心平气和地探讨解决分歧的途径。谈判是双方为谋求利益而进行的协商活动，其中必然存在许多的利益和要求，双方应本着求同存异的原则，力求在和谐友好的气氛中，互谅互让、心平气和地解决面临的问题。
- 讲究语言技巧。谈判是谈判者运用语言表达意见、交流观点的过程，语言的运用往往决定谈判的成效。因此，谈判用语必须坚持文明礼貌，符合商量的特点和职业道德要求，语言必须清晰易懂，口语尽可能标准化。谈判者应根据语调的变化，显示自己的信心、决心、不满、疑虑和遗憾等思想感情，同时也要根据对方的学识、性格、修养等调整自己的谈判用语，要善于通过对方的语调来洞察其感情变化。

③ 较量阶段

这个阶段是整个谈判过程中最紧张、最关键也是最困难的阶段，此时，双方已经知道对方谈判的目标与意图，明白矛盾所在。双方都为达到目标、获得利益力图说服对方，使对方了解并接受自己的意见，而改变或者放弃原有的目标和要求。在这个阶段展开辩论是必要的，谈判中失礼的言行大都发生在这一阶段。因此，在较量阶段应注意以下几个问题。

- 要理智争辩。商务谈判结果是谈出来的。一切谈判都得经过双方谈判人员智慧的角逐、话语的较量方能达成妥协。在谈判的辩论阶段，双方人员为了各自的经济利益，唇枪舌剑，很容易感情冲动，稍不留神就会由不同的观点交锋，变成谈判人员的个人冲突，谈判因此而中断。所以，谈判中要坚持"和为贵"，坚持"就事论事"、"对事不对人"的原则，防止感情用事。
- 举证有力。在辩论中必须条理清楚，言简意赅，善用逻辑，突出主题。
- 用语谨慎。谈判中要正确使用语言，忌无理纠缠、讽刺挖苦以及不顾事实的诡辩。
- 紧扣"死线"。谈判结束的时间称为"死线"。死线对谈判的成败具有特别意义，因为让步经常在此时发生。在交易达成之前，谈判者往往采取软磨硬拖的战术，使一些谈判对手拱手就范。紧扣死线的方法有两点：一是强忍等待。当你通过调查，把握住对方急于达成目的的心理时，可以采用这种疲劳战术，迫使对方让步。二是假装糊涂。在谈判之初，应多听少说，明白也不说，懂也装不懂，一而再，再而三地让对方层层让步以满足己方需要。
- 礼待对方。对于谈判中拒绝对方不合理的要求，宜曲不宜直，即以委婉的口气拒绝，不要伤了和气。如谈判出现僵局，可先避开僵持问题，或插入几句幽默诙谐的话，使双方忘情一笑，缓和僵局，或东道主提议暂时休会，稍事休息。总之，磋商或成交阶段，是最需要礼仪保驾护航的阶段。如在此时伤了和气，损害了对方的自尊，带来的损失将是难以弥补的。

④ 妥协阶段

谈判本身具有互利性，参加谈判的双方都应通过洽谈获得利益。为了通过谈判达成协议，在较量的基础上双方都应抱着真诚合作的态度，在坚持达到自己目标的前提下，可通过向对方做出某些妥协、让步的途径获得谈判的成功。可以说，有目的的让步是谈判的技巧，但在哪些方面让步，退让到何种程度，以什么样的形式表现出来，让步后有什么回报等，都要事先考虑成熟，切忌做盲目草率的让步。一般来说，事先确定的洽谈目标中，那些理想目标可以作为让步的筹码，在达成自己目标时做出放弃。当对方必须做出重大让步、牺牲甚至引起会谈破裂时，那些希望目标也可以放弃。但最终目标要保证一定要实现，否则宁可谈判破裂。要注意妥协让步一旦做出就不能反悔，要珍重信誉，重视自身形象。

⑤ 签约阶段

这是谈判的终结。谈判双方经过几个回合的交锋和让步，终于达成共识，并要用协议的形式予以认可，使之合法化。协议的文字要简洁，表达要准确，避免以后出现不必要的争端。对协议要进行认真细致的审查，一是要符合有关法律法规、国际惯例；二是要符合有关商品、金融、运输、保险、经营等方面的具体要求；三是有关条款既要考虑自身利益，又要照顾对方利益。协议既是对谈判成果的公开化、固定化，也是有关各方面对自己履行协议做出的正式承诺。协议正式签署要举行仪式，以示严谨正规。协议签署还应注意以下几个环节。

• 待签文本的准备。举行签字仪式时，文本一旦签字就具有法律效力。因此，对文本的准备一定要慎重，符合要求。当洽谈或谈判结束后，双方应指定专人按照谈判达成的协议，做好待签文本的定稿、翻译、校对、印刷、盖印等工作。在准备文本的过程中，除要核对谈判协议条件与文本的一致性外，还要核对各种批件，主要是项目批件、许可证、用汇证明等是否齐备，合同内容与批件内容是否相等。审核文件必须对照原稿，做到一字不漏。对审核中发现的问题，要及时互相通报，通过再审稿达成一致。在协议或文本上签字的有几个单位，就要为签字仪式提供几份文本。如有必要还应为各方提供一份副本。与外商签署有关协议合同时，按照国际惯例，待签文本应同时使用双方的用语。

待签文本应装订成册，并以真皮或仿皮或其他高档材质作为封面，以示庄重。其使用纸张一般为 A4 高档纸，印刷要精美。

• 人员的安排。举行签字仪式前，有关各方要确定好参加签字仪式的人员，并向有关部门通报，客方要将出席签字仪式的人数提前通报给主方，以便主方做好安排。主签人员的确定随协议性质不同而变化，有的由行业领导主签，有的由公司主要管理者主签。不管怎样，双方主签人的身份应大体相当。参加签字的各方，事先还要安排一名熟悉签字仪式程序的助签人员，签字时给文本翻页，并指明签字处，防止漏签。其他出席签字仪式的陪同人员，基本上是参加谈判的全体人员，人数以相等为宜。

• 签字现场的布置。举行签字仪式的场地，一般视参加签字仪式的人员规格、人数多少及协议中商务内容的重要程度而定。多数是选择在客人所住的宾馆饭店或东道主的会客厅、洽谈室。无论选择在何处举行，都应征得对方同意。

• 签字场地的布置。签字场地的布置一般是在签字厅内设长方桌为签字桌，桌面上苫盖深绿色台尼布，桌后放置两把椅子作为双方签字人的座位，主左客右。桌上陈列各自保存的文本，签字时使用的文具如签字笔、吸墨器等。如与外商签署协议（合同），还应将各自一方的国旗摆在该方签字者的正前方。签字现场布置总的原则是庄重、整洁。地上可铺设地毯，签字桌上方或后方可悬挂横幅，标明"××签字仪式"的字样。

• 签字仪式的程序。谈判者在具体安排签字仪式时，可依据下述基本程序进行。

宣布开始。此时各方人员应先后步入签字厅，到各自既定的位置，主签人按座签标志入座，助签人站在主签人的外侧，其他人员以职位为序，客方自左向右、主方自右向左分别站在各方主签人之后。

签署文件。通常的做法是，首先签署应由己方保管的文本，然后再签应由对方所保存的文本。依照礼仪规范，每一位签字人在己方所保留的文本上签字时，应当名列首位。因此，每一位签字人须首先签署将由己方保存的文本，然后再由对方签字人签署。这种做法，使各有关方面均有机会居于首位一次，以示各方完全平等。

交换文本。签字后，各方签字人此时应互换文本并与对方握手，互致祝贺，互换方才用过的签字笔，以示纪念。全场人员要热烈鼓掌表示祝贺。

饮酒庆贺。有关各方人员一般应在交换文本后，当场饮一杯香槟酒，并与其他方面人士一一干杯。这是国际上一种增加签字仪式喜庆色彩的常规性做法。

## 知识链接

### 谈判能力测试

你的谈判能力如何？请回答下列问题，测试一下自己的谈判能力。

1. 在买议价商品的时候，你是否觉得很为难？
   A. 一般不会　　　　　　B. 很难说　　　　　　C. 是

2. 你觉得谈判就是让对方接受你的条件吗？
   A. 不是　　　　　　　　B. 很难说　　　　　　C. 是

3. 在一次谈判没有取得预期效果的时候，你会尝试换一种方式再次努力吗？
   A. 会　　　　　　　　　B. 有时会　　　　　　C. 还会

4. 你认为和别人谈判之前是否必须尽量全面了解对方的情况？
   A. 是　　　　　　　　　B. 很难说　　　　　　C. 不必

5. 在谈判的时候，你是否认为充分考虑对方的利益自己就会吃亏？
   A. 不是　　　　　　　　B. 难说　　　　　　　C. 是

6. 在谈判时，你是否认为应该居高临下不给对方留足面子？
   A. 不是的　　　　　　　B. 要视情况而定　　　C. 是的

7. 你认为对方坚持自己的立场是"冷漠无情"吗？
   A. 不是　　　　　　　　B. 难说　　　　　　　C. 是

8. 在谈判的时候，你喜欢用反问句式代替直接陈述吗？
   A. 非常喜欢　　　　　　B. 有时会用　　　　　C. 几乎不用

9. 你认为为了赢得一场谈判而失去一个朋友值得吗？
   A. 不值得　　　　　　　B. 难说　　　　　　　C. 值得

10. 你是否认为只有达成"双赢"的谈判才是成功的谈判？
   A. 是　　　　　　　　　B. 难说　　　　　　　C. 不是

得分指导：

1. 每个问题选择 A，得 2 分；选择 B，得 1 分；选择 C，得 0 分。

2. 总分在 0～12 分，说明你的谈判能力较差，必须加强这方面的学习；13～16 分，说明你的谈判能力一般，仍需要继续学习和锻炼，不断提高自己；总分在 17 分以上，说明你的谈判能力很强。

3. 这个评价并不是对你的谈判能力的一个准确衡量，而是一种定性的评估。你的得分表明你目前的水平，而不是表明你潜在的能力。只要不断学习，积极实践，你完全可以改善自己在这方面的能力。

### 3. 技能分析

结合下面的实例，请同学们思考。

## 实例 1

我国某进出口公司与泰国一家公司谈钢丝网和瓦楞钉生意。结果谈判一开始就不顺利,双方提出的交易条件相差甚远,中方有意放弃。有一天,中方公司副经理李鼎贺上街购物,无意中发现泰国公司总经理徐先生在街头象棋摊边观棋,一副饶有兴趣的样子,李鼎贺心里一动。这天黄昏,李鼎贺带着一副精工制作的象棋来到徐先生下榻的宾馆,"下一盘棋怎样?"年过半百的徐先生居然像孩子一样兴高采烈。原来,徐先生出生于象棋世家,他的儿子又酷爱收集各种各样的象棋。一场酣战下来,双方意犹未尽,李鼎贺醉翁之意不在酒,又和徐先生畅谈事业、成就、亲情、家世,徐先生对李鼎贺大为赞赏,当即表示:"能和你这样的人交上朋友,这笔生意我少赚一点也值得!"两天后,协议在徐先生下榻的宾馆签字了。

## 实例 2

李先生带领着自己的一行人马来到事前约定好的谈判地点,这时,谈判的另一方也迎面走来。李先生出于地主之谊,身体略前倾,面带微笑地把自己的右手伸了过去,同时他的眼睛注视着谈判对方的带头人。这时候,对方也快步走上前来,在走动的过程中,微笑着握住了李先生的手,并说:"李先生您好,我是××公司的业务经理,张春生。"同时,他左手在上衣口袋里掏出了自己的名片双手递了过去。

李先生在接名片的同时也客气地说:"张先生,您好!"他也把自己的名片递了过去。然后他们进了谈判室。在就坐后,李先生说话了:"张先生真是年轻有为,年纪轻轻就坐上了经理的位置。"张先生应声答道:"李先生过奖了,早闻李先生大名,今日得见,真是幸会幸会啊。"

李先生微笑示意,接着介绍自己团队的人员,之后,张春生也一一把自己的人员做了介绍。不过,在介绍到一名员工的时候,自己的手机突然响起,他拿起手机,转身走向门外去了,并没有征求李先生这方的许可。张春生接完电话回来后,连声道歉,李先生不动声色,微笑着说没关系,没关系的。其实,他已经看出了对方这次谈判准备不是很充分。

在接下来的谈判中,果然没有让李先生失望,张春生对李先生提出的价格虽然感觉有些高,但他并不知道如今市场上的价格究竟是多少。李先生则说:这已经是很低的价位了。张春生便信以为真。

谈判协议签订的时候,李先生心中狂喜,因为他以高出市场价很多的价格签下了这份商务协议。

思考:

(1)从李鼎贺通过象棋沟通感情,谈判成功这件事,你受到什么启发?

(2)张春生在谈判过程中不打招呼起身接电话,李先生判断出张春生准备不充分,而掌握了谈判桌上主动权,为什么会是这样的结果呢?

> **小提示**
>
> 各种复杂的商务谈判活动,从本质上讲,是一种经济现象,是公司为了达成一定的经济业务而开展的一种经济活动;另一方面,商务谈判也是一种社会活动,是公司与公司谈判人员之间人际关系的一种特殊表现形式。
>
> 保持良好的人际关系是保证谈判有效进行,实现各方长远利益的基础和条件。即使出现各种棘手问题,或与对方再无进行任何商务合作活动的可能性,也要保持基本的礼节礼貌,保持与谈判对方之间的和谐友好关系。
>
> 谈判的过程实质上是斗智斗勇的过程,只要礼到情到,任何困难与挫折都是暂时的,只要肯动脑子,办法总比困难多。

谈判中双方接触的第一印象很重要，言谈举止尽可能给对方留下友好、轻松、稳重、礼貌的印象，谈判过程中就不会失去主动权。

谈判过程中，如果不严肃、不认真、不稳重，表现出一些随意的举动，对方就能判断出你对谈判准备得是不是充分。这样在谈判过程中就会被对方占据主动地位，从而失去谈判的一些主动权，造成经济上的损失。

## 4．技能运用

目标：通过游戏，训练双赢模式谈判技巧。

任务：学生自由分组（每组 5 人），进行红蓝双方游戏，每组成员在充分考虑计分标准后，经过讨论决定本组选择红或蓝，并写在计分表上，交给老师，老师当场宣布双方的选择结果，并根据计分标准为每组计分，游戏共进行 10 轮（其他规则见要求），看谁能成为赢家。

要求：

（1）每组成员共同商量后做出选择，或红或蓝，并写在计分表上，交给指导老师。

（2）指导老师宣布双方选择的结果，并宣布各自的得分。

（3）进行到第 4 轮和第 8 轮时，双方可做短暂沟通，但只有双方都提出要求时才行，其他时间双方不能有任何接触，并保持一定空间距离。

（4）第 9 轮、第 10 轮得分加倍（即本轮得分×2）。

步骤：

（1）老师讲解游戏规则和计分标准、计分办法。

（2）双方小组选择红或蓝。

（3）直到 10 轮结束，计算总分，分出胜负。

组织形式：全班同学自由分组，每组 5 人，每两组一队进行游戏。

说明

（1）游戏中，哪一组同学先总结出计分标准特点，为优胜方。

（2）游戏中，哪一组同学先意识到第 4 轮和第 8 轮在双方同意时可作短暂沟通的机会和对结局的影响，为优胜方。

（3）游戏中，哪一方同学意识到第 9 轮和第 10 轮得分加倍的规则的可利用性，为优胜方。

小提示

表 6-2　　　　　　　　记分规则和计分标准明细表

| 选　择 | | 计　分 | |
|---|---|---|---|
| A 组 | B 组 | A 组 | B 组 |
| 红 | 红 | +3 | +3 |
| 红 | 蓝 | -6 | +6 |
| 蓝 | 红 | +6 | -6 |
| 蓝 | 蓝 | -3 | -3 |

小提示

计分规则和标准特点如下。

① A组任何情况下只出蓝牌，B出蓝牌，双方都扣3分。B组出红牌，A组加6分。B组任何情况下出蓝牌也是同样结果。

② 第4轮和第8轮短暂沟通时：

可商定双方都出红牌，双方都加分。

如果一方没有双赢意愿，不按事先商定双赢规则游戏，就无法实现双赢的目标。

③ 第9轮、第10轮要想得分加倍，必须双赢，双方都出红牌。

## 技能训练

### 购买产品的谈判体验

• 训练目标：通过同学们与家长一起到家具、汽车等市场购买体验，细致地了解和体验购物谈判的过程和细节，了解签约的相关知识，提高同学们践行谈判签约礼仪规范的专业能力。（大件商品都要签订合同）

• 训练步骤：

① 两个人一组（以朋友或亲戚身份）到市场体验购买谈判。

② 要认真了解和熟悉欲购买产品的目标顾客、质量、价位、市场上销售状况、谈判技巧、谈判中的基本礼仪规范。

③ 以真实的顾客身份去购买一款自己欲购买的产品（厂家不清楚你的身份）。

④ 在洽谈的过程中想办法对产品市场信誉、产品质量、价位等提出各种质疑，体验厂家的洽谈技巧和谈判礼仪。

⑤ 想办法了解一下购买合同的主要条款内容及签约的基本常识。

• 训练成果形式："购买××产品谈判体验课业报告"。

• 训练成果评价如表6-3所示。

表6-3　　　　　　　　　　　　"购买产品的谈判体验"评价表

| 项　目（分值） | 标　准 | 得　分 |
|---|---|---|
| 谈判产品的选择（15） | 产品选择适合洽谈，一般购买时都要签订合同 | |
| 谈判过程体验（15） | 谈判过程几个阶段体验感受深刻 | |
| 谈判礼仪表现（20） | 谈判中，自己对厂家礼仪遵守体验深刻 | |
| 课业报告撰写情况（20） | 课业报告撰写规范，内容全面，文理通顺 | |
| 谈判体验过程表现（30） | 体验活动整体成功，自我学习、与人合作、与人交流能力强，职业观念、职业情感、职业良心表现好 | |
| 总成绩∑100 | | |

续表

| | | | | |
|---|---|---|---|---|
| 教师评语 | | | 签名: | 年 月 日 |
| 学生意见 | | | 签名: | 年 月 日 |

# 活动三　涉外礼仪

　　在经济全球化的今天，不管是我们"走出去"，进入一个完全陌生的世界，置身于不同的习俗中，还是"请进来"，接待一些具有不同习俗的商务人士，你永远代表着你的国家和你的公司，你的行为让你的朋友对你所在国的看法或扬或抑，最终影响到你的商务活动效果。因此，了解各国的风土人情，掌握商务活动中的各国礼仪规范，熟悉各国法律、商务规则，对你更有效地与各国同行交流、交往会有很大的帮助。

## 技能 1　涉外见面礼仪

### 1．技能认知

　　在全球化日趋发展的今天，商务活动越来越多地体现出跨国性的特征，而每个国家或地区和各个民族，由于不同的自然条件、历史条件、文化背景、礼仪传统和风俗习惯，形成了丰富多彩的礼仪与习俗。在商务交往方面，不同国家或地区都有独特的礼仪习俗。因此，商务人员对涉外礼仪进行学习和了解的必要性越来越凸显出来。

　　在跨国商务活动中，商务人员一方面要熟悉国际商务规则，另一方面也要注意国际交往中的礼仪问题，对涉外礼仪的了解与运用，不仅影响商务活动的质量，甚至会决定交易的成败。商务人员在国际商务活动中，不仅要遵守国际交往惯例，而且要了解各国不同的礼节、风俗，尊重各国的民族习惯，遵守各方的礼仪规则，做到不卑不亢，自然大方，在世人面前展现中华民族的良好风范。

　　涉外礼仪，通常是指商务人员在参与涉外活动时，以维护自身形象、公司形象、本国形象，向交往对象表示尊敬与友好的约定俗成的习惯做法，是参与涉外活动者提出的最基本的礼仪要求。各国、各地区在礼仪风俗、禁忌上各有特点和规范，作为商务人员必须兼备遵从本国及世界商务交往的礼仪规范要求，才能在涉外商务活动中，灵活地开展商务活动。

### 2．技能学习

随着经济社会的发展和对外交往的增多，涉外礼仪问题越来越受到各界人士的重视。俗话说："百里不同风，千里不同俗。"各国、各地区在礼仪风俗禁忌上各有特点和规范，相互间表现出很大的差异。作为商务人员在涉外商务活动中一是必须充分地了解与交往对象相关的习俗，必须认真做好"入境而问禁，入乡而问俗，入门而问讳"；二是必须无条件地对交往对象所特有的习俗加以尊重。

（1）涉外商务交往的一般礼仪规则

① 保持自尊，善待他人。在涉外商务交往中，首先要有意识地保持自尊，唯有尊重自己，才有可能获得他人的尊重。自尊就要珍惜自己的形象，有较强的时间观念，安排工作有方，处理事务公私分明，认真维护好自己的办公环境。其次，在涉外商务交往活动当中要求每一名商务人员在协调与处理人际关系时都要始终不渝地善待他人，要善待他人就要认真了解他人、尊重他人、宽容他人，这样才有利于商务活动的顺利开展。

② 尊重习俗。各国的礼仪与习俗存在一定的差异。涉外商务活动中，要真正做到尊重交往对象，首先就必须了解对方所独有的风俗习惯。风俗习惯遍及衣食住行、婚丧嫁娶、生产劳动、交往应酬、节庆假日等方面。只有对不同国家、地区、民族、宗教习俗有所了解才能避免犯禁忌，做到知己知彼。其次是要尊重对方的风俗习惯，如果自己为东道主，一是要心中想着这种习俗差异；二是眼里要看到这种习俗差异；三是工作中要注意到这种习俗差异。如果自己作为客人，要讲究客随主便，要做到"入乡随俗"，必须认真做好"入境而问禁，入乡而问俗，入门而问讳"，充分尊重交往对象的各种习俗。

③ 信守承诺。所谓承诺，一般指对别人许下的诺言，或者对别人的某一要求答应予以照办。在国际商务交往中，一个人是否信守自己的承诺，关系到他个人的信誉，如果一个人信守承诺，言而有信，就等于以实际行动证明自己言行一致，尊重交往对象，同时也是对自己的尊重。重视个人承诺与否，直接涉及自己对于个人信誉的重视与否。在经济全球化的今天，商务交往中的信誉无比重要，从某种意义上说，信誉就是生命，信誉就是形象，信誉就是社会关系，信誉就是工作效率。对于一个人、一个公司而言，都是如此。因此，在国际商务交往中，一定要做到"许诺谨慎、遵守约定、失约致歉"，努力建立个人和公司良好的信誉形象。

④ 遵守时间。目前，遵守时间在国际社会里已成为衡量、评价一个人文明程度的重要标准之一。遵守时间也是信守承诺的具体体现之一，一个不懂得遵守时间的人，在商务交往中难以遵守其个人承诺。遵守时间是涉外礼仪的基本守则之一，主要是要求商务人员在涉外商务交往中，对于一切与时间相关的约定，要一丝不苟，严格地按照约定执行。遵守时间在实践中主要做到，所有的交往活动必须事先约定具体时间，并按照与外方人士事先约定的交往时间，准确地加以执行。在双方交往之时，不拖延时间，要适时结束，对于一些事先约定了交往时间长短的活动，如限时发言、限时会晤、限时会议以及其他限时活动等，到场的商务人员一定要做到心中有数，绝不能超过规定的时间。

⑤ 维护隐私。维护个人隐私已经成为涉外交往的通则。所谓个人隐私，在一般意义上是指某一个人出于个人尊严或者其他方面的特殊考虑，而不愿意对外公开、不希望外人了解的私人事宜或个人秘密。按常规，私人收入、年龄大小、恋爱婚姻、健康状况、个人经历、政治信仰、生活习惯、所忙何事、家庭地址等方面，均被外方人士看作是"不可告人"的"绝对隐私"，在涉外商务交往中，一定养成莫问隐私、保护隐私的习惯。

⑥ 女士优先。女士优先作为涉外交往的通则之一，是要求每一名成年男子，都有义务主动而自觉地以自己的实际行动去尊重女性、照顾女性、体谅女性、保护女性，并且想方设法、尽心尽力地为女性排忧解难。目前"女士优先"适用范围在场合、个人方面有一定差异。从场合上看，主要在社交场合中讲究"女士优先"才是最为得体的，而在公共场合，人们则普遍强调"男女平等"；从个人差异上讲，是指每一位成年男士应当对当时在场的所有女士一视同仁。"女士优先"非常讲究具体形式和具体操作细节。尊重女性、照顾女性、体谅女性、保护女性正是体现在具体的形式和操作细节中，必须引起商务人员的重视。

⑦ 忠于祖国。忠于祖国是包括商务人员在内的一切中国人所必须遵守的守则。它体现出一个人的民族尊严感和自豪感。对于商务人员来讲，忠于自己伟大的祖国，在任何时候、任何地点、任何情况下，都是第一位的、最基本的要求。在任何情况下都要对祖国无比忠诚，不讲任何条件，毫无保留地尽心尽力。为此必须注意两点，一是在涉外商务活动中，面临各种各样庞杂的信息，要保持高度的敏感性，既要保持警觉，要有所防范，不要误入圈套，也要保持清醒头脑，能够进行细致入微的分析，深入透彻地了解其造成的影响和利害关系。二是在涉外商务活动中要有高度的自制能力，既要从全局出发，顾全大局，又要有高度的自我控制能力，在涉及国家利益和安全问题上，一定要坚持原则，以维护国家利益为重。

⑧ 保护环境。所谓环境，通常是指人类生存的外部条件，它被视为人类社会赖以生存和发展的基础。在涉外交往中，能否以实际行动保护环境，已被视为一个人有没有教养、讲不讲社会公德的重要标志之一。

随着人类社会的不断进步，人们已经逐渐认识到，环境问题与自己的生活质量息息相关，并且在某种程度上影响和制约着人类的生存。

商务人员在对外交往中特别要注意在维护环境方面的细节问题，如不可损毁自然环境，不可虐待动物，不可损坏公物，不可乱挂私人物品，不可乱扔乱丢废弃物品，不可随地吐痰，不可随处吸烟，不可任意制造噪声。商务人员既要有环境保护的意识，更要付诸实践，从小事做起，从自己做起，严于律己，真正地爱惜和保护环境。

（2）涉外交往的见面礼仪

① 语言交往礼仪

• 称呼。称呼是日常交往中最常发生的沟通人际关系的信号和桥梁。

涉外称呼有如下几种。

泛尊称。适用于任何场合，称男士为先生，称女子为夫人、女士、小姐。

称呼头衔。在人际交往中，若交往对象拥有社会上备受重视的学位学术性头衔、专业技术性头衔、军衔、爵位，这些头衔均可用作称呼。

称呼职务。在公务活动中，一般可以直接以对方的职务称呼。

• 交谈。在涉外交往中，涉外人员还必须掌握有关交谈的礼仪规范。从交流方式方面看：与外国人交流选用的语言双方能认同；在交谈神态上，既要亲切友善，又舒展自如；在态度方面要平等待人，谦恭礼貌；语调要柔和，在交谈中力求做到以声传意，以声传情。

从交谈内容方面看：与外国朋友交谈，适合选择以下四个方面的内容，即对交谈对象的祖国表示敬意的内容；格调高雅的内容；欢快轻松的内容；交谈对象确有所长的内容。

② 非语言交往礼仪

• 身姿。姿势是非语言交往中非常重要的内容。在相关谈话时采取什么姿势，会因文化而异。

很多场合下，西方人对站有一种偏爱。

● 手势。不同手势表示不同的含义，运用手势要注意区域性差异。与不同国家、地区、民族的人交往，要懂得他们的手势语言，以免造成误解。

● 服饰。在涉外交往中，服饰的基本礼仪要求是朴素、大方、整洁、得体而应景。要根据场合不同选择不同的服饰，还要注意正确穿着服饰和着装的搭配技巧。

● 礼物。在涉外交往中会遇上对方以礼相赠的情况。一般而言，礼物馈赠主要包括礼物的挑选、馈赠的方法、礼物的接受三个方面。

礼物的挑选。主要考虑突出礼物的纪念性、民族性和个人爱好等方面。

礼物的馈赠。送给外国人的礼物一定是要事先进行精心包装，要把握好送礼的时机，遵循国际惯例赠送礼物。

礼物的接受。当外国友人向自己赠送礼物时，一般应大大方方、高高兴兴地接受下来。在西方，习惯当着送礼人的面立即拆启礼物的包装，然后认真地对礼物进行欣赏。当接受对方的贵重礼物后，一周之内打电话给送礼人，并向对方正式致谢。

当对方赠的礼品不宜接受时，应立即向对方说明原因，并且将礼物当场退还。可能的话，最好不要在其他人面前这么做，若对方无恶意，在退还或拒绝礼物时，还要向对方表示感谢。

● 空间。在人际交往时，人们对空间领域也有一定要求。根据惯例，在涉外交往中，人与人之间的正常距离大致可以划分为以下四种情况，它们各自适用不同的情况。

私人距离：其距离小于 0.5 米，它仅适用于家人、恋人、挚友。

社交距离：其距离大于 0.5 米，小于 1.5 米，适合于一般性的应酬交际。

礼仪距离：其距离大于 1.5 米，小于 3 米，适用于会议、演讲、庆典仪式以及接见，意在向交往对象表示敬意。

公共距离，其距离在 3 米开外，适用于在公共场所与陌生人相处。

### 3．技能分析

结合下面的实例，请同学们思考。

### 实例 1

某跨国公司中国分公司部门经理李璐工作表现非常出色，她随单位组织的考察团到中东地区出国考察，到达目的地后，受到东道主的热情接待。席间为表示敬意，主人向每一位客人递上一杯当地特产的饮料，轮到为李璐递饮料时，本身是"左撇子"的她不假思索，伸出左手去接。见此情景，主人勃然变色，将饮料重重地放在餐桌上，不再理会李璐。李璐非常纳闷，等到别人向她讲明其中原委了，她才如梦初醒，后悔莫及，但为时已晚。

### 实例 2

秘书小刘到宾馆接一位外宾去赴宴，到了外宾的房间外面，小刘很有礼貌地去敲门，外宾开门后并没有请小刘到房间里去等，而是让他在门外等候。小刘站在门外感到非常尴尬。

思考：

（1）李璐的什么行为引起了主人的反感？为什么？

（2）小刘的做法有什么欠缺吗？如果是你，怎么做可以避免这种窘境？

中东地区主要信奉伊斯兰教，信奉伊斯兰教的穆斯林认为左手是不干净的，因此，吃饭、传递物品、握手、指人时一定要用右手。如果是左撇子，那么首先要向对方表示歉意。

遵守时间是涉外的基本规则。涉外人员在与人交往时一是要提前约定交往的具体时间，并且一定遵守约定的时间。尽量不提前，也不推后，以免给别人的休息或工作带来影响。也要注意对外方人士表示关心，在任何时候都应以不影响其个人自由、不令对方感觉不便为前提。

### 4. 技能运用

【背景资料】中国某公司组织了一次通信方面的新技术国际研讨会，共有来自9个国家的来宾参加，每个国家都有团长1人。各国来宾人数如表6-4所示。

表6-4 各国来宾人数表

| 中国 | 18 | 澳大利亚 | 2 |
|------|-----|----------|---|
| 美国 | 3 | 英国 | 3 |
| 日本 | 5 | 荷兰 | 1 |
| 韩国 | 3 | 加拿大 | 2 |
| 新西兰 | 2 | | |

要求：按照礼宾次序，画出会场桌次示意图及嘉宾座签图。

礼宾次序是指国际交往中对出席活动的各国人士的位次按某些规则和国际惯例进行排列的先后顺序。

礼宾的安排方法有下面三种。

（1）按身份与职务的高低排列。在商务活动中都可以按此排序。如果多个国家的外宾组团前来，按出席代表团团长的身份高低来排列。

（2）按字母顺序来排列。即根据来宾所在国的国家英文名称第一个字母的排列顺序来顺次排列（有时也会采用抽签的方法来决定由哪一个字母开头）。

（3）按时间先后顺序排列。按来宾所在国通知东道主预订到访日期的先后来排列；也可以按来宾到达活动地点的实际先后顺序来排列。具体采用何种排列方法，东道国要在给各国的邀请信中明确注明。

## 技能2 西餐礼仪

### 1. 技能认知

西餐宴请是一种很重要的社交活动，有严格的礼仪要求，学习了解西餐知识和礼仪十分必要。正如有人讲："你在品味食品，别人在品味你。"如何在餐桌上体现自己的见识和修养，是每位商务人员必须面对的问题。

西餐是我们对欧美地区菜肴的统称，大致可分为欧美式和俄式两种。西餐菜肴主料突出，营养丰富，讲究色彩，味道鲜美。加之优雅舒适的环境，银光闪闪的餐具，用餐者得体娴熟的举止，体现了一种西方文化。

西餐宴请也需要精心的组织安排。要详细制定宴请计划，明确宴请目的、规格、宴请形式，拟定时间、地点。时间要主随客便，地点要环境优雅、干净卫生、交通便利。要落实宴会的具体事宜，包括发邀请函或请柬、确定菜单、席位安排等。西餐坚持两大原则：其一，"六 M 原则"，即强调用餐时费用、见面、菜单、举止、音乐和环境六要素必须符合律己、敬人的行为规范。其二，适量原则。它强调餐饮活动过程中的活动规模、参与人数、用餐档次标准和数量都要量力而行。

西餐礼仪，是指在享用西餐的过程中，让大家在不给他人造成困扰的情况下，用最恰当的方式进食过程中，应当遵守的一些约定俗成的习惯和规则。

### 2．技能学习

西餐的用餐礼仪对于每个人的站、坐、行都有很高的要求。为了使得涉外宴请圆满尽兴，根据礼仪规范，要吃好西餐，不失风度，就必须对西餐的座次、西餐的餐具、西餐的菜序、西餐的品尝、西餐的要求五个方面有一定了解。

① 西餐宴请席位与排列

在西餐宴请中席位排列主要是位次问题，席位排列一般考虑以下几条原则。

• 女士优先。在西餐礼仪中处处体现女士优先的原则。排列用餐席位时，一般女士主人为第一主人，在主位就坐。而男士主人为第二主人，坐在第二主人席位。

• 距离定位。西餐桌上，位席的尊卑是根据距主位的远近决定的。居主位近的位置，要高于居主位远的位置。主位排列有多种方式：可以男女主人在长桌的中央相对而坐，餐桌两端坐其他人；也可以男女主人分别坐在长桌的两端。如用餐人数较多时，也可以把长桌排成其他图形，以方便大家用餐为原则。

• 以右为尊。排定席位时遵循以右为尊的原则。在西餐排席时，男主宾要排在女主人的右侧，女主宾排在男主人的右侧，按此原则依次排列。如图 6-1 所示。

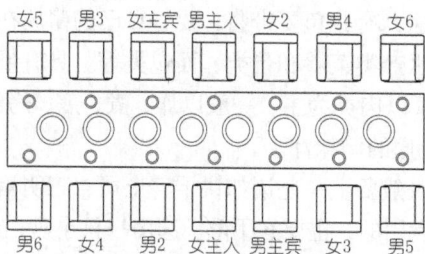

图 6-1 以右为尊的席位安排

• 面向门为上。在餐厅内，以餐厅门作为参照物时，按礼仪要求面对餐厅正门的席位，要高于背对餐厅门的席位。

• 交叉排列。西餐排列席位时，讲究交叉排列的原则，如图 6-2 所示。即男女交叉排列，熟人和生人也要交叉排列，这样便于广交朋友。

② 西餐上菜顺序

一般情况下，比较简单的西餐菜单可以是：开胃菜—面包—汤—主菜—点心甜品—咖啡。而正式的西餐宴会，一般有九至十道菜点。

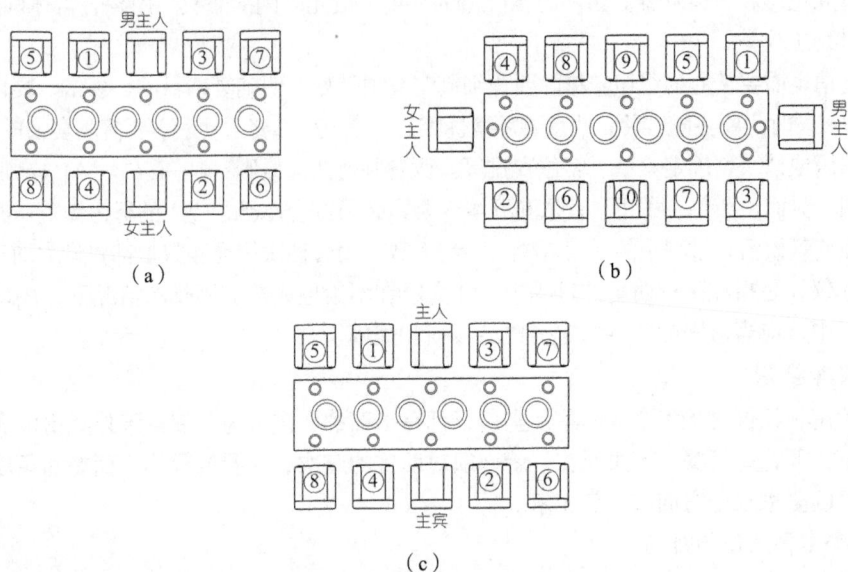

图 6-2　西餐席位排列

西餐讲究每道菜的上菜程序，但由于菜点的标准和要求不同，以及道数花色种类不一样，上菜的程序也会有所不同。下面是西餐上菜的一般顺序和方法。

- 开胃菜。也称头盘，分冷盘和热盘，主要以水果沙拉、蔬菜沙拉或苹果泥、蔬菜泥、水果冻等食物为主。一般数量较少，常用小型餐盘盛装。开胃菜的色泽鲜艳，装饰美观，令人食欲大开。开胃菜在开席前 5 分钟端上。

- 冷盘。冷盘是有多种美味的冷菜。应端到来宾的左侧，由来宾自行选取。

- 汤。西餐的汤分清汤和浓汤两种。清汤又分冷清汤和热清汤两种。上汤时应从左边上，用过的餐具从右边取走。

- 鱼。鱼有多种烹饪方法，有些鱼要带酱，要将自己的酱放在自己的盘内。

- 副菜。副菜通常是指水产类菜肴和蛋类、面包类等。具有量轻，容易消化的特点。

- 主菜。又称大菜。主菜以肉类为主，一般以炸、煮、煎、烤的方式做成，主要是牛排或牛肉以及禽类肉等。肉类配有专用的调味汁。

- 点心。吃过主菜后，一般要上一些诸如饼干、土司、三明治、蛋糕等西式点心。

- 甜品。甜品是主菜后食用的，主要有干酪。选用一只小盘，垫上口布，摆上几种干酪和一副中刀叉，再配一盘面包或饼干，送到来宾的左手边，任来宾自选。

- 水果。将水果盘、水果刀、洗手碗端上来，放在来宾的左手边，任其自选。

- 饮品。即最后一道菜点，一段为咖啡或茶。喝咖啡或茶时，可以配以牛奶或方糖。喝完咖啡和茶，表示宴请就此结束。

③ 西餐用餐礼仪

- 入座。最得体的入座方式是从左侧入座。当椅子被拉开后，身体在几乎要碰到桌子的距离站直，引领者会把椅子推进来，腿腕碰到后面的椅子时，就可以坐下来。就坐时身体要端正。

- 餐巾的使用。西餐使用餐巾是一件十分讲究的事情，因为它代表着礼仪。餐巾的基本用途是保洁，防止汤汁溅到衣服上。餐巾分午餐巾和晚餐巾。午餐巾可以完全打开，铺在膝上；

晚餐巾只打开到对折为止，折口向外铺在大腿上。餐巾应在点菜后至送菜前这段时间打开。如果主人和长辈就坐，要待他们有所行动后，才能取下餐巾。如中途要离席时，可稍微折一下放在椅子上。

- 餐具的选用。吃西餐最讲究的是正确选用餐具。一般依上菜顺序从外向里选用餐具。通常叉子置于餐盘左侧，刀和汤勺置于右侧。最大的勺是喝汤用的，最大的刀是切肉用的。

- 西餐用餐姿势。用餐时上臂和背部要靠到椅背，腹部与桌子保持一个拳头的距离，要抬头挺胸吃西餐。正式的西餐中，常依不同的料理特点而配合使用不同形状的刀叉。吃西餐要左手持叉，右手持刀。左手拇指压在叉子把上，右手食指按在刀背上，汤勺用握笔的姿势即可。切东西时用叉子按住食物，右手持刀将东西切成小块，用叉子送入口中。每吃完一道菜，要将刀叉摆成八字形，放在盘中。

- 喝汤。喝汤时用汤勺从里往外舀。汤盆中的汤快喝完时，用左手将汤盆的外侧稍微翘起，用汤勺舀净即可。喝完汤时，汤勺留在盆中，勺柄指向自己。

- 吃鱼。要先吃上层鱼肉，然后用刀叉剔掉鱼骨再吃下层。吃鱼、肉等带骨头的菜肴时，可用餐巾捂住嘴，将骨或刺吐在叉上放入盘中。吃剩的鱼骨头或渣滓放在自己的盘子的外缘，等服务员收走。

- 吃鸡。吃鸡时欧美人多以吃鸡的胸脯肉为贵。吃整只鸡或禽类，先切下翅膀和腿，将骨头去掉，然后用刀切着吃。

- 吃有骨头的肉。吃肉食要切一块吃一块，肉块不宜切得过大。吃有骨头的肉，可以用手拿着吃，若想吃得更优雅，还是用刀子较好。必须用手时应附上洗手水。

- 吃煮鸡蛋。西餐吃煮鸡蛋，一般将煮鸡蛋置于蛋杯上，用勺破开一头掏着吃。

- 吃面包、面条。面包一般掰成小块送入口中，掰一块吃一口。吃面包可蘸着调味品、抹上黄油和果酱吃。吃面条时要用叉子先将面条卷起一口能吃的量，送入口中。

- 吃水果。吃水果时，葡萄和樱桃用手拿着吃；苹果和梨要切成四块，分别去皮，用手拿着吃；香蕉去皮置于盘中，用刀切成小段叉着吃；草莓用叉子吃；西瓜切成片或切成块，用叉子叉着吃。

- 喝咖啡。喝咖啡时如添加牛奶，添加后要用小勺搅拌均匀，将小勺放在盘中，右手拿杯把，左手端垫碟，直接用嘴喝。

在吃西餐时，如中途需要离席，可在上菜的空档向同桌的人打招呼，把餐巾放在椅子上再走。如吃完饭后，餐巾可随意放在餐桌上即可。整个西餐宴会会有许多服务人员，他们会观察客人的需要，若需要服务时可用眼神向他示意或微微把手抬高，服务员就会马上过来。东西掉在地上，最好由服务员过来替你捡起。

### 3．技能分析

结合下面的实例，请同学们思考。

### 实例1

王小姐刚聘用到一家外贸公司的财务部试用。日前为在中国的外国客户庆祝节日，公司举办了大型的西餐自助餐会，邀请了许多外国客户。

因为很少吃西餐，王小姐在餐会上出了不少"洋相"。餐会一开始，王小姐端起面前的盘子去取菜，之后却发现，此盘子是装食物残渣用的。为节省取食物的路途，王小姐从离自己最近的水果沙拉开始吃，而此时同事们都在吃冷菜，王小姐只得开玩笑地说："自己减肥。"又因为刀叉放置得不正确，她面前还没吃完的菜，就被服务员给收走了。一顿饭吃下来，王小姐浑身不自在。

## 🌱 实例2

某公司宴请一行国外商务考察人员，有两位男士、一位女士。王主任到机场迎接，当上车时，王主任跑到后座开门，两位男士上了车。他又跑到前面给女士开门时，女士很不高兴地自己打开车门上了车。下车时，王主任又先开后车门让两位男士先下车，而女士自己下车。进入酒店前厅，王主任也没让女士先进入，这位外国女士更不高兴了。随行的外国男士很委婉地转告王主任，在西方"女士优先"是一种惯例。王主任恍然大悟。

## 🌱 实例3

张宏是一位外贸公司的业务经理。有一次，张宏因为工作的需要，在国内设宴招待一位来自英国的生意伙伴。有意思的是，那一顿饭吃下来，令对方最为欣赏的，倒不是张宏专门为其所准备的丰盛菜肴，而是张宏在陪同对方用餐时的一处细小的举止表现。用那位英国客人的原话来讲就是："张先生，你在用餐时一点声响都没有，使我感到你的确具有良好的教养。"

思考：

（1）王小姐在西餐自助餐会上哪些行为不得体？

（2）你是如何理解商务接待中"女士优先"的惯例的？

（3）张宏用餐时一点响声都没有，客人就感到了张先生有良好教养，你的看法呢？

> 🕐 **小提示**
>
> （1）不同民族和地区的餐饮都有其独特的食用礼仪规范，只有了解和熟悉其基本的餐饮文化和礼仪规范，才能一面享用美食，一面感受其饮食文化的内涵。
>
> （2）尊重妇女、老人和儿童是人类共同的道德规范，"女士优先"在西方是一种惯例，在各种公众场合，处处体现"女士优先"。我们商务工作人员不管是从事经营工作，还是接待服务工作，必须认真学习各国的礼仪规范，熟悉各种礼仪知识，才能做好接待和服务工作。
>
> （3）一个人道德修养体现在方方面面，张宏用餐方面严格遵守用餐的各种礼仪规范，说明了他在做事上是很严谨的，从用餐的修养可以推断他在工作中也是一个恪守职业操守的人，是一个令人尊敬的人。

### 4．技能运用

背景资料：今天有5位英国客人来公司洽谈业务，总经理让小徐安排他们在京港大酒店的西餐厅就餐。为了表示尊重，公司也有5位陪客。按照西餐礼仪规范，英方来访的团长威尔逊先生应该让他坐哪里？

要求：

按照西餐桌次席位安排的基本礼仪规范，画出西餐座位图（依长方形桌为例，表明主陪及主客坐次顺序），并说明理由。

**小提示**

（1）西餐座次排列基本规则

女士优先，恭敬主宾，以右为尊，距离定位，面门为上，交叉安排。

按上述原则合理安排即可。

（2）座次排列的样式

常见的西餐餐桌有长桌、方桌和圆桌，其中最常见的是长桌。

长桌的排位有以下两种样式：其一，男女主人分别对坐在长桌中央的位子，长桌两端可以坐人也可以空着。其二，男女主人分别对坐于餐桌两端。应根据场地、就餐人数决定采用哪种方式。

## 技能训练

### 撰写市民文明西餐就餐倡议书

• 训练目标：调查了解本市西餐就餐人群的基本情况，特别对西餐就餐礼仪遵守情况进行调查，提出提高文明就餐的建议，培养学生提高认知和遵守用餐礼仪的专业能力。

• 训练步骤：

① 将学生每 5 人分为一组，每组确定 1 名负责人，组织本组的全部活动。

② 从网上和报纸杂志上查找国人有关西餐就餐存在的问题等方面的资料。

③ 深入调查 2～3 家经营西餐的酒店，了解西餐就餐的人群分布、西餐礼仪遵守情况以及目前就餐中不同人群存在的主要问题，并做详细记录。

④ 撰写文明西餐就餐倡议书（含西餐经营现状、就餐人群分布、西餐礼仪遵守现状、存在的主要问题、拟改进的建议等几个方面）。

⑤ 每组选 1 位代表在班级交流，并将各组的倡议书在班级展示。

• 训练成果形式："市民文明西餐就餐倡议书"课业报告。

• 训练成果评价如表 6-5 所示。

表 6-5　　　　　　"撰写市民文明西餐就餐倡议书"评价表

| 项　目（分值） | 标　准 | 得　分 |
|---|---|---|
| 西餐经营现状（10） | 有情况说明，有主要数据 | |
| 就餐人群分布（10） | 有情况说明，有数据展示 | |
| 西餐礼仪遵守现状（10） | 能详细说明西餐就餐环节的礼仪遵守情况 | |
| 就餐中存在问题分析（10） | 从就餐各环节分析。有详细情况说明 | |

续表

| 项 目<br>（分值） | 标 准 | 得 分 |
|---|---|---|
| 拟改进建议<br>（10） | 拟改进建议三条以上 | |
| 课业报告撰写<br>（20） | 课业报告撰写规范，内容全面，文理通顺 | |
| 活动过程组织<br>（30） | 调查深入，成果明显，信息处理、数字应用、解决问题能力强，职业观念、职业态度、职业作风表现良好 | |
| 总成绩∑100 | | |
| 教师评语 | 签名：　　　　年　月　日 | |
| 学生意见 | 签名：　　　　年　月　日 | |

# 任务七
# 文书礼仪

## 认知目标

1. 了解信函文书与柬贴文书书写基本常识。
2. 熟悉信函和柬贴文书运用的礼仪常识。

## 技能目标

1. 能够撰写常用的信函和柬贴类礼仪文书。
2. 体验信函和柬贴类礼仪文书日常运用中的礼仪价值。
3. 养成自觉践行信函和柬贴文书礼仪的习惯。

## 案例导入

### 新年致辞

尊敬的全体干部职工、家属：

你们好！

三羊送春归，金猴迎春到。在新春佳节即将到来之际，我代表公司向一年来努力工作，辛勤付出，无私奉献的广大干部、职工及其家属致以新春的问候和崇高的敬意！

过去的一年，公司的成绩斐然，令人骄傲。安全经营形势稳定；基本建设项目保质保量按期完成，销售额完成 1.5 亿元，同比增长 45%；费用水平 4%，同比下降 20%；利润同比增加 10%，利润指标超额完成；职工收入明显增加；多种经营健康发展；行风建设、优质服务工作在地方评比中位居首位。这些成绩的取得，是广大干部职工呕心沥血，顽强拼搏，扎实工作的结果。在此，我代表公司向大家表示衷心的感谢！

春风即将撞响吉祥的钟声，我们将在同一个频率交响的共鸣时刻，寄托着新的希冀。新的一年，任务繁重，前途光明，让我们继续发扬以往好的传统和作风，谦虚谨慎，戒骄戒躁，在新的目标、新的任务统领下，同心同德，奋发有为，共同创造更加美好的未来。

祝广大干部职工家属幸福，人人安康，事事顺达，猴年吉祥！

思考：

（1）该公司经理新年致辞，符合贺词的书写格式吗？

（2）新年致辞符合贺词的书写礼仪规范吗？

# 活动一　礼仪文书

人在职场，难免会与外界以文书形式进行书面往来，在商务活动中，商务人员经常通过信函文书来共享、传达和保存相关的信息。商务活动中的礼仪文书要做到"内容，用词准确"，"要点，明确简洁"，礼仪文书格式合乎礼仪规范。

## 技能　礼仪文书书写与发放礼仪

### 1. 技能认知

现代社会中，信息交流和展示的方式多种多样，但礼仪文书这种最普通的交流沟通方式，在商务活动中还广泛地使用着。了解礼仪文书的种类，熟悉礼仪文书的书写和发放礼仪习惯和规范，是彰显商务人员素质和塑造公司形象的基本要求。

礼仪文书是人类最古老又最常用的一种交流沟通手段。在商务活动中，礼仪文书是一种应用极为广泛的文书形式。它是向特定对象传递信息，交流思想感情的应用文书。商务人员在使用礼仪文书时，应注意言辞礼貌、表达清晰、内容完整、格式正确、行文简洁五大要点。

礼仪文书是公司在商务活动中为了礼仪目的或在礼仪场合使用的文书。企业常用的礼仪文书有欢迎词、欢送词、祝酒词、贺词等。

礼仪文书应当准确适当地表现出礼仪上的要求，根据不同的时机和对象，力求把文书写得恰如其分，恰到好处。有时候可根据具体情况写进一定的实质内容，以便使礼仪文书达到更好的效果。

礼仪文书书写与发放的礼仪，是指商务人员制作和发放礼仪文书时应遵守的礼仪规范。

### 2. 技能学习

礼仪文书作为商务活动中沟通交流的一种常用载体，从结构到内容，都有一定的礼仪要求。掌握礼仪文书的结构和内容规范，有助于更好地发挥礼仪文书的功能，促进商务往来和良好的人际交往。

（1）礼仪文书的基本要求

① 观点和内容要严谨务实

礼仪文书具有严肃性的特点，其观点和内容必须符合国家的法律法规，符合党和国家的方针、政策，符合社会主义道德规范，反映的内容必须准确、真实。

② 用词准确、朴实、简要

礼仪文书用词造句一定要准确、朴实、简要。所谓准确，就是指用词恰当，语句段落通顺，数字标点规范，名称统一。所谓朴实，是指文书的语言应当力求质朴无华，要有话直说。所谓简要，就是说文书写作要开门见山，尽快道出主题，紧扣主题，摒弃套话、空话。行文注意礼节礼貌。总之，要能够正确传达信息。

③ 要严格遵守规范格式

礼仪文书都有其特定格式，一般有开头、问候语、表达感情的话、正文和结束语等必要的组成部分。

（2）几种常见的礼仪文书

① 贺词

● 贺词的含义。

贺词是以书信、电信等形式表示庆贺的应用文体，包括贺信和贺电。

贺信是对某一单位或个人所取得的成就表示祝贺的信件；贺电是对收电对象表示祝贺、赞颂的电报。它们都是社会交往不可缺少的礼仪性书面形式，也是增进友谊、交流感情的重要手段。

● 贺词的特点。

祝贺性：贺信和贺电的使用目的全在一个"贺"字。祝贺者为他人的成绩感到高兴，为他人的喜事感到快乐，为他人的事业感到欣慰，便遥寄贺信、拍发贺电，表达祝贺的思想感情，以此增进团结，加深友谊，互勉互励，共同进步。

传递性：即要通过书信的投递、邮件的发送以达到庆贺的目的。

● 贺词的写作格式。

贺词写作的基本格式相似，包括标题、称谓、正文、结尾四部分。

标题。在第一行正中写上"贺信"二字。也可以在"贺信"前写上谁给谁的贺信以及被祝贺的事由。

称谓。顶格写接受贺信的单位或个人及称谓，后加冒号。

正文。另起一行，空两格写贺信的内容。一般包括：简述当前的形势和工作发展情况；说明对方取得的成绩及原因；表示热烈的祝贺和殷切的希望。

结尾。先署名，另起一行，在信的右下侧写明发信单位名称或个人姓名。最后注明年、月、日。

● 贺词的适用范围与写作要求。

适用范围：贺词用得比较广泛，如对重要会议与重要节日的祝贺、对某单位或个人做出卓越成绩与巨大贡献的祝贺、对某一项目的开工或者完成的祝贺、对某人获得最高奖赏的祝贺等。

写作要求：写贺词的缘由首先要交代清楚。实事求是地肯定对方的成绩。表示祝贺的感情要饱满、充沛，给人以鼓舞，语言要热情洋溢、催人振奋。贺词的内容要实事求是，评价成绩要恰如其分，表示决心要切实可行。不可言过其实，空喊口号。贺词的篇幅短小，叙述要精练。

② 祝酒词

● 祝酒词的含义。

祝酒词是一种商贸活动的重要礼仪。宾客初到，设宴洗尘，宴会伊始主人要致祝酒词。应该说，酒仅为助兴，因此酒并不是祝的对象，它不过是人们交往中的一种媒介、一种祝愿的形式。酒席上洋溢着主客双方的友好气氛，祝酒词的主要内容就是要表达出这种情谊，也可顺便提出一些希望，但以不冲淡友好气氛为原则。

- 祝酒词的特点。

语言简洁、凝炼；逻辑性强。表达热情、激昂，充满诚意。

- 祝酒词的写作格式。

开头：要对到来的宾客表示热烈的欢迎，对以往受到的帮助和关切表示诚挚的感谢。

主体部分：根据宴请的对象、宴会的性质，简略地表述主人必要的想法、观点、立场和意见。

结尾：主要是礼节性的、祝愿性的"干杯"。

- 祝酒词的适用范围和书写要求。

适用范围：祝酒词用在宴会酒席上，宾客初到，宴会伊始，主人要致祝酒词。

写作要求：简短而热情是祝酒词写作的要诀。祝酒词的字里行间要洋溢着友好、欢乐气氛。祝酒词要写得简短。

③ 欢迎词和欢送词

- 欢迎词和欢送词的含义。

欢迎词、欢送词是在迎接、欢送宾客或在会议开始、结束时，主人对宾客的莅临及离别表示热情欢迎、欢送的致辞。

- 欢迎词和欢送词的特点。

欢愉性：欢迎词表达"有朋自远方来，不亦乐乎"，欢送词表达"海内存知己，天涯若比邻"的愉悦心情，言辞诚恳，富于激情。

口语性：欢迎词和欢送词本意是在现场当面向来宾口头表达，所以遣词造句要注意运用生活化语言。

- 欢迎词和欢送词的写作格式。

欢迎词和欢送词的写作格式包括标题、称呼、主体、结束语四部分。

标题：标题有两种写法，一是只写"欢迎词"或"欢送词"。二是在"欢迎词"或"欢送词"前面加修饰或限定性的词语，这些词语一般由致词人的姓名、职务和欢迎欢送名称组成。

称呼：根据宾客的身份和职务以及与会人员的情况称呼，可在宾客的姓名之前冠以"亲爱的"或"尊敬的"等定语，后边加上头衔，或加上"女士"、"先生"等，对国外领导，还应加"阁下"、"殿下"。国内来宾一般称为"同志"。

主体：这部分是欢迎词、欢送词的主要内容。一般是讲述宾客来访的意义和作用，或回顾双方的交往及友谊，对双方的合作成就表示赞扬，以及对双方今后交往的期望等。

结束语：再次表示热烈的欢迎或欢送，并对对方表示自己美好的祝愿和希望。

- 欢迎词和欢送词的适用范围与写作要求。

适用范围：欢迎词、欢送词适用于企业单位在国内外的交往活动。

写作要求：欢迎词、欢送词要求语言热情洋溢，真挚动人，切忌套话连篇，虚情假意；内容讲究礼貌，措辞文雅，语言凝炼，篇幅简短，有详有略，表述清晰。

④ 主持词

- 主持词的含义。

主持词是在有会议或各种大型集会活动时，主持人在主持整个活动程序中的讲稿。

- 主持词的特点：语言表达热情、大方；行文条理性强；语言简单、清晰、明了。
- 主持词的写作格式。

标题：如《主持词》、《议程》、《仪式程序》等。

正文：首先介绍参加活动的出席人员情况。介绍的一般顺序是，先上级后下级，先介绍来宾，后介绍当地参加活动的主要领导人。在一些特殊情况下，参加活动的人员虽然职务不太高，但他（她）是当年事件的主要参与者，也应先予介绍。

参加活动的人员介绍完之后，主持者以东道主的身份对上级机关的关怀、对来宾的支持表示敬意。

最后全面介绍整个活动的主要程序。

⑤ 联络函

● 联络函的含义。

联络函，又称保持接触函，它是平时用以培养客户关系、与客户保持联络的一种专用信函。使用联络函的目的，不仅意在证明自己的存在，而且也是为了与客户保持接触，并借以培养对方对自己的好感，加深对方对自己的印象。一般而言，应当定期向客户寄发联络函。

● 联络函的书写礼仪规范。

寻找适当的去信原由。这样一来，就不会让对方觉得不可思议。祝贺节日、生日、寄送简报，都是不错的原由。

扼要介绍自己的状况。向对方通报自己及所在单位的发展变化，可以使对方对自己及所在单位加深了解。

要表达对对方的关注。在介绍自己的状况之前，可以先向对方表达自己诚挚的关心。例如，可告知自己对对方成就的了解，或为此祝贺对方，等等。

相机表示合作的意图。在联络函中，不妨大致介绍一下自己欲与对方进行进一步交往、合作的意图。

灵活掌握友善的分寸。联络函并非直奔主题的业务函，因此，其篇幅宜短，语气宜友善，主题宜放在联络之上。

⑥ 通知函

● 通知函的含义。

通知函，又称告知函，它主要用以向外界通报某项事务处理的具体情况，或是某项业务的具体进展。从某种意义上讲，通知函往往可以在一定程度上发挥联络函的作用。

● 通知函书写的礼仪规范。

重在介绍客观情况。通知函的主要作用是向有关方面通报事态的发展、变化，而并非就此展开讨论或进行争论。

注意介绍的连续性。在介绍当前状况时，通知函要注意与此前函件的呼应，以便使自己的情况介绍有头又有尾，连贯一致。

通报己方今后计划。在介绍客观事态的同时，亦应告知收信者己方的对策以及已经采取的行动。

促进彼此合作。通知函的目的之一，就是要推动收信方与寄信方的合作。

表达含蓄委婉。不论是介绍己方举措，还是敦促对方参与，在表达上都要委婉含蓄。要力戒语气生硬，强人所难，或者唠唠叨叨。

⑦ 确认函

● 确认函的含义。

确认函，在此是指专为确认某事而向交往对象所寄送的信函。在商务交往中，确认函是最为常用的信函之一。因为确认函意在对某种事实、某种意向进行确定，所以它在写作上具有更高的规范性要求。

- 确认函书写的礼仪规范。

明确应予确认的有关事项。此项内容是确认函关键内容所在，故应反复核对，确保不发生任何差错。

逐一列出相应的附加条件。凡对所确认的事项附加各项具体条件的，在确认函里应向收信者予以明确。

陈述己方对此的基本立场。在确认函之中，确认方应再次承诺自己遵守约定，绝不随意对此反复，或是临场变卦。

确认函是要求收信方对此予以确认。在一般情况下，确认方均会在确认函中要求对方对此进行确认。具体的方式，可以是另行致函，也可以是在此信上签署意见。

在信函末尾正式署名。正确的确认函，均需有关人员或相关单位的负责人在其末尾亲笔签署自己的姓名，有时需要联合署名，或由单位法人代表亲自署名。必要时，还须加盖本单位公章。

⑧ 感谢函

- 感谢函的含义。

在商务交往中，感谢函是指专为感谢某人或某单位而写作的信函。一般而言，收到礼品、出席宴会、得到关照之后，均应寄出专门的感谢函。一封恰如其分的感谢函，往往可以显示写作者的教养。

- 感谢函书写的礼仪规范。

内容简练。一封感谢函往往不必长篇宏论，喋喋不休。只要在信中将自己的感谢之意表达清楚了，即使写三五句话亦可。

面面俱到。很多时候，在感谢函中应当致谢的对象不止一人，那么一定要向所有应予感谢者一一致谢，千万不要有所遗漏。

尽量手写。为了表示自己的真心实意，感谢函要尽量亲自动笔撰写，而不要打印。在任何时候，一封当事人的亲笔信，都会使人产生亲切感。

尽早寄达。在一般情况下，感谢函时效性很强，它最好是在有关事件发生后 24 小时之内寄出，并应尽量使之早日寄达。

### 3．技能分析

结合下面的实例，请同学们思考。

### 实例 1

#### 欢迎词

尊敬的×××董事长先生，尊敬的贵宾们：

×××董事长先生与我们合资建厂已经两年，今天亲临我厂对生产技术、经营管理进行指导，我们表示热烈的欢迎。

两年来我们感到高兴的是，我们双方合资建厂、生产、经营管理中的友好关系一直稳步向前发展。

我应当满意地指出，我们友好关系能顺利发展，是与我们双方严格遵守合同和协议、互相尊重和平等协商分不开的，是我们双方共同努力的结果。

我相信，通过这次×××董事长先生亲临我厂进行指导，能进一步加深我们双方互相了解和信任，更能进一步增进我们双方友好合作关系的发展，使我厂更加兴旺发达。

最后，让我们以热烈的掌声，向董事长表示欢迎！

## 实例 2

### ××商贸公司×经理在冷餐会上的祝酒词
#### （××××年6月22日）

各位女士、各位先生、同志们、朋友们：

晚上好！××商贸公司××产品展销会今天开幕了。今晚，我们有机会同各界朋友欢聚，感到很高兴。我谨代表××商贸公司对各位朋友光临我们的冷餐会，表示热烈的欢迎！

我公司××产品展销会，自上午开幕以来，已引起了我省各界及周边县市广大用户的浓厚兴趣，这次展销会在此举行，为来自各方面的朋友提供了相互交流的好机会。我相信，展销会在推动我省经济发展方面将起到积极作用。

今晚，各地朋友欢聚一堂，我希望各位同行能广交朋友，寻求合作，共同度过一个愉快的夜晚。

最后，请大家举杯，

为××商贸公司××产品展销会的圆满成功，

为朋友们的健康，

干杯！

思考：

（1）上述欢迎词和祝酒词符合信函文书的礼仪规范吗？

（2）你认为信函礼仪文书书写使用主要注意什么问题？

> **小提示**
>
> 实例1中的欢迎词写作礼仪规范，标题欢迎词明确，称呼也符合礼仪规范。主体讲双方合作顺利，共同发展，内容清楚，重点突出，董事长先生亲临公司对促进合作有更积极作用。结束语有美好的祝愿和希望，再次表示热烈的欢迎，符合欢迎词的书写规范和礼仪要求。
>
> 实例2中的祝酒词，语言简洁，逻辑性强，表达热情激昂，充满诚意，符合信函文书书写的礼仪规范。
>
> 信函文书既有思想交流，又要表达情意，称谓、事实陈述、言辞、用语一定要体现真情实感。这样才能增进了解，加强友谊，从而有利于商务活动的顺利开展。

### 4．技能运用

情景：班级有转学来的一位新同学（或模拟），为了促进班级团结合作，追求优良的班风，班委决定对新来的这位同学搞一个欢迎活动，在10分钟时间里，请5位同学致欢迎词。

任务：学习书写欢迎词。

目的：让同学们根据书写欢迎词的规范和要求，草拟欢迎词，培养同学们文字和口语表达能力、信息运用能力以及团队合作意识。

要求：

（1）全班同学每人都要进行10分钟的准备，书写好欢迎词。

（2）第一位同学由班长点名上台致词，第二位由第一位致辞同学推荐，以此类推，共5名同学发言。

（3）前面同学讲到的情节和内容，后面同学尽量不要重复。

（4）5位同学发言结束后，新来同学发言，表示感谢。

（5）表达中心内容突出，逻辑性要强，用语规范，声音洪亮清晰，举止端庄，表情自然，礼仪规范应景，产生共鸣。

> **小提示**
>
> 在社会主义市场经济深入发展的大背景下，为了提升形象、扩大影响、招商引资、促进发展，近年来各地纷纷举办各种内容和形式、不同规格和规模的节庆活动。按照惯例和程序，在节庆活动开幕式上，常常要由一位东道主方面的要员向来宾敬致一篇热情洋溢的欢迎词。
>
> 欢迎词有口头发表的欢迎词和书面发言的欢迎词。欢迎词的主要特点是欢愉性，即欢迎词当有一种愉悦的心情，言辞用语务必要有激情和表现出致辞人的真诚；欢迎词也要注意口语性，欢迎词本意是现场当面向客人口头表达的，所以口语化是欢迎词文字上的必然要求，在遣词用语上要运用生活化的语言，既简洁又富有生活的情趣。
>
> 欢迎词是出于礼仪的需要而使用的，因此应十分注意礼貌，要求做到以下几点
>
> ① 礼貌——称呼要用尊称，感情要真挚，要能得体地表达自己的原则立场。
>
> ② 谨慎——措辞要慎重，要注意尊重对方的风俗习惯，应避开对方的忌讳，以免发生误会。
>
> ③ 热情——语言要精确、热情、友好、温和、礼貌。
>
> ④ 精练——篇幅短小，言简意赅。
>
> 欢迎词惯用章法：开头表示欢迎，中间表达意义，其次凝炼话题，最后总结致辞，表示祝愿。

## 技能训练

## 撰写会议主持词

背景资料：

### 公司销售战略会议通知

20××年5月10日

销售战略会议将按照如下事宜召开，希望各位准时出席。

会议由销售部经理洪亮主持。

1. 目的：决定今年第三季度销售方案

2. 日期时间：20××年5月12日上午10~12点

3. 地点：本公司4层B会议室

4. 参加人员：销售一部，李×；销售二部，赵×；销售三部，胡×

　　　　　　开发一部，黄×；管理部，白×；企划部，许×

5. 议题：

（1）分析现状及研究课题

（2）关于第三季度销售方案

（3）第三季度具体措施日程安排

6. 附加资料：本年度业绩数据一览表

负责人：销售策划部吴迪，电话×××3856

- 训练目的：

根据会议主持词的格式及写作要求，训练同学们会议主持词的写作能力及信函文书礼仪的践行能力。

- 训练步骤：

（1）学生每5人一组，收集有关商务会议主持词的文书规范和礼仪要求。

（2）收集几份不同的会议主持词，小组共同讨论并撰写会议主持词。

（3）将撰写的会议主持词打印好，到商务企业相关人员征求意见，进一步修改完善。

（4）各组选一位代表在班级交流，老师点评，然后将各组的会议主持词在班级展示。

- 训练成果形式："会议主持词"课业报告。

- 训练成果评价如表7-1所示。

表7-1　　　　　　　　　　"撰写会议主持词"评价表

| 项　目<br>（分值） | 标　准 | 得　分 |
|---|---|---|
| 会议主持词格式<br>（20） | 格式规范，符合会议主持词的要求，经公司走访修改有较大改进 | |
| 会议主持词礼仪规范<br>（20） | 注意各环节礼仪要素，主持词中都有明显说明 | |
| 课业报告撰写<br>（30） | 课业报告内容全面，符合本次背景资料要求，文理通顺 | |
| 活动过程评价<br>（30） | 活动过程中小组成员态度端正，积极征求意见较细，自我学习、与人交流、解决问题能力强，职业观念、职业态度、职业作风表现良好 | |
| 总成绩∑100 | | |
| 教师评语 | | 签名：　　　　年　月　日 |
| 学生意见 | | 签名：　　　　年　月　日 |

# 活动二　柬帖类文书

在商务活动中，为了促进贸易双方互相了解，增加友谊，扩大交易，公司企业经常运用柬帖类文书进行往来。柬帖类文书能够显示邀请的礼貌性，能郑重地表达邀请者对客人的尊敬和热情态度。常用的柬帖类文书主要有请柬、聘书、贺卡等。

## 技能　柬帖类文书书写与应用礼仪

### 1．技能认知

柬帖类文书既是我国传统的礼仪文书，也是国际通用的商务社交文书。熟悉了解并恰当运用柬帖类文书礼仪，在商务活动中既能表达我们对客人的尊重，又能促进双方相互了解，增进友谊，扩大交易。

柬帖是对用简短的言辞书写成的信札、书柬、请柬、名帖等的一种统称。我国古代在造纸术未发明之前，信息的主要载体是竹片、木片和布帛，一般对写在木片上的文辞称"札"或"牍"，对写在竹片上的文辞称"简"，对写在布帛上的称作"帖"。柬帖从内容到形式都有极富礼仪特征，因而也就有浓厚的传统文化色彩。

柬帖的用途大体有三种：通报消息，通报兼邀请，祝贺致谢。通报兼邀请的柬贴应用比较广泛，多用于喜庆活动及各种宴请和公司聚会。这类柬帖除要通报的事情、具帖者姓名、礼告敬辞之外，还有请候的内容，如恭请（敬请）光临，（或光临指导），恭候台光，恭请礼教。

礼仪性越强的应用性写作，其款式也就必然越讲究、越严格，因为书面写作的款式是生活中的礼仪、秩序的体现，所以说，款式本身也是一种礼仪。因此，柬帖行文中的起行、抬头、具名位置等问题，均须注意社会约定俗成的款式。

### 2．技能学习

柬帖类文书作为在商务交往活动中用来知照对方的一种书面文体，从形式到内容都有约定俗成的礼仪规范。根据柬帖类文书的运用具体场合、内容、对象，按照规定的形式和行文要求，认真措辞，按柬帖类文书礼仪要求规范操作，以表达对所告事宜的重视和对被告知对象的尊重。

在一般礼仪文书中常用的柬帖类文书主要有以下几类。

（1）请柬

请柬又叫请帖，是为邀请宾客而发的书面通知，是一种正式而隆重的书面邀请形式。请柬在商务活动中被广泛应用，一些公务活动包括召开较隆重的会议需要发请柬。发请柬是为了表示对客人的尊敬，也表明邀请者的郑重态度，所以请柬在款式和装帧设计应美观、大方、精致，被邀请者可体会到主人的热情与诚意，感到喜悦和亲切。现在通行的请柬形式有双柬帖与单柬帖两种，双柬帖是将一张纸折成两等份，对折后成长方形；单柬帖即用一张长方形纸做成。无论单柬帖还是双柬帖，帖文的书写或排版款式都有横排、竖排两种。

请柬篇幅有限，书写时应根据具体场合、内容、对象，认真措辞，既要庄重，又要明白，让人一看就懂。

① 请柬的书写格式

- 标题。一般写在柬帖的表面，字体稍大，字面烫金或加以图案修饰。

- 称谓。无论单帖还是双帖，在帖文行文方面大致是一样的。帖文首行顶格书写被邀请者的姓名或被邀请单位的名称。
- 正文。写明被邀请者参加活动的内容（如座谈会、报告会、联欢会、宴会等），应交代清楚时间、地点，如有其他活动（如观看影视表演），应在请柬内注明或附入场券。
- 结尾。结尾一般写敬请光临、致以敬礼等。
- 署名。落款应写明邀请人的单位或姓名和发出请柬的时间。

② 请柬的运用范围

请柬在商务活动中广泛应用，如商务活动中店铺开业、周年庆典、揭幕等。

③ 请柬文书使用注意事项

- 请柬中不得有错字、漏字，否则就是对对方的不礼貌的表现。
- 请柬语言要保证适合礼仪文书的书写目的，所有内容必须明确具体。
- 重要客户或嘉宾的请柬必须专人送达，并在活动前两天善意提醒。
- 如果由于客观原因请柬中的事项有变化，应提前通知嘉宾。

④ 例文

---

**请　　柬**

××先生（女士）：

本公司定于××××年××月××日××时在××酒店二层会议室举办辞旧迎新酒会。敬请光临指导。

此致

敬礼

××××公司

××××年××月××日

---

（2）聘书

聘书是聘请有关人员担任本公司的某一职务或承担某项任务时所制发的一种应用文书。聘书能使应聘者明确职责，增添荣誉感、尊敬感和责任感。大多用红色封面，册页式，封面烫金，标明"聘书"字样。一般分为竖式和横式两种。

① 聘书的格式与书写

- 标题。标题居内页首行中间位置，字较大些，写上"聘书"、"聘请书"或"聘约"。
- 称谓。称谓位于标题下一行顶格写，写受聘人姓名（也可附上职务、职称、学位等）。
- 正文。正文一般包括聘请缘由，被聘人承担的具体职务、职责、权限待遇，聘期起止时间，以及聘任的要求和希望等，可分条逐项写。结语用"特聘"或"特授予此证"等。
- 署名。要在正文靠右侧写聘请单位或单位负责人姓名，并加盖公章及个人名章。然后另起一行写明日期。

写聘书时须注意语言要谦恭、得体，用词简练、准确。

② 聘书适用范围

商务活动中聘请管理人员、技术骨干、兼职专家等都使用到聘书。

③ 例文

**聘 请 书**

××同志：

　　为了探索股份制商业企业改革的成功经验，经会务组研讨同意，特聘请您为本次研讨会专家。

　　此致

敬礼

××市××商务有限公司（盖章）

××××年××月××日

（3）贺卡

贺卡是印有一定祝贺问语的卡片。赠送贺卡是节日庆典活动中一项重要礼仪活动，它具有庆贺性、告知性等特点，它有助于加深互相了解，增进感情，密切联系。目前贺卡大体分为书面贺卡和电子贺卡两种。随着互联网的普及、计算机技术的广泛应用，电子贺卡应用也越来越广泛。

① 贺卡的格式与写法

- 标题。一般在正中间书写"贺卡"两个字，也可以写成"××贺卡"。
- 称谓。收卡人姓名、称呼，需在标题下第一行顶格写。
- 正文。主要写明贺卡的目的和贺词。
- 署名。右下角写明贺卡发出人的姓名，最后注明年月日。

贺卡写作时需注意用词得体、简洁，字迹美观大方、工整。

② 贺卡的适用范围

目前贺卡以新年春节期间的拜年贺卡最为常见，一些专门节日也会使用贺卡，如护士节、教师节等。

③ 例文

××公司××经理：

　　值此新春佳节之际，祝愿贵公司生意兴隆，财源广进！祝愿您身体健康，万事如意，事业有成！

××有限责任公司×××

××××年××月××日

📚 **知识链接**

**贺卡的发展历程**

很多人认为贺卡是舶来品，其实，中国才是世界上最早使用贺卡的国家。远至宋代我国就有了互相投递"拜年帖"的风气，这实际上已是贺卡的雏形。

随着印刷技术的提高，到了 20 世纪 90 年代，贺卡已经风靡全国了。贺卡的花样越来越多，有音乐的、立体的、弹簧的、连环的，总之是只有你想不到的，没有你买不到的。对 20 世纪 70 年代出生的人来说，买贺卡、送贺卡是年末的一项重要活动。

自从 1999 年开展"减卡救树"活动之后，贺卡的"身价"可谓是一落千丈。但响应环保号召的人们并没有因为不买贺卡而减少了节日的祝福，互联网的发展，又给贺卡开辟了一块新的天地。

如果我们在网上送出的祝福并不比纸质贺卡少的话，面对如此环保、便捷、个性的方法，何乐而不为呢？

### 3．技能分析

结合下面的实例，请同学们思考。

某公司定于××月××日在单位礼堂召开总结表彰大会，发了请柬邀请有关部门的领导光临，在请柬上把开会的时间、地点写得一清二楚。

接到请柬的几位部门领导很积极，提前来到礼堂开会。一看会场布置不像是开表彰会的的样子，经询问礼堂负责人才知道，今天上午礼堂开报告会，该公司的总结表彰会改换地点了。几位部门领导感到莫名其妙，个个都很生气，改地点了为什么不重新通知？一气之下，都回家去了。

事后，会议主办部门的领导才解释说，因秘书人员工作粗心，在发请柬之前还没有与礼堂负责人取得联系，一厢情愿地认为不会有问题，便把会议地点写在请柬上，等开会的前一天下午去联系，才得知礼堂早已租给别的单位用了，只好临时改换会议地点。

但由于邀请单位和人员较多，来不及一一通知，结果造成了上述失误。

思考：

这个实例告诉我们发请柬前应注意什么？这件事对你有何启发？

> **小提示** 请柬是在商务场合，为邀请宾客而发出的专用通知书。使用请柬既表示对事件或活动的郑重态度，也表明主人对客人的尊敬。请柬的主要功能就是告知性、礼节性、规范性，请柬语言要精练、准确，凡涉及时间、地点、人名等的一些关键事项，一定要核准查实。如果书写请柬时不认真查实，关键性词语书写错误，事后补救就很困难了。虽可以做很多补救工作，但造成的不良影响却难以消除。

### 4．技能运用

实例 1

**请　　柬**

××先生：

　　兹定于××××年××月××日××时在××路华侨大厦召开商场开业五周年庆典活动。

××敬约

实例 2

> ××老师:
>
>   在元旦来临之际,学生××祝您元旦快乐,身体健康。
>
>
> 学生: ××

  任务:指出上述两个实例中存在的问题,并提出自己的改进建议。

> 小提示
>
>   实例 1:缺少"敬请光临"或"恭候光临"等敬语;落款缺少主办单位和发出请柬的时间。
>
>   实例 2:恭贺老师一般应包括节日、工作、身体、家庭等内容;落款应有谦恭的态度,写明"您的学生"字样,并注明书写贺卡的日期。

## 技能训练

### 柬帖的制作

- 训练目标:根据柬帖书写格式和礼仪规范要求,训练提高同学们书写柬帖的写作能力和遵守柬帖书写礼仪规范的能力。
- 训练步骤:

① 学生每 5 人一组,深入商贸公司调查,了解公司经常使用的柬帖类的场合、柬帖种类、具体内容和书写礼仪规范要求。

② 根据以下内容,每组选一项到相关公司进行调查走访,讨论并书写相关柬帖,各组不能重复。

请柬的使用场合有:开业庆典、新商场落成典礼、周年庆典、大型展销会、新闻发布会等。

聘书的使用场合有:聘请专家,聘请技术顾问,聘请消费者监督员、物价监督员、行风监督评议人员以及其他活动评判员等。

贺卡使用时机有:元旦、春节和其他特定节日。

③ 每组选一位代表在班级交流,老师点评,并将各组的柬帖在班级展示。

- 训练成果形式:各组交一份书面柬帖。
- 训练成果评价如表 7-2 所示。

表 7-2         "柬帖的制作"评价表

| 项　目<br>(分值) | 标　准 | 得　分 |
| --- | --- | --- |
| 企业调查<br>(30) | 调查公司两个以上,收集柬帖 3 个以上 | |
| 柬贴书写格式<br>(20) | 书写格式规范,无缺项 | |

续表

| 项　目<br>（分值） | 标　准 | 得　分 |
|---|---|---|
| 柬贴书写礼仪<br>（20） | 书写符合要求，用语、措辞符合礼仪规范 | |
| 训练活动过程<br>（30） | 小组成员互相配合，活动有序，与人交流、解决问题、革新创新能力强，职业态度、职业良心、职业作风表现好 | |
| 总成绩∑100 | | |

| 教师评语 | | |
|---|---|---|
| | | 签名：　　　　　年　月　日 |
| 学生意见 | | |
| | | 签名：　　　　　年　月　日 |

# 任务八
# 网络交往礼仪

## 认知目标

① 网络成为传递信息的重要平台，给我们工作带来了很多方便，掌握网络运用中的礼仪成为新的必修课。要熟悉网络沟通交流的方式和手段，提高网络沟通能力。

② 要了解网上交易的相关礼仪、邮件收发的礼仪、网上聊天的礼仪等。

## 技能目标

① 了解网上交易的相关礼仪，并能自觉遵守这些礼仪。

② 熟悉并遵守邮件收发的礼仪。

③ 养成践行网上聊天礼仪的良好习惯。

## 案例导入

### 小企业赢得网络大市场

在传统商业活动中，企业规模大小对企业的生存和发展影响重大，在市场营销和产品定价方面，大企业有着较大的影响力。在网络营销中，小企业可以参与零售业的竞争。许多小企业在网络营销中取得了成功。

网络营销专家认为，小企业成功的关键是灵活而不是富有。小零售企业的网站必须被正确地注册，才能出现在重要搜索引擎的重要位置，网站设计的科学化和功能化是十分重要的。小企业通过专注于特殊的商品和小的地理区域建立其独特性，必须选择一个比竞争对手做得更好的聚焦市场，如有效地满足特定社区特定的不被大企业注重的细分市场，会有更大的收益。适应特殊群体的网站一般通过群体成员之间共享的口碑广告效应获得利益。针对特殊人群的网站更有可能被搜索引擎发现并记录。

小企业网站可以通过个性化的顾客服务形成它们的市场优势，以确保顾客满意。因此，顾客行为的跟踪研究，培养忠诚顾客群，产生重复购买就显得十分重要。小企业必须严格遵守网络营销的礼仪规范，并形成自己的独特的理解顾客、尊重顾客的服务风格，为顾客真心诚意地提供优质服务与产品，小企业才能在网络中生存和发展。

思考：

1. 在网络营销中，小企业怎样找到自己的生存空间？

2. 小企业在网络营销中，遵守哪些网络营销礼仪规范才能培养忠诚顾客？

# 活动一　网络营销

网络营销是 20 世纪末出现的市场营销新领域，是公司营销实践与现代通信技术和计算机网络技术相结合的产物，是公司以电子信息技术为基础，以计算机网络为媒介和手段而进行的各种商务活动的总称。今天，我们登录互联网，浏览某个网站，可能立即就被针对典型访客的产品或服务轰炸。通过网络，公司可以开展调研、处理顾客订单、划拨资金给供应商、在银行开立账户，公司可以为顾客提供一周七天，甚至一天 24 小时与客服代表沟通的机会。

## 技能　网络营销礼仪

### 1．技能认知

随着网络技术和信息技术的广泛应用，公司通过网络开展商务活动已成为企业经营活动中不可或缺的组成部分。那么，什么是网络营销？网络营销有何特点？什么是网络营销礼仪？这些是商务人员应该了解的一些基本问题。

网络营销是指企业以电子信息技术为基础，以计算机网络为媒介和手段而进行的各种营销活动（如网络调研、网络新产品开发、网络促销、网络服务等）。与传统的销售方式相比，网络营销具有以下特点。

（1）网络营销以现代信息技术服务作为支撑体系

现代社会对信息技术的依赖程度越来越高，现代信息技术服务业已经成为网络营销的技术支撑体系。

（2）以电子虚拟市场为动作空间

电子虚拟市场（Electronic Market Place）是指商务活动中的生产者、中间商和消费者在某种程度上以数字方式进行交互式商业活动的市场。电子虚拟市场将市场经营活动、市场经营客体和市场经济活动的实现形式，全部或一部分地进行电子化、数字化或虚拟化。

（3）以全球市场为市场范围

网络交易（电子商务）的市场范围超越了传统意义上的市场范围，不再具有国内市场与国际市场之间的明显标志。其重要的技术基础就是遍布全球的国际互联网，因此世界正在形成虚拟的电子社区的电子社会，需求将在这样的虚拟的电子社会中形成。同时，个人将可以跨越国界进行交易，使得国际贸易进一步多样化。从企业的经营管理角度看，国际互联网为公司提供了全球范围的商务空间。跨越时空，组织世界各地不同的人员参与同一项目的运作，或者向全世界消费者展示并销售刚刚生产的新款产品，已经成为公司重要的选择。

（4）以全球消费者为服务范围

网络交易（电子商务）的渗透范围包括全社会的参与，其参与者已不仅仅限于提供高科技产品的公司，如软件公司、娱乐和信息产业的工商企业等。当今信息时代，电子商务数字化革命将影响到我们每一个人，并改变着人们的消费习惯与工作方式。今天网络消费者已经实现了跨越时空界限在更大范围内购物，不用离开家或办公室，就可以通过进入网络电子杂志、报纸获取新闻与信息，了解天下大事，并且可以通过互联网购买到从日常用品到书籍、保险等一切商品或劳务。

（5）以迅速、互动的信息反馈方式为高效运营的保证

通过电子信箱、FTP、网站等媒介，网络交易（电子商务）中的信息传递告别了以往迟缓、单向的特点，迈出了通向信息时代、网络时代的重要步伐。在这样的情形下，原有的商业销售与消费模式正在发生变化。任何国家的机构或个人都可以浏览到上网企业的网站，并随时可以进行信息反馈与沟通，因此，国际互联网为工商企业从事电子商务的高效运营提供了国际舞台。

（6）以新的商务规则为安全保证

由于结算中的信用瓶颈始终是网络交易（电子商务）发展进程中的障碍性问题，参与交易的双方、金融机构都应当维护电子商务的安全、通畅与便利，制订合适的“游戏规则”就成了十分重要的考虑。这涉及各方之间的协议与基础设施的建设，在这方面进行努力才能保证资金与商品的转移。

网络营销礼仪，是指在利用网络进行商务活动中表示尊重、友好的行为规范和准则，包括尊重他人的权利和愿望，不影响网上的其他商务人员或顾客的正常行为。由于网络营销利用互联网进行商务活动，网上的用户（客户）相当于国际“网络公民”，由于虚拟社区的成员众多，与现实生活中的社会一样，当然应当有大家应当遵守的规则，这些规则大部分是以日常生活中人与人的交流方式作为基础的，因此，大家应该共同遵守。

**2．技能学习**

网络正迅速融入商务活动中，成为现代商务活动的一种重要形式，随着网络营销的发展，网络营销礼仪也应运而生。那么，在网络营销中，为了使网络营销健康发展，应遵守哪些基本礼仪规范呢？

（1）在网络品牌创建方面应遵守的礼仪规范

任何公司在创建自己网络品牌过程中，都要通过精心设计、科学运营来提升自己公司的网络品牌形象，而不要通过不正当的、欺骗的手段，提升业务，误导顾客。

（2）信息发布方面的礼仪规范

目前，网络营销的产品包括有形产品、数字化产品和数字化服务三大类。通过互联网销售的有形产品与我们在一些零售店看到的有形产品并没有什么不同。数字化产品包括多媒体娱乐、在线信息服务、电子出版物、游戏、音乐和视频等，这些产品可以直接通过互联网销售与转移给消费者。数字化服务可以在线销售与提供，许多服务行业如银行、股票经纪人和学校正努力实现顾客可以通过互联网接受它们的服务。很多顾客抱着好奇的心理，开始接受一些网络营销的产品。但有一些无良企业通过欺骗性定价，名不副实的服务，或降低产品质量，从顾客身上获利，这种

不尊重顾客、欺骗顾客的行为是网络营销的大忌。

（3）在线顾客服务方面的礼仪规范

实现有效的顾客服务是网络营销面临的最大挑战之一。顾客希望能够便捷地浏览网站，获得购买决策需要的信息，提交订单时不必担心安全和信息被泄露，顾客需要的产品能够迅速地配送，得到及时的技术和产品修理，对所购物品不满意也可以容易地退换货物。因此，顾客服务和收集存储客户信息成为公司越来越重要的工作任务，信息安全性也成为公司需要关注的重要问题。公司要做到以不损害公司及顾客的方式收集数据，尊重客户，保护客户隐私，对相关隐私政策和规定既要告诉信息的所有者，也要传达至信息的所有者。

（4）网上促销礼仪规范

公司在促销过程中，不要滥用网络来刊登广告，更不要弄虚作假、欺骗顾客。网上促销的道德和法律与实体店促销要求和规范是一样的，公司商务人员在网上促销与实体店促销行为应该是一致的。

（5）网上销售礼仪

诚信是网络营销的基本要求，网络营销比实体店营销更能体现一个公司的管理水平和公司的社会形象。网络上销售产品一定要理解顾客、服务顾客、尊重顾客，有对顾客负责的精神。在网络营销的环境下，客户隐私权可能出现被侵犯的情况，公司必须对客户的个人资料进行保密。在网络支付中，签字是具有认定效力的商务活动，其重要的细节内容需要极端高度保密，需要额外的安全程序，一定要对顾客负责。因为顾客希望在网络营销活动中其个人信息隐私权能够受到保护，如果顾客确信他们的隐私会得到保护，他们才会放心地使用该网站。

（6）网上市场调研方面的礼仪

很多网上营销的公司会经常进行网上调研，并经常把调研结果向顾客公开宣传，以吸引顾客光顾公司网站。但有些网络营销企业利用虚假方式，对顾客以欺骗的方式进行调研或宣传，误导消费者，这是十分短视的营销行为。

**3．技能分析**

结合下面的实例，请同学们思考。

### 📚 实例1

Work2.0是一种全新的互联网在线工作模式，也被称为"沃客"。在沃客网站上，个人和企业无论有任何需求都可以发布任务，并公布任务期限和赏金。在网站上等"活儿"的沃客们会帮你完成任务。任务小到为宠物起名，大到企业形象策划、市场调查、广告设计和程序开发，应有尽有，赏金也根据难度从几十元到上万元，甚至几十万元不等，网站从中抽取一定比例的佣金（根据网站不同，一般在5%～20%之间），其余部分由中标者获得。知名沃客网站有K68、猪八戒网等。

### 📚 实例2

有一个中国秀客网允许用户在其网站定制个性化的产品，如T恤、情侣衫、钥匙扣、挂坠、马克环、抱枕……所有你能想得到的可以个性化的物品，只要进行在线注册，并通过在线DIY工具对你定制的产品进行简单的设计加工（上传自己的图片，或者在线选择别的设计师提供的付费图片），然后下单，付款，就能在预订的时间收到货物。中国秀客网的引擎是国家 863 软件开发计划的民用项目，可以实现图片和产品的无缝链接，给用户真实的线上设计体验。

思考：

（1）结合上面实例，你认为要使这些项目在虚拟的网络世界里能顺畅运行，从网站工作人员到用户在网络营销礼仪方面需要做好哪些工作？

（2）结合上面实例，你认为应遵守的网络营销礼仪的具体内容是什么？

**小提示**

随着电子商务时代的到来，很多传统的商务公司开始通过互联网开展业务，许多营销流程也随之发生变化，变化较大的营销活动领域主要有竞争关系、顾客关系、数据管理及促销和沟通。

传统商务公司的竞争主要是地理上相近而且规模相当的公司之间展开竞争。而在网络营销的环境下，竞争对象不再局限于公司的地理位置和规模，只要会使用计算机网络的顾客，不管身居何地，都是潜在的顾客，那些通过互联网提供同类产品的公司也成为竞争者。

传统商务公司面对的顾客很多愿意使用电话或者实地访问公司进行货比三家而后购买。公司向互联网的经营扩展和延伸，意味着将为公司带来大量的潜在顾客。网络营销可以延伸公司的市场范围，但也会因为物流配送、顾客居住地距离远近、网络支付等面临挑战，这些方面也会阻隔一些消费者成为公司的顾客。

传统商务公司顾客是当面挑选商品，商品质量有问题可当地退换，售后服务也比较方便，而网络营销环境下顾客希望能够容易地浏览网站，获得购买决策需要的信息，提交订单时不必担心个人信息被泄露。顾客需要货物能够快速地配送，得到及时的技术支持和产品维修，对所购物品不满意时也可以容易地退换货物。同时，网络营销环境下，所有商品和服务信息必须要科学组织和易于查找，顾客能够容易地在网页之间跳转，产品信息和图片要能够吸引顾客的注意力。无论任何时候，顾客需要随时都可以找到客服人员和技术支持人员，客服人员和技术支持人员必须有专业知识及有效的人际关系处理技能和沟通技巧。因此，网络营销环境下既要遵守传统商务公司商务活动中的一些礼仪规范，又必须遵守网络营销的礼仪规范。

### 4．技能运用

【背景资料】张强是一位刚刚毕业的高职学院的学生，具有较强的人际交流和沟通能力。张强计划将这一优势投入到他的第一份全职工作之中。他决定在本地一家中型商务公司的网络营销部寻求一个客户服务专员的职务。

目前，该公司在客户服务方面反映最多的问题：一是公司售后服务信息不畅通；二是有顾客怀疑个人信息被泄露；三是商品定价和产品质量有虚假宣传。

任务：结合上面反映的问题，请你给张强就做好网络营销客户服务工作应遵守的礼仪规范提出个人建议。

在商务公司网络营销部，客户服务专员是一个重要的职位。网络营销部希望顾客能够舒适地完成在线购买，如果顾客遇到问题还可以得到及时的支持。客户服务专员负责监测顾客订单，通过电子邮件或电话与顾客进行沟通，跟踪顾客订单以保证顾客对所购物品及购物体验的满意。客户服务专员还会将顾客反馈提交给网络营销部经理，并就改进订单流程，以及如何满足特定顾客的需求等提出建议。

由上可知张强要做好网络营销客户服务工作必须遵守的礼仪规范有以下几个方面。

① 要熟练掌握电话沟通的礼仪规范，以顺畅地与顾客电话沟通，帮助顾客解决问题。

② 要掌握电子邮件的礼仪规范，以更好地服务好顾客。

③ 协调制订防范顾客信息泄露的管理制度。

④ 协调制订网上促销和网络广告的相关管理制度。

⑤ 要注意与上司的人际关系协调，尊重上司，为上司提出合理化建议。

⑥ 要做好与同事的工作关系的协调，为网络营销部团队和谐做出贡献。

## 技能训练

### 小微企业网络营销礼仪规范践行情况调查

* 训练目标：了解小微企业网络营销礼仪规范践行情况，增强网络礼仪规范践行的自觉性和紧迫感。
* 训练步骤：

① 学生每 5 人为一组，对 3 家小微企业网络营销礼仪践行情况进行调查。

② 小组成员通过互联网和图书馆收集有关资料，共同讨论列出调查方案与调查提纲。

③ 调查包括，从网上收集 3 家企业网络营销情况，总结分析出这些企业践行网络营销礼仪规范的优点和存在的问题，找出网上用户对这些企业的评价。实地走访这些企业的主要用户，征求他们对企业践行网络礼仪的评价意见和建议。

④ 结合实际调查，分析总结，写出调查报告，报告中要有 3 家企业的基本情况，要有一些基本数据；要有本小组的评价和分析，最后提出小微企业网络营销应遵守的礼仪规范的建议。

⑤ 每组派一位代表在班级交流，老师进行点评，并将有特点的调查报告在班级展示。

* 训练成果形式：小微企业网络营销礼仪规范践行调查报告。
* 训练成果评价如表 8-1 所示。

表 8-1 　　　　　"小微企业网络营销礼仪规范践行情况调查"评价表

| 项　目<br>（分值） | 标　准 | 得　分 |
|---|---|---|
| 调查提纲<br>（20） | 调查提纲设计规范，内容全面，符合调查目的要求 | |
| 调查报告撰写<br>（30） | 书写格式规范，有目的，有调查记录，有 3 家企业情况总结分析，有践行礼仪规范建议，调查原始资料翔实 | |

续表

| 项　目<br>（分值） | 标　准 | 得　分 |
|---|---|---|
| 践行礼仪规范建议<br>（20） | 践行礼仪规范建议符合网络营销实际，有积极的促进作用 | |
| 调查活动组织<br>（30） | 整个调查活动组织有序，小组成员协调配合较好，与人交流、与人合作、创新能力强、职业良心、职业作风、职业守则表现好 | |
| 总成绩∑100 | | |
| 教师评语 | 签名：　　　　　　　　　　　年　月　日 | |
| 学生意见 | 签名：　　　　　　　　　　　年　月　日 | |

# 活动二　日常网络交流

　　利用网络来收发邮件，获取信息，与客户交流等成了商务人员工作的重要组成部分。在网上与客户交流，由于各种环境因素，对方未必可以完全正确理解你所表达的意思，很容易陷入"言者无意，听者有心"的困境。因此，网络虽然是一个"不受制约"的地方，但基本的规范是必需的，毕竟面对的也是和你一样有血、有肉、有感情、有思想的人，甚至是各行各业的精英。所以一定要注意自己的言行举止，要牢记网络是个协作的环境，在我们享受网络给我们带来的种种便利的同时，应当遵守网络交流的基本礼仪。

## 技能 1　邮件收发礼仪

### 1．技能认知

　　随着网络的日益普及，电子邮件以其方便快捷、安全保密、费用低廉的特点，博得了人们的喜爱，已是一种重要的通信联系方式。那么，什么是电子邮件？什么是电子邮件收发礼仪？这是商务人员必须明确的两个问题。

　　电子邮件是在传统邮件的基础上衍生出来的网络应用，它是运用互联网向交往对象发出的一种电子信件。电子邮件的使用主要包括三个方面：制作和发送，接收和处理，以及邮件的日常管理等。收发电子邮件成了商务人员利用网络办公常见的内容。

使用电子邮件进行对外联络，不仅方便快捷，不受篇幅限制，而且可以降低通信费用，特别对远距离的国际间通信交流，以及大量的信息交流，其优势更是明显，因此使用者越来越多。尤其是商务公司，应该崇尚信誉、掌握时机及合作分工，信奉顾客至上，看重与顾客的沟通，以达成促销、增产与营利的目的。有些人常常忽视了有关电子邮件的礼仪，电子邮件充斥着低级笑话、垃圾邮件等。因此，电子邮件方面的礼仪也必须引起我们的关注。

电子邮件的收发礼仪，是指商务人员在制作和收发、接收和处理，以及邮件日常管理中应遵守的礼仪规范。

### 2．技能学习

电子邮件因其方便快捷、费用低廉，深受商务人士的喜爱，使用者越来越多，尤其是在国际间通信交流和大量信息交流中优势明显。对待电子邮件，应像对待其他通信工具一样讲究礼仪。

（1）收发电子邮件的程序及礼仪

① 制作并发送电子邮件的程序及礼仪

* 明确沟通的对象

在业务沟通中间，有主沟通对象（决策人）、辅沟通对象（执行人）、监督评估对象（审核人）等，使用电子邮件沟通时，这个规则依然没有发生变化，发送邮件之前，必须确认对象是否正确，以免造成不必要的困扰。

* 制作邮件内容

邮件内容的输入，包括邮件抬头信息、正文和落款，另外还有附件或项目等。

* 邮件内容的简单编辑和修饰

主要包括文字和段落的修饰及背景的修饰等。

* 发送电子邮件并检查发送情况

选择邮件账户并发送邮件。

检查邮件发送结果，发送结果一般从两个方面进行检查，一是在导航窗格的相应文件夹进行；二是已经设置了回执的邮件，会自动提供通知，并返回相应邮件。

② 接收、阅读和处理电子邮件的礼仪

* 接收邮件。

一般用户设置为默认在线方式即可收到新邮件，并将邮件存放在收件箱中，同时显示到达通知，以提醒查看。

* 阅读邮件。

收件人查看邮件时，可采用不同的方法，包括纵横阅读、浏览主题、自动阅览和分组查看等方法。

* 答复、转发及标记邮件。

答复邮件。收到的邮件，有的需要回答一些问题，或告知一些情况，那么就需要答复邮件。答复可从邮件视窗中选择某一邮件条目进行，如可以在打开的邮件窗口中处理。

转发邮件。转发常用于将自己收到的邮件，转给其他相关人员，所以，处理转发邮件时，通常需要选择输入收件人的地址。这一过程将自动携带原邮件的附件。

建立邮件归档文件夹。将准备用的邮件分类存放，可以方便邮件的跟踪。

（2）收发电子邮件礼仪注意事项

电子邮件上的错误，或滥用电子邮件可能会导致一系列严重后果。所以要时刻记住下面几点。

① 邮件在公司内部是无秘密可言的

在公司的电脑上写作、发送或接收的每一封邮件，无论是通过公司内部网络还是互联网传输，实际上都是属于公司经理的，他有权阅读，你要意识到你的邮件是企业里任何人都可以阅读的一张卡片。邮件没有任何秘密可言。因此，书写要规范，文法要符合逻辑。内容要符合法律、道德和公司文化。坚决不用电子邮件作为媒介传送任何不良的信息，也不要用来发布严肃的抱怨批评。

② 电子邮件不适合交流重要信息

由于电子邮件可以被很容易地复制、改变和伪造，因此，依赖电子邮件传输重要信息都是有潜在危险的。一旦发出，电子邮件就不在你的控制范围内了。

### 3．技能分析

结合下面的实例，请同学们思考。

### 实例 1

（北京雅致人生公司王艳写给郑州惠尔企业管理咨询有限公司张先生的信函）

张先生：

您好！我是北京雅致人生管理顾问有限公司的王艳。很高兴能够认识您，并有幸将我们公司介绍给您。我们公司培训主要以素质技能技巧为主，曾经成功地为 IBM、HP、SAMSUNG、微软、中海油、大唐移动、北京移动、信息产业部电信研究院服务过，欢迎您访问我们公司的网站（网址：www.yazhi-life.com），对我公司有更多的了解。附件是我们公司擅长的培训课程及讲师简历。请您查收。

如有任何问题或者建议，请您随时与我联系。

希望我们能达成互补，在未来有合作的机会。

感谢您对我们工作的支持。

祝您工作开心快乐！

雅致人生管理顾问有限公司

项目经理：王艳

### 实例 2

某天上午，胡女士的电脑突然弹出一则信息，提示胡女士中了大奖。点击并登录后，胡女士被对方一步步套牢，最终经不住近 20 万元奖品的诱惑，从保证金、个人所得税到手续费、公证费，先后 5 次汇出 5 万元后，才意识到上当了。

思考：

（1）请根据收发电子邮件的礼仪规范，评价实例 1 中的电子邮件。

（2）请结合案情分析，怎样才能建立真实可信的网络沟通平台？

收发电子邮件是商务人员对外联系和沟通的一条经济便捷的通道，在日常商务往来中会大量使用。电子邮件和普通信函一样，有规范的书写格式和礼仪规范要求。

北京雅致人生王艳写给郑州惠尔企业管理咨询公司的张先生的合作信函，从邮件书写格式、称谓、合作事项平等沟通交流都体现着浓浓的理解、尊重之情，完全符合电子邮件礼仪规范，读起来让人赏心悦目，从邮件中我们可以感受到该公司优秀的文化和员工的整体素质。

一份邮件，短短的几行字，字里行间流淌着电子邮件书写者的精神和做人的品格，同时也展示着公司的良好形象。一封差的电子邮件也可能会把一个公司建立已久的美好形象完全毁掉。在商务往来中，一定要注意商务交往中电子邮件的书写，注意收发电子邮件的礼仪规范，并努力向对方展示良好的公司形象。

网上沟通交流信息本应真实、可信，但由于多种原因，目前网络交流中有一些无良企业和个人，利用网络的虚拟性、隐蔽性等特点，利用人们对网络知识和技术的不甚了解，经常发送一些具有诈骗性、诱骗性的虚拟信息，让一些人上当受骗。

我们国家目前正加大对网络管理的力度，各网站都对员工加强职业道德教育，对上网人员也有各种法律、道德、礼仪规范的要求，但仍有一些人利用网络交流中的各种平台和机会散发虚假信息。对在网上进行沟通交流的每位成员来说，一定要清楚，网络交易有风险，不要寄希望于所谓的"好运"，天上不会掉"陷饼"。任何形式的网上交流、沟通，都要讲诚信，讲职业道德，要做一个负责任、讲文明的上网人。

## 4．技能运用

背景资料：

王强参加了公司刚刚举办的夏令服装产品展览会，会上王强与很多经销商建立了良好的关系。虽然展览会只有一周时间，但很多经销商那种对市场的分析判断能力、对消费者的消费趋势研究和对未来希望合作的诚意，都让王强深受触动。作为刚从事商贸工作的他，十分希望能结识更多的朋友，为公司做出更大的贡献。他觉得展览会结束了，但与经销商的关系还要维系，于是想写一份电子邮件，把自己的这种心情表达出来。

任务：帮助王强写一份电子邮件。

（1）请同学们分组讨论王强要表达的主要思想及希望。
（2）请同学们参照一些相类似的电子邮件格式和礼仪规范，书写电子邮件。
（3）每位同学都要书写一份电子邮件。
（4）考核要求如下。
① 电子邮件书写格式规范，简洁明了。
② 符合电子邮件书写的礼仪规范。
③ 电子邮件表达了背景资料中王强的主要思想及希望。
④ 选出 10 份书写规范、内容丰富、符合礼仪规范的电子邮件，在班级交流并在班级展示。

## 技能 2  网络交流礼仪

### 1．技能认知

当今世界已进入了以信息网络和信息社会为特征的 21 世纪，网络技术的发展和应用改变了信息的分配和接受方式，也改变了人们工作、学习、生活和交流的环境。那么，什么是网络交流礼仪是商务人员应该了解的基本问题。

随着人类社会经济的发展，信息传递日益频繁，现代通信技术的发展，通信的各种方式不断优化，让人与人之间的沟通变得更为灵活、便捷、有效，而且费用在不断降低。目前流行的 MSN、QQ、博客、微博等沟通交流方式会随着现代通信技术的发展更方便、更灵活、更经济、更实用，成为人们互通信息、交流思想、联络感情、展示才华、记录事件、评论现实的重要交流平台。

网络交流的礼仪，是指商务人员在网络中利用各种交流沟通方式与他人联系时应遵守的礼仪规范。

### 2．技能学习

商务人员的相当部分工作都要通过网络来完成，人们在网络中讨论问题、聊天、发表自己的意见建议或对一些事件进行评论。目前广泛流行的有 MSN、QQ、博客、微博等沟通交流方式。网络给商务人员提供了一个平等交流的平台，网络方便了大家交流，但也会造成一些交流障碍，要求我们在享受网络带给我们的种种便捷时，同样应当遵守相应的礼仪规范。

（1）MSN，全称 Microsoft Service Network（微软网络服务），是微软公司推出的即时消息软件，可以与亲人、朋友、工作伙伴进行文字聊天、语音对话、视频会议等即时交流，还可以通过此软件来查看联系人是否在线。微软的 MSN 实时通信网络满足了用户在移动互联网时代的沟通、社交、出行、娱乐等诸多需求，在国内外拥有大量的用户群。

（2）QQ，1992 年 2 月由腾讯自主开发的基于互联网的即时通信网络工具。腾讯 QQ 支持在线聊天，即时传送视频、语音和文件等多种多样的功能。同时 QQ 还可以与移动通信终端、IP 电话网、无线寻呼等多种通信方式相连。腾讯即时通信其合理的设计、良好的易用性、强大的功能、稳定高效的系统运行，赢得了用户的青睐，使 QQ 不仅是单纯意义的网络虚拟呼机，而且是一种方便、实用、超高效的即时通信工具。QQ 可能是现在我国被使用次数最多的通信工具。

（3）博客，是指以网络作为载体，能简易、迅速、便捷地发布自己的心得，及时有效轻松地与他人进行交流，并集丰富多彩的个性化展示于一体的综合平台。一个典型的博客结合了文字、图像、其他博客或网站的链接及其他与主题相关的媒体，能够让读者以互动的方式留下意见。大部分博客的内容以文字为主，是个人心中所想之事的发表，其他则是一些人基于某个特定主题或共同利益领域的集体创作，也有一些博客专注于摄影、视频、音乐、播音等各种主题。博客所提供的内容可以用来进行交流和为他人服务，是可以包容整个互联网的，具有极高的共享精神和价值。由于博客沟通方式比电子邮件、讨论群组更简单和容易，博客已成为公司、部门和团队之间越来越盛行的沟通工具，成了社会媒体网络的一部分。

（4）微博，是微博客的简称，是一种通过关注机制分享简短实时信息的广播式的社交网络平台。传递方式可单向，也可双向，传播的一般是 140 字以内的最新实时信息，而且是公开的信息，并实现即时分享。微博是这样一个社交网络平台，你既可以作为观众，在微博上浏览你感兴趣的信息，也可以作为发布者，在微博上发布内容供别人浏览。微博的出现真正标志着个人互联网时代的到来，给大多数人提供了展示自己的舞台。微博网站现在的即时通信功能非常强大，一些大的突发事件或引起广泛关注的大事，如果有微博在场，利用各种手段在微博上发表出来，其实时性、现场感以及快捷性，甚至超过其他所有媒体。微博从个人的生活琐事到体育运动盛事，再到全球性的灾难事件，已成为全世界的网民表达意愿、分享心情的重要渠道。

2010 年国内微博迎来了春天，微博像雨后春笋般崛起。我国四大商业门户网站均开有微博。作为一种新型媒介工具，微博传播对于社会发展有着明显的积极作用。公司用户通过注册腾讯、新浪等网站官方微博，得到认证后，能迅速地扩大公司的知名度以及提高公司核心的竞争力。个人用户通过微博，也能在微博平台进行个人的推广。目前，很多社会事件的揭露都来自微博平台。

（5）网络沟通交流的礼仪

① 恪守基本礼仪

互联网把来自五湖四海的人们连接在一起，这既是高科技的优点，但却又使得我们面对着电脑屏幕竟忘了我们是在跟其他人打交道，因此，要记住"人的存在"、人本主义是首要原则，要防止粗劣和无礼，当着人家面不能、不会说的话在网上也不要说。不要随意评论对方的长相、宗教信仰、智商、生活方式和饮食习惯等。另外亲切、热情固然是好事，但如果对在网络上初次接触的人表现得过分亲切热情的话，会令人难以接受，甚至会让人产生恐惧感。因此，互相尊重，相敬如宾是十分必要的。

② 网上网下行为一致

在现实生活中大多数人都遵纪守法，同样的在网上也应如此。网上的道德和法律与现实生活是相同的，千万不能认为在网上面对电脑就可以随随便便。比如一名学生发了一封电子邮件给他的老师，信件开头就是"Hi"，然后直呼老师的名字。老师说，从信件用词看，这名学生的英文水平不低，怎么就不懂基本的通信礼仪呢？为了证实自己的猜测，他回信要求这名学生打印或手写一封信给他。

对比两封信，老师感慨不已：这名懂得通信礼仪的学生为什么在虚拟世界里就不遵守呢？他再次回信提醒这名学生，传统的通信道德礼仪完全适用于现代的网络世界。我们应该认同这一点：虚拟世界，礼仪必须存在。不要以为虚拟世界里，别人看不见你的笑貌，听不见你的声音，你就可以随随便便。殊不知，从电子信件的字里行间可以看出你的礼仪水准。如果你的电子邮件简明扼要，开头结尾与通信者身份相符，便是懂礼貌的表现。如果你不偷看他人电子邮件，是遵守不侵犯他人隐私法律的良好表现。让我们行动起来，注意网络礼仪，成为文明的网民。

③ 入乡随俗，尊重他人

网络聊天很多时候是许多人在一起进行的，应该注意：不要发表污秽的言论；不发表过于长篇的言论；不要重复某一句话；针对某一个人时，要先标明对方的姓名或者邀请他到单独的聊天室。在用英文与其他人沟通时，切忌通篇文章全部大写，否则会让人无法舒服地阅读。回复电子信件时，请适当附带上原文，这样别人知道你是为什么而回复的，这里要注意，不要把原文全部附带上，而只需要附带上次回复的那段。正确并简短地书写邮件，而不要加入过多无谓的感情词句。每一封信都要标明一个主题。

④ 给自己在网友中留个好印象

给他人留个好印象，是尊重他人的体现，也是获得他人尊重的开端，因为网络的匿名性质，别人无法从你的外观来判断，而你一言一语则成为别人对你印象的唯一判断依据。如果你对某个方面不是很熟悉，就需要学习一下再开口。同样的，发帖以前仔细检查语法和用词，切不可故意挑衅和使用脏话。当需要向别人提问题时，先自己花些时间去搜索和研究，尽可能不浪费他人的时间。网络是学习和交流经验的场所，除了提问问题以外，还包括当你提了一个有意思的问题而得到很多回答，分享知识是网络的乐趣之一。向他人询问问题时，要态度诚恳；每次尽量只询问一个问题；不要笼统地写上问题，比如如何做网页；不要在对方暂时没有回复时，再次发送询问信件。

⑤ 争论要心平气和，要以理服人

不管论坛还是聊天室，五湖四海的人们共聚一起，意见总是有分歧的，矛盾总是存在的，争论是正常的现象，争论是为了寻求统一，争论要心平气和，要以理服人，不要进行人身攻击。如果你受到一些恶作剧性的来电、来信的骚扰，可考虑与网络管理人员联系，切不可因一时气愤，对其他用户进行报复。发火是最不可取的，别人会认为你既愚蠢又不成熟。

⑥ 不随意公开自己个人信息，并尊重他人的隐私

编写个人档案，其实就是把你编写的信息公开，那么，个人信息可以公开多少呢？这只能由自己衡量；如果你想大量地结交新朋友，那么你就得在编写个人档案上下一点工夫了；如果你不想公开你的个人信息，那么请在编写个人档案时，将个人档案项目设定为"不在检索结果中显示"。一般情况下，不要随意公开自己的 E-mail、真实姓名、地址、电话号码等个人信息，就算你认为彼此已成为好朋友，你还是应该小心一点。对于他人的个人信息，也应注意保密，以免给他人带来伤害。别人与你用电子邮件或 QQ 交流，交流记录应该是隐私一部分。如果你认识的某个人用网名上网，在论坛你未经同意将他的真实姓名公开也是一个不好的行为。如果无意看到别人的电子邮件或其他秘密，也不应该到处传播。

⑦ 网上待人也需要宽容

宽容是一种美德。留心一下，不难发现在人际交往中，凡能做到宽以待人者，一般都深受众人的欢迎。人与人交往，难免会有些小摩擦，只要是无恶意的，就应该设身处地站在他人角度想一想，由于各种主客观原因所致，每个人都会有这样那样的过错，如果对别人的过错能以宽容对待，就等于给对方提供改过的机会。网上的道理也是这样，要允许犯错误，当看到别人写错字、用错词，问一个低级问题或者写篇没有必要的长篇大论时，你不要在意；如果你真的想给他提建议，最好用电子邮件等方式私下提出，这样可顾全他人面子。

⑧ 强化自卫措施，对病毒坚决说不

不论是公司还是个人，采取计算机病毒防范措施已成为网络社会中最起码的道德规范之一。在公司网络系统中安装防火墙与杀毒软件是非常必要的，在职员的个人终端上安装杀毒软件，也已成为理所当然的事情。为将病毒感染消灭在萌芽状态，必须大力推广"网络礼仪"。

### 3．技能分析

结合下面的实例，请同学们分析。

### 实例 1

互联网为人们提供了各种各样的通信平台。但是，互联网最大的社会意义是它成为言论自由场所带来的巨大成功。传统方式下人们之间沟通思想的代价和成本是高昂的。现在每个人都可以拥有自己的网站，都可以参与论坛、聊天室或其他多对多通信系统，就各种话题进行交流，展开讨论，各畅己见，自由评论。我们日常在网络中的邮件收发、QQ 聊天、博客和微博客都是展开自由交流的平台。

### 实例 2

人们对互联网日益增长的关注涉及网络信息的可信度问题。许多人过度依赖他们从网络上获得的信息，甚至对网络内容及其准确性没有自己的判断盲目信任。一些无良企业和个人常常试图影响公众的意见，他们利用人们对互联网信息的信任，策划发布有虚假的网络内容。网络用户需要认真地评判从网络

上获得的信息，应该考虑到信息的来源及信息来源的权威性，也应该审查信息的准确性、客观性和时效性。当前人们对网络上传递信息的真实性都或多或少有怀疑，这严重影响着互联网功能的正常发挥。

思考：

（1）网络成为自由交流的工具后，从网络礼仪角度，我们应遵循哪些礼仪规范？

（2）有人会怀疑网络信息的准确性，从网络礼仪角度，你认为应该怎样做才能提高网络信息的准确性和真实性？

> **小提示**
>
> 互联网成了人们查询、获取、交流信息的地方，聊天室、即时通信工具和论坛可以实现个人与个人之间的双向通信。拥有聊天室和即时通信工具，每个人都可以发送能被人们立刻看到并即时反馈的信息。论坛则可以让浏览者在略微滞后的时间内发表其观点。每个人在网上交流或留言必然带有现实生活的烙印。每个人所处的社会文化环境不同，在互动中出现不同的观点、不同认识，发出不同声音极其正常，反之，在交流或留言中一味相互赞许，套话连连，缺少争论还会显得没有生气。所谓"拍砖"就是正常的讨论和不同意见的表述，但"拍砖者"一定切记出言要有据，解析要有理，语句要平和，态度要诚恳。
>
> 网络文化是一种以"自我"为中心的文化，是一种个体的、独立的、自由的文化，这样的一种文化形态使得人的个性得到了前所未有的张扬。日常生活中的个性掩饰在网络中的作用减弱，人们可以通过网络实现某种情感的宣泄或某种态度的表达。但这种自我应该以尊重他人为前提，网络社会应该倡导的是人们之间相互尊重和友好相处。
>
> 互联网是一个虚拟的世界，人们可以在网络社会里根据自己需要，任意地创造网络社会中的角色，这种网络交流的随意性和隐匿性在很大程度上造成了网络社会的信任危机。在网络交流活动中，如果没有诚信，人们就无法消除信息的不确定性，从而不能预期沟通交流行为发生的确定性。缺乏这种确定性，人们即使产生了沟通交流的需求，但缺乏沟通交流的安全感，就不会产生沟通交流的行为。网络中的随意性很可能会使得人性中的恶念得到释放，网络的隐匿性也给人们逾越社会规范创造了空间。因此，网上沟通交流，首先要确信对方是一个守法的合格公民，其提供的信息是真实可靠的，而且你所提交的所有个人信息都会受到保护。大家共同遵守网络社会约定俗成的行为规范与准则，这种交流沟通才能正常进行。

### 4．技能运用

任务：请从自由、平等、公正、法制、爱国、敬业、诚信、友善八个词中任选一词为主题写一篇博客。

> **小提示**
>
> 博客要有自己的观点、认识，在相关博客网站上注册会员，并把博客上传到该网站。
>
> 博客上传后请3位以上的同学发表评论。
>
> 把博客的注册过程、博文内容以及同学发表的评论编辑成文，进行打印。
>
> 教师根据每位同学的注册过程、博客内容、同学评论、践行博客礼仪规范情况，给出其参与该活动的成绩。

# 技能训练

## 网络礼仪规范践行情况调查

【背景资料】结合网络中的"人肉搜索",公布他人信息,利用网络对他人进行诬陷,在网上散布谣言等问题,请选取某一具体事件,结合法律法规、道德和礼仪常识进行分析讨论。

- 训练目标:了解网络礼仪规范践行情况,增强同学们践行网络礼仪的自觉性。
- 训练步骤:

① 学生每 5 人为一组,从各大网站搜索相关内容,调查该项目中人们践行网络礼仪的情况。

② 各小组针对践行网络礼仪方面的情况进行分析讨论。

③ 结合调查资料,提出改进网络礼仪的建议,并上传到网站上。

④ 各组的调查报告在班级交流,老师点评。

- 训练成果形式:网络礼仪规范践行情况调查报告。
- 训练成果评价如表 8-2 所示。

表 8-2          "网络礼仪规范践行情况调查"评价表

| 项　目<br>(分值) | 标　准 | 得　分 |
|---|---|---|
| 调查提纲<br>(20) | 调查提纲设计规范,内容符合实际,符合调查目的要求 | |
| 调查报告撰写<br>(30) | 报告书写规范,调查目的明确,调查内容记录全面,调查原始资料翔实 | |
| 践行礼仪规范建议<br>(20) | 提出践行网络礼仪规范建议,内容符合实际,建议的规范指向性明确 | |
| 调查活动组织<br>(30) | 整个调查活动组织有序,小组成员相互配合,在调查过程中与人合作、与人交流、收集信息能力强,自我学习、信息处理、革新创新能力表现好 | |
| 总成绩∑100 | | |

| 教师评语 | | |
|---|---|---|
| | 签名:　　　　　年　月　日 | |
| 学生意见 | | |
| | 签名:　　　　　年　月　日 | |

# 附　录

## 一、选择题（单选）

1. 下列说法正确的是（　　　）。

A. 礼仪修养是一个自我认识、自我磨炼、自我提高的过程，是通过有意识的学习、仿效、积累而逐步形成的，不需要有高度自觉性

B. 商务礼仪修养的目的之一是要通过提高修养，使个人的言行在商务交往活动中与自己的社交角色相适应，从而被人理解，被人接受

C. 商务礼仪修养的最终目标就是要人们养成按礼仪要求去做的行为习惯

D. 商务礼仪修养要主观和客观相统一，无需理论和实践相联系

2. 商务礼仪交往应遵循的主要原则是（　　　）。

A. 以对方为中心原则　　　　　　　　B. 以相互沟通为原则

C. 以互相尊重为原则　　　　　　　　D. 以合乎标准为原则

3. 下列哪项不是现代商务礼仪的特点？（　　　）

A. 不断变化　　　　B. 实用简约　　　　C. 严肃规范　　　　D. 不断复杂化

4. 标准坐姿要求（　　　）。

A. 腿直、身正、文雅　　　　　　　　B. 身正、肩平、文雅

C. 身正、腿直、腿并　　　　　　　　D. 身正、躯挺、肩平

5. 对手部的具体要求有四点：清洁，不染醒目彩甲，不蓄长指甲，（　　　）。

A. 腋毛不外现　　　　　　　　　　　B. 不干燥

C. 不佩戴烦琐的首饰　　　　　　　　D. 以上都不对

6. 仪表美的内涵包括哪三个层面？（　　　）。

A. 天然美、修饰美、内在美　　　　　B. 天然美、姿态美、内在美

C. 外貌美、修饰美、内在美　　　　　D. 天然美、修饰美、心灵美

7. 发型是一个人（　　　）的集中反映。

A. 文化品味、心理素质　　　　　　　B. 文化教养、心理修养、精神状态

C. 文化水平、社会地位、品德修养　　D. 文化品德、社会地位

8. TPO 原则是指在着装过程中应遵守（　　　）。

A. 时间（time）、地点（place）、场合（occasion）

B. 时间（time）、漂亮（pretty）、场合（occasion）

C. 最时髦的（top）、漂亮（pretty）、场合（occasion）

D. 时间（time）、漂亮（pretty）、目的（object）

9. 以下关于西服的说法中，哪种是错误的？（　　　）

A. 西装应拆除袖口上的商标后才可以穿着

B. 西服上衣的袖子要比里面的衬衫袖子长一些

C. 西装的口袋不宜存放物品

D. 西装面料只能用一种颜色的布料制作

10. 下面哪项不是商务交往名片"三不准"的内容？（　　　）

A. 名片不能随便涂改　　　　　　　　B. 名片上不提供私宅电话

    C. 名片上不印制两个以上的头衔       D. 名片上准印名言警句

11. 呈递名片时，下面哪项做法是不正确的？（　　　）

    A. 名片正面朝向接受方          B. 双手拿着名片两个上角

    C. 右手拿着名片上角            D. 左手拿着名片上角

12. 面对上级和下级、长辈和晚辈、嘉宾和主人，应分别先介绍谁？（　　　）

    A. 下级、上辈、主人             B. 上级、长辈、嘉宾

    C. 上级、晚辈、嘉宾            D. 下级、晚辈、主人

13. 规范的站姿要求两腿立直，紧贴，脚跟靠拢，两脚夹角成（　　　）左右。

    A. 60°         B. 45°         C. 90°         D. 30°

14. 西服穿着讲究"三一定律"，是指（　　　）。

    A. 指鞋子、腰带、公文包的色彩必须统一起来

    B. 指衬衫、腰带、公文包的色彩必须统一起来

    C. 指西服、衬衫、皮鞋的色彩必须统一起来

    D. 指鞋子、领带、公文包的色彩必须统一起来

15. 名片是现代商务活动中必不可少的工具之一，有关它的礼仪当然不可忽视，下列说法正确的是（　　　）。

    A. 为显示自己的身份，应尽可能多地把自己的头衔都印在名片上

    B. 为方便对方联系，名片上一定要有自己的私人联系方式

    C. 在用餐时要利用好时机多发名片，以加强联系

    D. 接过名片时马上看并读出来再放到桌角以方便随时看

16. 合理的称呼也能表现礼仪，下列称呼方式不正确的是（　　　）。

    A. 应使用合理的称谓

    B. 当不知道对方性别时不能乱喊，可用职务称呼

    C. 很熟的朋友在商务场合可称小名或是昵称，以示亲切，名字可缩写，姓不可以

    D. 在工作中当不知道对方的相关情况，可直接以职业作为称呼

17. 行握手礼时，错误的是（　　　）。

    A. 男士不能戴着手套          B. 不能跨着门槛握手

    C. 多人同行时握手可以交叉进行    D. 不能用左手握手

18. 传统礼仪和商务礼仪排座次区别是（　　　）。

    A. 前排为上    B. 居中为上    C. 以右为上    D. 以左为上

19. 参加宴请时，如不慎将酒水或汤汁溅到异性身上，以下哪种做法不符合礼仪？（　　　）

    A. 立刻表示歉意           B. 亲自为其擦拭

    C. 请服务员帮忙           D. 请同性的服务员帮忙

20. 商务活动中，尤其要注意使用称呼应该（　　　）。

    A. 就低不就高    B. 就高不就低    C. 适中        D. 以上都不对

21. 如何恰当地介绍别人是商务人员必备的礼仪技巧，能够正确地掌握先后次序是十分重要的，在介绍中下面不符合正确礼仪的是（　　　）。

    A. 首先将职位低的人介绍给职位高的人  B. 首先将女性介绍给男性

    C. 首先将年轻者介绍给年长者        D. 首先把后到者介绍给先到者

22. 在男女之间的握手伸手的先后顺序也十分重要，在一般情况下应该是（　　）。

　　A. 女方应先伸手去握，这样显得自己落落大方，也不会让男方觉得难堪

　　B. 男方应先伸手去握，这样显得自己有绅士风度，也避免女方不好意思去握

　　C. 男女双方谁先伸手都可以

　　D. 应根据双方的年龄、职务，决定谁先伸手

23. 以下不属于标准行姿的是（　　）。

　　A. 身挺直、收腹立腰、重心稍前倾

　　B. 行走中两脚落地的距离大约为一个脚长

　　C. 双臂大甩手，脚擦地面

　　D. 两脚尖略开，脚跟先着地，两脚内侧落地

24. 在商务礼仪中，男子西服如果是两粒扣子，那么扣子的系法应（　　）。

　　A. 两粒都系　　　　B. 系下面一粒　　　　C. 系上面第一粒　　　　D. 全部不系

25. 别人给你服务、做事和帮忙，无论给你的帮助多么微不足道，都要说（　　）。

　　A. 谢谢　　　　　　B. 请　　　　　　　　C. 对不起　　　　　　D. 没关系

26. 服务人员与服务对象所保持的最常规的服务距离是（　　）。

　　A. 0.5～1.5 米　　　B. 1～3 米　　　　　C. 3～5 米　　　　　　D. 5 米以上

27. 在社交场合，眼睛注视对方时不符合规范的是（　　）。

　　A. 近距离时，看对方的区域为从眼部到颈部

　　B. 和人交谈时，应从下面注视对方

　　C. 注视对方的时间应在谈话总时间的 1/3～2/3 为宜

　　D. 握手时应目视对方，面带微笑

28. 热忱待客应该做到（　　）。

　　A. 眼到、口到、意到　　　　　　　　　　B. 掌声到、礼物到、热情到

　　C. 热情、照顾、理解　　　　　　　　　　D. 真诚、热情、善解人意

29. 在公共汽车、地铁、火车、飞机上或剧院、宴会等公共场合，朋友或熟人间说话应该（　　）。

　　A. 随心所欲　　　　B. 高谈阔论　　　　　C. 轻声细语　　　　　D. 两人可耳语

30. 打电话时谁先挂，交际礼仪给了一个规范的做法：（　　）。

　　A. 对方先挂　　　　　　　　　　　　　　B. 自己先挂

　　C. 地位高者先挂电话　　　　　　　　　　D. 以上都不对

31. 出入无人控制的电梯时，陪同人员应该（　　）。

　　A. 先进后出　　　　B. 控制好开关钮　　　C. 以上都包括　　　　D. 以上都不对

32. 在带领宾客参观时作为一个引导者在进出有专人控制的电梯时，你应做到（　　）。

　　A. 放慢脚步，进电梯时让宾客先进入，出电梯时则相反

　　B. 加快脚步，进电梯自己先进入，出电梯时则相反

　　C. 保持脚步速度，谁先进出都无所谓

　　D. 不管什么情况，都让客人在先

33. 公务用车时，上座是（　　）。

　　A. 后排右座　　　　B. 副驾驶座　　　　　C. 司机后面座　　　　D. 以上都不对

34. 使用手机不正确的做法是（　　）。

A. 女士将手机挂在脖子上

B. 在会议或影院等场合，应关机或将铃声置于静音状态

C. 手机不宜握在手里或挂在腰带上，应放在公文包里

D. 手机不适合传递重要的商业信息

35. 拒收他人赠送的礼品应（　　）。

A. 态度坚决，婉言谢绝 　　　　　　 B. 礼品接受后立即退还

C. 可以拆启封口后再退还 　　　　　 D. 接收后由他人代为退还

36. 现代商务礼仪中，在商务信函的处理上我们应该做到（　　）。

A. 商业谈判主要以面谈为主，信函交往可以随便一些

B. 只要将涉及商业谈判内容的部分交待清楚就行，其他的不必予以太多重视

C. 注重写作格式和称呼规范，一丝一毫也不能粗心大意

D. 文理通顺，不要有明显错误即可

37. 赠送礼品时需注意（　　）所表达的情意。

A. 送礼者 　　　　 B. 礼品 　　　　 C. 受礼者 　　　　 D. 时机

38. 拜会的地点一般选择（　　）。

A. 私人住所、工作地点和客人下榻的旅馆等

B. 私人住所、旅馆和环境优雅的茶馆等

C. 工作地点、旅馆和环境优雅的茶馆等

D. 工作地点、咖啡馆和环境优雅的茶馆等

39. 日常接待礼仪包括（　　）。

A. 迎客礼仪，接待礼仪，送客礼仪 　　 B. 迎客礼仪，待客礼仪，送客礼仪

C. 待客礼仪，服务礼仪，送客礼仪 　　 D. 待客礼仪，文明礼仪，送客礼仪

40. 在没有标出"一米线"的地方排队，以下哪种做法是正确的？（　　）

A. 排在最前排的几个人可以并列集中在柜台处

B. 排列的人与人前后距离也应保持在一米之外

C. 给最前排的人留出足够的操作空间

D. 以上三者都不对

41. 排队过程中有事暂时离开，再次返回后，以下哪种做法是错误的？（　　）

A. 不必向原位身后的人说明直接回到原来的位置上

B. 从队伍末端重新排起

C. 向原位身后的人说明情况并获得同意后回到原来的位置上

D. 离开前就向后边的几位说明了暂时离开的理由

42. 参观学习时，下列哪种行为是符合礼仪要求的？（　　）

A. 公共场所自由交谈 　　　　　　 B. 强拉外宾合影

C. 不攀爬触摸参观物 　　　　　　 D. 不听讲解员介绍

43. 登门拜访他人时，以下哪种做法是正确的？（　　）

A. 未经主人邀请和许可，不进入卧室

B. 入座之后不能走动

C. 主动参观主人家里的摆设，自由进入各个房间

D. 在主人家里抽烟

44. 在我国，由专职司机驾驶的专车（小轿车），其贵宾专座是（　　）。

　　A. 副驾驶座　　　　B. 后排右座　　　　C. 后排左座　　　　D. 不分座次

45. 打电话要合理控制通话时间，电话礼仪中的三分钟是指每次通话的时间（　　）。

　　A. 正好是三分钟　B. 限定在三分钟内　C. 不少于三分钟　D. 三分钟以上

46. 在下列哪些特定场合必须关掉手机？（　　）

　　A. 座谈会上　　　　B. 商场　　　　　　C. 飞机上　　　　　D. 大会发言时

47. 接收传真的程序及礼仪要求是（　　）。

　　A. 接收、登记、处理　　　　　　　　B. 接收、编号、处理

　　C. 接收、编号、存档　　　　　　　　D. 接收、登记、存档

48. 日常工作中的会议（　　）。

　　A. 有领导、有主持、研究解决问题的会议

　　B. 有组织、有领导地商议事情的一种活动

　　C. 由领导处理日常性、事务性的工作方式

　　D. 是确定目标、研究对策的一种活动

49. 展览会是一种复合传播方式，有（　　）等多种传媒的运用。

　　A. 声音媒介、文字媒介和图像媒介　　B. 有广播、电视、路牌广告

　　C. 有记者、参观者、现场宣传单　　　D. 个体传播、大众传播

50. 在拜访别人办公室的时候你应该（　　）。

　　A. 敲门示意征得允许后再进入　　　　B. 推门而入再做自我介绍

　　C. 直接闯入不拘小节　　　　　　　　D. 边敲门边进入

51. 在办公室难免会发生借用他人设备，在借的时候你应该注意的是（　　）。

　　A. 直接拿来使用，既然都是同事他不会介意的

　　B. 如果主人不在，可以先拿着用，反正都是要还的

　　C. 征求对方同意后可以使用，而且要做到及时归还

　　D. 先拿来使用，他们用再拿走

52. 办公室礼仪中打招呼显得尤为重要和突出，在职员对上司的称呼上应该注意（　　）。

　　A. 称其头衔以示尊重，即使上司表示可以用名字昵称相称呼，也只能局限于公司内部

　　B. 如果上司表示可以用姓名昵称相称呼，就可以这样做以显得亲切

　　C. 随便称呼什么都可以

　　D. 只能用职务称呼

53. 在办公室里如果你和一位同事产生了一些小摩擦，那么你应该（　　）。

　　A. 当面装作风平浪静，私下四处说人不是，一吐为快

　　B. 私下与之面谈商量，争取双方关系正常化，以和为贵

　　C. 不理不睬，见面也不说话打招呼，形如陌路

　　D. 当着办公室里的同事，一定要讲出个道理来

54. 作为一位年轻的女毕业生，在处理同一个办公室的男同事的关系上你应该（　　）。

　　A. 刚来的时候一定要少与之交谈，以免让人产生轻浮之意

　　B. 对同事都要友好，显得彼此间无所不谈，千方百计搞好同事关系

C. 保持空间距离，交谈时要注意用语，保持随和，不要过于随便

D. 无所谓

55. 在办公室里同事之间要注意的礼仪很多，下面哪种并不属于禁忌的范围之中？（　　）

    A. 在办公室里打扮自己     B. 借用同事的办公用品

    C. 向同事谈论自己的功绩经历     D. 办公时看小说等与工作无关的资料

56. 在与同事之间相处时我们应该注意（　　）。

    A. 女性应该在单位里尽量少说话为妙，省得招人讨厌

    B. 当遇到困难和不幸时，应多找同事叙说，让他们安慰自己，分担自己不幸

    C. 当同事与自己的意见相左时，应该将人与事分开，不要因为意见的争执而伤个人感情

    D. 对所有人一团和气

57. 关于面对生活中的礼仪难题和应对策略处理恰当的是（　　）。

    A. 任何人的批评都要认真对待，多多感谢对方

    B. 听到别人在对他人评头论足时躲开为妙

    C. 在试用期内对别人应该越热情越好

    D. 知道当作不知道，少说为佳

58. 在办公室中员工用温和商量的语气请假，这体现了现代商务礼仪中（　　）。

    A. 认清主客观原则     B. 尊重他人原则

    C. 真诚原则     D. 适度原则

59. 人员推销的礼仪注意事项中，首先要注意仪表是指（　　）。

    A. 销售人员必须常修边幅，注意仪容     B. 销售人员着装要庄重

    C. 销售人员走路、说话、办事要稳重     D. 三者必须都具备

60. 谈判中必须科学地确立谈判目标，一般应有哪些目标？（　　）

    A. 包括理想目标、一般目标、最终目标   B. 包括理想目标、部门目标、最终目标

    C. 包括企业目标、部门目标、最终目标   D. 包括理想目标、一般目标、具体目标

61. 西方人很重视礼物的包装，并且必须在什么时候打开礼物？（　　）

    A. 当面打开礼物     B. 客人走后打开礼物

    C. 随时都可以打开     D. 以上都不对

62. 在商务礼仪交往方面，世界上各个国家的礼仪标准大不相同，我们应该做的是（　　）。

    A. 以各国标准为主，交往中哪个是主方就参照哪个国家的礼仪标准

    B. 以综合国力为主，交往中哪个国家强就参照哪个国家的礼仪标准

    C. 经过不断地磨合和交流寻求一套大家认可的礼仪规则系统

    D. 按联合国通行的礼仪标准

63. 完整的西餐要由十道菜组成，其中最后一道是（　　）。

    A. 饮品     B. 水果     C. 甜品     D. 点心

64. 无论在何种礼仪中，女士优先是一个普遍的原则，尊重女性在商务礼仪中也不例外，下列不正确的是（　　）。

    A. 当一位男士与一位女士见面时，男士应先伸手示意握手以示尊敬

    B. 在用餐时应先为女士服务，再为男士服务

    C. 走路时男士应在外面以示保护

    D. 乘坐小汽车时男士应让女士先上车

65. 西餐的主食一般以（　　　）为主。

  A. 米饭　　　　　　B. 包子　　　　　　C. 馒头　　　　　　D. 糕点

**二、判断题**

1. 礼仪规范是不会变化的。（　　　）

2. 个人形象只有在工作时才代表企业形象。（　　　）

3. 礼仪作为一种行为规范既是对自己的一种约束，也体现了对别人的尊重。（　　　）

4. 女士行走的步态应根据着装的特点有所区别，一般穿直线条为主的服装显得比较庄重、大方、舒展、矫健；而穿曲线条为主的服装则显得比较妩媚、柔美、优雅、飘逸。（　　　）

5. 仪态信息承载量远远大于有声语言。（　　　）

6. 对商务人员而言，西装是最理想的职业服装。（　　　）

7. 手势是人际交往中不可缺少的动作，是最富有表现力的一种"体态语言"。（　　　）

8. 任何情况下都不要拒绝与别人握手。（　　　）

9. 只要是熟悉双方的第三人都可以充当介绍人。（　　　）

10. 自我介绍时可以只介绍自己的名字，省略自己的姓。（　　　）

11. 如果想结识对方，可以主动向对方索要名片。（　　　）

12. 向长者索要名片可以使用主动给对方递送名片的方法。（　　　）

13. 商务性拜访由于事情紧急，有时可以临时进行。（　　　）

14. 为了表示对客人的尊重，客人到来之前应把室内室外环境卫生清理一下。（　　　）

15. 约定时间后要准时到访，不能迟到，但可以提前。（　　　）

16. 拒绝礼品的时候要注意，拒绝的是物品，情意一定要收下。（　　　）

17. 接待人员帮客人提行李，客人喜欢自提的东西不必勉强。（　　　）

18. 展览会是一种单一的传播方式。（　　　）

19. 实际工作中开得较多的是两种形式的会议，一是政策性的研究会，另一种是执行性的协调会。（　　　）

20. 商务谈判是一次性的，遵不遵守礼仪也无所谓。（　　　）

21. 商务谈判要了解对方，主要是指了解对方的业务情况，谈判人员文化背景及生活习惯。（　　　）

22. 明示阶段就是我方谈判人员把自己内心世界和商业秘密全部告诉对方。（　　　）

23. 正式宴请桌次高低一般是以离主桌位置远近而定，原则是右高左低。（　　　）

24. 宴会持续的时间越长，就越表明主人热情好客。（　　　）

25. 电子商务是虚拟的，遵不遵守礼仪规范也无所谓。（　　　）

26. 电子邮件方便快捷，通信信息量大，费用低廉。（　　　）

27. 商务礼仪文书可用计算机打印，但署名一定要手写。（　　　）

28. 办公环境应处处体现出主人认真严谨的作风、高雅的品位。（　　　）

29. 在市场经济环境下，每一个企业都愿意要既能吃苦耐劳，又能与大家和睦相处的人。（　　　）

30. 在展览厅可以一边参观一边吃零食。（　　　）

31. 参加学术报告会要端坐静听，不要交头接耳，窃窃私语。（　　　）

32. 使用完卫生间后，一般习惯是先用擦手纸巾擦干手，把用完的纸扔入垃圾桶后，再用干手机把手吹干。 （　　）

33. 乘公共汽车时，有老弱妇孺上车，第一个必须起立让座的是非老弱妇孺专座上的乘客。 （　　）

34. 停机后，乘客要带好随身携带的物品，按次序下飞机，不要抢先出门。 （　　）

35. 飞机上禁止使用移动电话、AM/FM 收音机、游戏机，但可以使用便携式电脑。 （　　）

36. 上下电梯自然应该排队，要遵循"尊老爱幼"、"女士优先"的原则。 （　　）

37. 在大型商场、地铁、火车站、飞机场等公共场所乘滚动电梯时，乘客一律靠右站立，上下排成一列纵队，空出左边的小道给有急事的人上下跑动。 （　　）

38. 乘有司机驾驶的小轿车，首座一般是后排右侧座位。 （　　）

39. 住饭店时可穿拖鞋出现在大厅外的地方。 （　　）

40. 在电梯中不可聊天喧哗，但可以谈论私事。 （　　）

41. 初次见面可以谈健康问题。 （　　）

42. 与人交谈时要目不转睛地盯着对方看。 （　　）

43. 交谈时避免使用主观武断的词语。 （　　）

44. 与人见面时可以使用"你吃了吗"、"你上哪儿去"等问候语。 （　　）

45. "年龄"不属于隐私话题，可以在交谈中使用。 （　　）

46. 交谈时应该是等对方把话说完，再进行发言。 （　　）

47. 与人交谈时要注意聆听。 （　　）

48. 众人聚会时可以随时发问，反正有人会搭腔。 （　　）

49. 在涉外交往中首先要坚持相互尊重的原则。 （　　）

50. 两人同行，以前者、右者为尊。 （　　）

51. 上楼时，尊者、妇女在前行，下楼时也应这样。 （　　）

52. 迎客引路时，主人在前；送客时，则主人在后。 （　　）

53. 在交往中，礼宾次序的总原则是"以右为尊"。 （　　）

54. 与外国人初次见面交谈时，可以拉家常。 （　　）

55. 西方的一项体现教养水平的重要标志是女士优先原则。 （　　）

56. 两男一女同行，女士一般走在最左边。 （　　）

57. 男士与女士同行，路窄只能容纳一人走时男士走前面。 （　　）

58. 与客户见面要先预约。这种预约一般以客户的时间为主。 （　　）

59. 谈判人员的最佳年龄是 33～35 岁。 （　　）

60. 推销员接待顾客要多用肯定语言。 （　　）

61. 推销员要尽量避免用命令式的语句同顾客交谈。 （　　）

62. 在推销中，刺激的语句、过于客套的语句都是不恰当的，这些语句容易引起公众反感。 （　　）

63. 上菜要从客人的左边上；酒席中的头菜，其看面要对正主位，其他看面要朝向四周。 （　　）

64. 从沟通传播的媒介看，展览会是一种单一的传播方式。 （　　）

65. 签字时，双方人员的身份应该对等。　　　　　　　　　　　　（　　）

66. 签字的时候，各方陪同人员分主客两方各自以职位、身份高低为序，自左向右（客方）或自右向左（主方）排列站于签字者之后。　　　　　　　　　　　（　　）

67. 迎送中，乘车时应请客人坐在主人的右侧，翻译人员坐在司机旁边。　（　　）

68. 签字仪式上助签人的主要工作是协助翻页及指明签字处。　　　　（　　）

69. 签字仪式上双方助签人员分别位于各自签字人员的后边。　　　　（　　）

70. 谈判概说阶段的目的是让对方了解自己的期望目标和谈判设想，同时隐藏不想让对方知道的其他资料、信息。　　　　　　　　　　　　　　　　（　　）

71. 谈判提问应该等对方发言完毕再问。　　　　　　　　　　　　（　　）

72. 谈判不要为了表现自己而问。　　　　　　　　　　　　　　　（　　）

73. 西餐排定用餐席位时，一般男主人为第一主人，在主位就座。而女主人为第二主人，坐在第二主人的位置上。　　　　　　　　　　　　　　　（　　）

74. 西餐吃水果，可以拿着水果整个去咬，也可用水果刀切成四份，再用刀去掉皮、核，用叉子叉着吃。　　　　　　　　　　　　　　　　　　（　　）

75. 韩国男子见面时习惯于微微鞠躬和握手。　　　　　　　　　　（　　）

76. 美国人是"自来熟"，与任何人都能交上朋友。　　　　　　　（　　）

77. 在公共场合大声讲话，法国人认为是十分无礼的。　　　　　　（　　）

78. 早晨 7 点前、晚上 10 点后一般不宜给人打电话。　　　　　（　　）

79. 打电话时，一般说话的语速、语调和平常一样就行了，长途电话可以大喊。

　　　　　　　　　　　　　　　　　　　　　　　　　　　　（　　）

80. 接电话首先应做到迅速接，力争在铃声响 3 次之前就拿起话筒。　（　　）

81. 假如是与上级、长辈、客户等通话，无论你是通话人还是发话人，都最好让对方先挂断。

　　　　　　　　　　　　　　　　　　　　　　　　　　　　（　　）

82. 发送电子邮件时可将正文栏空白，只发送附件。　　　　　　　（　　）

83. 发手机短信可以不署名。　　　　　　　　　　　　　　　　　（　　）

84. 在与人谈话时不停地查看或编发短信。　　　　　　　　　　　（　　）

85. 开车时不适宜接打手机。　　　　　　　　　　　　　　　　　（　　）

86. 应尽快对收到的邮件进行回复。　　　　　　　　　　　　　　（　　）

87. 边走路边打手机很有派头。　　　　　　　　　　　　　　　　（　　）

88. 会见特别重要的客人时，只要把手机调到振动就可以。　　　　（　　）

89. 每天都应查看自己的电子邮箱。　　　　　　　　　　　　　　（　　）

90. 事实上，修饰与维护，对仪容的优劣而言往往起着一定的作用。　（　　）

91. 通常要三天左右洗一次头。　　　　　　　　　　　　　　　　（　　）

92. 女士出席宴会、舞会的场合，妆可以化得浓一些。　　　　　　（　　）

93. 女士工作时间可以化妆。　　　　　　　　　　　　　　　　　（　　）

94. 面容美化主要针对女性而言，男性无所谓。　　　　　　　　　（　　）

95. 选择发型可不考虑个人气质、职业、身份等因素。　　　　　　（　　）

96. 在大众场合，不时用手整理头发，以确保仪容整齐。　　　　　（　　）

97. 女士在工作岗位上超长头发应盘起来、束起来或编起来。　　　（　　）

98. 男士的头发应该前发不覆额，侧发不掩耳。 （　　）

99. 可以在全身各部位都擦上香水。 （　　）

100. 端庄的淑女不涂指甲油。 （　　）

## 三、案例分析

### 案例1

#### 吴先生的离去

吴先生到某市参加一次产品交易会，刚到该市，吴先生准备入住到一家临近交易会场所的酒店。在与该酒店前台两名服务员办理住宿手续的过程中，两名服务员时常会旁若无人地聊两句，其中一名一直坐着，头也不抬地为吴先生开具相关的住宿票据；另一名则靠在柜台边，不时对着墙面的大理石整理自己的妆容。对此，吴先生极为不满，最终离开了该酒店。

思考：

请想想吴先生为什么离开了该酒店？

### 案例2

#### 自省

著名科学家富兰克林为了培养自己节制、恬淡、守秩序、果断、俭约、勤勉、真诚、公平、稳健、整洁、宁静、坚贞、谦虚的美德，每星期预备一本册子，把这十三种美德记录在册，随后画出七行空格。每到晚上，他都要做一番自省，如果日间犯了某一过失，就在相应的空格子里记上一个黑点。过一个星期再换一本册子。他希望通过长年累月的自我反省，能够消灭这些代表缺点的黑点。

思考：

你对富兰克林的自省方法有何看法？

### 案例3

#### 周总理待人处世佳话

我们敬爱的周总理待人处世的佳话美谈不胜枚举。1964年，周总理和陈毅副总理出访亚非14国，在离开加纳时专门举行特别宴会，宴请所有的加纳服务员，当那些非洲朋友端着中国贵宾敬的酒时感动得流下了眼泪。一个目光敏锐的西方记者报道说："这是传奇式的礼遇，中国人巧妙地把友谊传给了非洲的子孙后代。"尽管这是一场特殊的宴会，却体现了一个泱泱大国总理的风采和气度，饱含着周恩来尊重他人、平等待人的品格和深情。直到20世纪80年代，我国新华社记者深入非洲腹地访问一些偏远、闭塞的部落和村庄时，那里普通的黑皮肤居民还在用当地话对中国客人喊"周恩来"。他们把周总理当成是新中国的象征，正是周恩来在20多年前播撒的友谊种子在非洲偏远地区开花结果！

思考：

此案例对你有哪些启示？

## 案例 4

### 斯诺讲的故事

斯诺在其《西行漫记》里曾经记述了这样一个耐人寻味的生动故事：

我坐下来和驻扎这里的交通处的一部分人员一起吃饭……像平常一样，除了热开水以外，没有别的喝的，而开水又烫得不能进口，因此我口渴得要命。

饭是由两个态度冷淡的孩子侍候的，确切地说是由他们端来的。他们最初不高兴地看着我，可是在几分钟后，我就设法惹起了其中一个孩子的友善的微笑。这使我胆子大了一些，他从我身边走过时，我就招呼他："喂，给我们拿点凉开水来。"

那个孩子压根儿不理我，几分钟后，我又招呼另外一个孩子，结果也是一样。

这时我发现戴着厚厚玻璃眼镜的交通处长李克农在笑我。他扯扯我的袖子，对我说："你可以叫他'小鬼'，或者可以叫他'同志'，可是，你不可以叫他'喂'。这里什么人都是同志。这些孩子是少年先锋队员，他们是革命者，所以志愿到这里来帮忙，他们不是佣人。他们是未来的红军战士。"

正好这个时候，凉开水来了。

"谢谢你——同志！"我感谢地说。

那个少先队员大胆地看着我。"不要紧，"他说，"你不用为了这样一件事情感谢一个同志！"

我想，这些孩子真了不起，我从来没有在中国儿童中间看到这样高度的个人自尊。

思考：

（1）从斯诺 1936 年 6 月刚刚进入陕北抗日根据地采访时碰到的这件小事中，你有何感想？

（2）这段记述说明了什么？

## 案例 5

### 职场上需要懂得尊重别人的人

曾有一位老师推荐了几名学生到他的同学那儿去找工作，他的同学是位副经理，很热情地接待了这几个年轻人。落座后，副经理亲自给同学们倒茶，没想到有人不客气地问："屋里太热，有没有冷饮？"随后，副经理给同学们分发本单位的介绍材料，所有学生都坐在那里单手接过来，只有一个男生站起身，用双手接过材料。最终这名男生被留下试用。其他同学不服气地问："凭什么留他？他学习又不是最好的！"副经理语重心长地对这些学生说了一句话："因为职场上需要懂得尊重别人的人。"

思考：

请问这些没被录用的学生失礼在何处？

## 案例 6

### 有自尊的人

一天，富兰克林和年轻的助手一道外出办事。来到办公楼的出口处时，看见前面不远处正走着一位妙龄女郎。也许是她步履太匆忙，突然脚下一个趔趄，身体失去平衡，一下了就跌坐在地上。富兰克林一眼就认出了她，她是一位平时很注重自己外在形象的职员，总是修饰得大方得体、光彩照人。助手见状，想上前去扶她，却被富兰克林一把拉住，并示意他暂时回避。于是，两人很快折回到走廊的拐角处，悄悄地关注着那位女职员的动静。面对助手满脸困惑的神情，富兰克林轻轻地告诉他：不是不要帮她，但现在还不是时候，再等等吧。一会儿，那位女职员就站了起来。她环顾四周，掸去身上的尘土，很快恢复了常态，若无其事地继续前行。

思考：

为什么富兰克林没有让助手去扶那位女士？

## 📚 案例 7

### 小王该如何重塑自我

即将毕业的小王，向几所知名企业投递了自己的简历，经过面试，竟没有一家公司给予回应。小王打电话向部分招聘单位询问原因，多数给的答复都是：我们所需要的员工是可以应对社会的复杂局面的人员，并不是你专业素养不好，而是你的仪态、待人接物都不适合在我们企业中打拼。于是小王决定要在自己个人礼仪修养方面重塑自我，周围的朋友和同学有的建议小王应穿得时尚前卫些，发式应紧跟潮流；有的建议小王应该西装革履，要讲究派头；有的建议小王应该根据自身的身材、气质、性格，从服饰到发式都认真进行一下设计；有的建议小王应该到一个人力资源咨询设计中心进行重新设计。

思考：

如果你是小王，你怎样选择？

## 📚 案例 8

### 一堂礼仪课

迪安又叫乔纳森·斯威夫特，是英国著名的讽刺作家，小说《格列佛游记》是他的代表作。一天清晨，迪安家的门咚咚地响了起来，女佣打开了门。一个人把一只宰杀过的野鸭交给女佣，说："这是博伊尔先生送给迪安的礼物。"说完，这个人转身就走了。

几天后，这个人又来了。这回他带来了一只山鹑："博伊尔先生再次给迪安送东西了。"博伊尔先生是迪安的朋友，喜欢打猎，常常给迪安送些他猎取到的野味。

不久后的一天，还是这人来，这次他带来了一只鹌鹑。"这东西也是给迪安的。"他语气粗鲁，将鹌鹑扔到女佣怀里，女佣很生气。"这个人太不礼貌了。"她向迪安抱怨道。

"他如果再来，"迪安说，"你告诉我，让我去会一会他。"

没隔多久，那个人带着另一种野味来了，迪安亲自去开了门。

"这是博伊尔先生送的野兔。"那人说。

"听我说，小伙子，"迪安正色道，"替人送礼物可不应该是你这个样子。现在，让我们换一下位置吧，你进屋，我出门，假设你是我，我是你，请你看一下替人送礼应该是什么样子。"

"好吧。"那人同意了，走进了屋内。

迪安接过野兔，来到了屋外。他先在街上走了一会儿，然后折回头，来到家门口，不轻不重地敲了敲门。

门被那人打开了。迪安鞠躬施礼，然后说："您好，先生，博伊尔先生让我送来这只野兔，望您能够收下。"

"哦，谢谢。"那人礼貌地说，接着从口袋里掏出一个钱包，从里面拿出一个先令，"您辛苦了，这是给您的。"

这堂礼仪课非常生动，从此以后，那个人再来送野味时总是显得彬彬有礼，而迪安也总是记得给他一点小费作为酬劳。

思考：

（1）看了这个关于迪安的案例，你有何感想？

（2）赠送礼物应该注意什么？

## 案例 9

### 小黄的窘境

小黄刚刚毕业，作为一名新职员在公司里总是得不到关注，名牌大学毕业的他感觉很沮丧。直到有一天，作为前辈的张某与小黄在一次谈话中对小黄说："你平时总是一副高中生打扮，干什么事情还总是害羞，不是你学历不高、能力不强，实在是没人敢把你看得太高！"事后，小黄与要好的同学说起了自己的处境，有的同学说干脆换个地方，重新开始；有的说先找一个形象设计咨询公司，为自己设计一下，尽快改变自己的形象；也有人提出了其他一些建议。

思考：

你认为小黄该怎么办？

## 案例 10

### 握手为礼

玫琳凯化妆品公司创始人玫琳凯在当推销员时，有一次，销售经理召集他们开会。会议结束时，大家都希望同经理握握手。玫琳凯排队等了 3 小时，终于轮到她与经理见面。经理在同她握手时，甚至连瞧都不瞧她一眼。经理用眼去瞅她身后的队伍还有多长。善良的玫琳凯理解他一定很累。可是，自己也等了 3 小时，同样很累呀！自尊心受到伤害的玫琳凯暗下决心：如果有那么一天有人排队等着同自己握手，自己将把注意力全部集中在对方身上——不管自己多累！

她后来多次站在队伍的尽头同数百人握手，常常持续好几个小时。无论多累，她总是牢记当年自己排那么长的队等候同那位销售经理握手时所受到的冷遇。如有可能，她总设法同对方说点亲热话——也许只是一句，如"我喜欢你的发型"，或"你穿的衣服真好看"。她在同每一个人握手时，总是全神贯注，不允许任何事情分散了自己的注意力。

思考：

握手为礼的案例告诉了我们什么道理？对你有何启发？

## 案例 11

### 小节的象征

一位先生要雇一个没带任何介绍信的小伙子到他的办公室做事，先生的朋友挺奇怪。先生说：

"其实，他带来了不止一封介绍信。你看，他在进门前先蹭掉脚上的泥土，进门后又先脱帽，随手关上了门，这说明他很懂礼貌，做事很仔细；当看到那位残疾老人时，他立即起身让座，这表明他心地善良，知道体贴别人；那本书是我故意放在地上的，所有的应试者都不屑一顾，只有他俯身捡起，放在桌上；当我和他交谈时，我发现他衣着整洁，头发梳得整整齐齐，指甲修得干干净净，谈吐温文尔雅，思维十分敏捷。怎么，难道你不认为这些小节是极好的介绍信吗？"

思考：

（1）本案例对你有哪些启示？

（2）你已经拥有哪些"介绍信"了？

### 📚 案例 12

#### 选择恰当的介绍词

假设你是一个沙龙的组织者，而且要为下列人士做相互介绍，你会选择什么样的介绍词？

1. 需要王经理和吴董事长共同担当沙龙的主持人。

2. 周女士一直寻找她先生留学时的好朋友，而这个人不但要来出席沙龙，而且你和他还很熟。

3. 李经理很想在家乡搞投资，赵经理是他老乡，而且也有相同的愿望。

4. 你想让你的一个下属与孙总结交，并与其搞好关系。

5. 当众介绍嘉宾。

### 📚 案例 13

#### 你将如何自我介绍

假如你是阳光建筑材料公司主管销售的副总经理，受命到全国建材年度论坛及产品展销会上作报告、找资金。在大礼堂等待开会的时候，不经意地听到旁边两个经理人的谈话，他们都对某建材的生产技术表示出了浓厚的兴趣，而该技术正是自己公司的专利技术。面对如此情景，你是否有兴趣加入他们的谈话？如果有兴趣的话，你将如何做自我介绍？

### 📚 案例 14

#### 罗兰的自我介绍

罗兰去参加朋友的生日宴会，在那里她遇上了几个不认识的人，当时朋友正在忙里忙外地招呼客人，所以没有顾得上更多地关照罗兰这个"自己人"。正当性格内向的罗兰胆怯地坐在客厅一角，不知道自己该不该和那些陌生人寒暄几句，更不知道自己应该如何启齿时，一位温文尔雅的先生走了过来，主动跟她打招呼说："小姐您好，我叫邓雨轩，请问您怎么称呼？"缺乏准备的罗兰有点儿慌乱地随口应道："叫我小罗好了。"

其实，罗兰这时打心眼里感谢这位不熟悉的邓先生过来跟她打招呼，使她不至于"孤立无援"，而且她也真想大大方方地同邓先生聊上几句。然而意想不到的是，罗兰就那么一句"叫我小罗好了"，邓先生热情顿减，立马扭头折了回去。

思考：

为什么邓先生折了回去？请分析罗兰的介绍有什么问题。

## 案例 15

### 这样介绍合适吗？

约翰·梅森·布朗是一位作家兼演说家。一次他应邀去参加一个会议，并进行演讲。演讲开始前，会议主持人将布朗先生介绍给观众，下面是主持人的介绍语：先生们，请注意了，今天晚上我给你们带来了不好的消息。我们本想要请伊塞卡·马克森来给我们讲话，但他来不了，病了。（下面嘘声）后来我们要求参议员布莱德里奇前来，可他太忙了。（嘘声）最后，我们试图请堪萨斯城的罗伊·格罗根博士，也没有成功。（嘘声）所以，我们请到了——约翰·梅森·布朗。（掌声）我给各位介绍一下：这小子是我的铁哥们儿，开小车的，我们管他叫"黑蛋"。

思考：

（1）以上介绍存在什么问题？

（2）在交际场合中进行介绍应注意哪些规范？

## 案例 16

### 我还有别的选择吗？

某集团成立三十年庆典对口接待座谈会上，业务经理张强注意到一个客户用手捂住鼻子打喷嚏。过了一会儿，张强的一位同事把张强介绍给他。张强心里一点也不情愿和他握手，不过还是伸出了手，当时张强还有别的选择吗？

## 案例 17

### 领导为什么不满

在一次接待某省考察团来访时，小王与考察团团长熟识，被列为主要迎宾人员陪同部门领导前往机场迎接贵宾。当考察团团长率领其他工作人员到达后，小王面带微笑，热情地走向前，先于领导与考察团团长握手致意，表示欢迎，然后转身向自己的领导介绍这位考察团团长，接着又热情地向考察团团长介绍自己同来的部门领导。小王自以为此次接待任务完成得相当顺利，但他的某些举动却令其领导十分不满。

思考：

小王的举动符合企业的伦理要求吗？

## 案例 18

### 乘火车

某商贸公司经理武力为了与新亚公司洽谈一笔重要生意，即将前往新亚公司所在的 A 城。武力准备乘火车去 A 城，顺便给他在 A 城的朋友带些土特产。上了火车，武力找到自己座位后便急忙将行李和两袋子土特产平行摆了一排，然后又将放洗漱用品的袋子挂在了衣帽钩上。列车启动了，武力想喝水，可暖瓶中水不多，武力便不断地喊叫列车员。喝过水后，武力又拿出些水果来吃。吃了水果，他顺手将果皮扔到窗外。火车继续前行，武力感到有些疲乏，于是脱了鞋，把脚放在席位上，鞋与袜子立时散发出一股难闻的气味。周围的乘客厌恶地皱着眉头，捂着鼻。坐在他对面的中年男士目睹了这一切。到了A城，武力几经周折终于找到了新亚公司。进了经理室，武力发现端坐在老板席上的竟是火车上坐在他对面的那位男士。这时，中年男士也认出了他。接下来任武力把话说得天花乱坠，中年男士也不同意与他合作。

思考：

请运用差旅礼仪知识分析武力此次洽谈未取得成果的原因。

## 📚 案例19

### 我的成功从电梯口开始

两年前，我到一家国外的化妆品公司参加面试。刚刚走入社会的我，没有丰富的面试经验，也不具备较好的外在条件。面试在市中心的写字楼里，看着出入大厅的靓丽都市白领，再瞅瞅自己特地从室友那儿借来的略显肥大的套裙，唉！

下午2时30分面试，我是提早15分钟到达的，面试在大厦的12层。

电梯来了，大家鱼贯而入，满满当当地挤了十几个，刚要关门，一个西装笔挺的人跑了进来，电梯间里立刻响起了刺耳的警告声，超载了。

大家都把目光投向了那个最后进来的人身上，但他丝毫不为所动。顿时，电梯间陷入刹那的尴尬之中，虽然还有时间等下一班电梯，但谁也不愿意冒这个险，毕竟大家都想给主考人员留个不错的印象。

我站在靠边的位置，自然地走了出去，转过身，在关门的瞬间，我发现最后进入电梯的那个人微扬了一下嘴角。

考试进行得紧张而顺利，每个人都回家等通知。第三天，我被这家公司正式聘用了。

上班后，我见到了面试那天那个最后走入电梯的男人。他是我的同事，进公司已经两年了。当我问他那天面试时的详情，他说，他也只是依照上级老板的意思，在电梯门口等待时机，公司除了要看应聘人与主考人员的交流，还会参考很多因素，比如，到会场的时间、与周围人的沟通等。

他说："许多我的测试都是无形之中就完成了的——面试在你一迈进大楼时就已经开始了。"

思考：

（1）为什么说"面试在你一迈进大楼时就已经开始了"？

（2）从本案例中你学到了什么？

## 📚 案例20

### 在哪家酒店宴请

某商务企业正在与韩方谈一项合作经营事业，近日韩方总经理要来该企业进行考察洽谈。接待食宿安排由企业公关部来负责，公关部王主任所有接待安排基本妥当，就是韩方总经理最后一天中午的午宴安排在哪家酒店，王主任正犯难，是在韩国人开的酒店按韩国饮食习惯安排，还是在有中国特色的中国餐馆安排？

## 案例 21

### 一次不成功的宴请

深圳某公司林经理欲同北方某市宏达公司建立业务代理关系，宏达公司经理非常重视这一机遇，林经理到达后，宏达公司经理设宴招待。

参加宴会的人除公司经理、副经理外，还有主管部门的负责人，共十位。人们热情寒暄后，宴会开始了。林经理见服务员手拿一瓶茅台酒欲为自己斟酒，便主动解释自己不能喝白酒，要求来点啤酒，但宴会主人却热情地说："为我们两家的合作，您远道而来，无论如何先喝点白酒。"说话间，白酒已倒入林经理杯中。主人端起酒杯致祝酒词，并提议为能荣幸结识林经理干杯，于是带头一饮而尽，接下来人人仿之。林经理只用嘴唇沾了沾酒杯，并再次抱歉地说自己的确不能喝白酒。林经理的白酒未饮下，主人仿佛面子上过不去，一直劝让，盛情难却，林经理只好强饮第一杯，然而有了第一杯，接下来便是第二杯。

林经理提议酒已喝下，大家对合作一事，谈谈各自的看法。主人却言："难得与林经理见面，先敬酒再谈工作。"于是又带头给林经理敬酒，接下来在座的都群起仿效，尽管林经理再三推托，无奈经不起左一个理由，右一个理由的强劝，林经理又是连饮几杯。

林经理感到自己承受不住了，提出结束宴会，但此刻大家却正在兴头上，接下来又是一番盛情，林经理终于醉倒了。等林经理醒来时，发现自己躺在医院病床上，时间已是第二天傍晚了。

次日早晨，当主人再次来到医院看望林经理时，护士告诉他，林经理一大早出院回深圳了。

思考：

为什么这次宴请不成功？

## 案例 22

昨天李丽的办公桌上有一部手机响了很久，大概有两三分钟，没完没了，响得其他同事都差点发狂。

现在我们有四个答案选择：第一，置之不理；第二，替她接听；第三，关机；第四，按"拒绝接听"键。

你选择哪个答案呢？请说明理由。

## 案例 23

### 一时口误遭遇冷遇

一位先生要找 A 公司时，但拿起电话却顺嘴说成了 B 公司，A 公司的员工一听对方要找的是自己的竞争对手，马上说："你打错了。""啪"的一下就挂断了电话。这位先生回过神来，觉得心里很不舒服。他以前也跟接电话的这位员工联系过几次，没想到对方的温文尔雅都是装出来的，实际上竟是这副"德性"，他再也不想和对方合作了。

思考：

你对这件事有何评价？

### 案例 24

#### A. 是个男的

"喂，王姐，你的电话，是个男的。"小赵接了一个电话，大声地招呼王姐过去接电话。整个办公室的人都听到了有个男的找王姐。王姐非常不好意思地过去接电话。

#### B. 小道消息

小丽接到一个电话，"请帮我叫一下小飞"。小丽听出是局长的声音，她赶紧把小飞叫来，自己就在不远处竖起耳朵听电话，她听到小飞说"好，我马上去您办公室"。小飞匆匆走了。小丽立即跑到张大姐那里："张大姐，局长叫小飞去一趟，一定是他那天喝醉酒打人的事被局长知道了，这还不得严厉处分，弄不好开除呢。"过了几天，单位里都在传小飞喝醉酒打人被局长狠狠批评了。

思考：

这样的转接电话有什么问题？

### 案例 25

#### 端茶倒水的五种后果

事情原来这样。

某公司开会中间，员工小王站起来给大家倒了一圈茶水。他先从左边的副总经理开始倒起，依次是员工小张、小李、总经理、右边的副总经理，最后自己。

小小的一件事情，在每个人的心里演化成不同意味的故事。

左边的副总经理：哦，谢谢。（视若无睹）

小张：马屁精，可真会表现自己呀。

小李：啊呀，糟了，为什么我没想起来去倒茶呢？（小王从此有了竞争对手）

总经理：嗯，不错，小王挺懂事。（从此受到总经理青睐）

小王右边的副总经理：他为什么不从右边开始倒，右边离总经理更近嘛。（小王从此莫名其妙地成了这位副总经理的敌人）

其实小王只是口渴得厉害，又不好意思光是自己一个人喝茶，于是出于礼貌给大家倒了茶，倒茶的顺序完全是不经意间形成的，没有任何讲究。

思考：

上述背景资料是虚构的，这个虚构的故事对你有何启发？

### 案例 26

#### 迟　　到

小王是新竞聘到公司的大学生，不习惯开会，迟到也不在意。一天，办公室主任和小王谈起了参加会议的感受，他说道：不管公司内的会议，还是公司外的其他会议，迟到是免不了的。如果你知道自己可能迟到，应尽快告诉主办方，如果你对主办方很重要的话，他们会提前调整议程表。提前通知，他们也可以给你留一个位置，以避免打扰会议。如果你在路上堵车，要给主办方打一个电话，然后尽快赶到会场。进入会场尽量不唐突。步入会场简单道歉、就坐（会议后再解释迟到原因）。不要翻动文件夹，不要脱外套，不要与邻座窃窃私语。如果是很正式的会议，你就只能等到中间休息时再进会议室，发言者最怕迟到的人，因为迟到者不可避免地打断听众，打乱思绪。

思考：

办公室主任与小王的谈话对你有何启示？

## 案例 27

### 小张该怎么办？

公司王经理今天去参加 A 企业的新年晚会，整台晚会有从外面邀请来的著名演艺名星表演的节目，也有公司员工自编自导的节目，王经理看得很投入。市场部的小张晚上 9 点给王经理打电话，要请示明天上午最后定元旦促销活动的一些细节安排，后天就是元旦了，有些事必须马上定下来。而王经理在晚会现场，隐隐约约听到电话铃声，为不影响周围人看节目，王经理没有就关机了。

晚会开到很晚，王经理回到家已经是晚上 12 点了。此时小张已发了三次短信，发送未成功，想打电话，又想晚上已这么晚了，小张很着急，不知该怎么办。

思考：

如果你是小张，你认为应该怎么办？

## 案例 28

### 小何的懊悔

公司年度销售工作总结大会召开在即，前一天小何和业务部门的同事一起布置会场，最后摆放座签时，部长特意嘱咐小何，"左大右小"，小何自以为明白了，先将董事长的名签放在主席台的中间位置，然后总经理、副总经理分别列其左右，不过小何摆放时，是面对着主席台摆放的，这样一来左右正好颠倒过来了。

第二天会议按时召开，就坐时，总经理也没看主席台上的标签，习惯性地坐到了董事长的左侧，坐下后他发现面前的标签上写的不是自己的名字，总经理自我解嘲地笑着起身和副总经理换位置，似乎并没在意。但坐在台下的小何却浑身不自在，特别是看到部长投来的埋怨眼神，他心里真是懊悔不已。

思考：

你认为小何懊悔什么？从中应吸取什么教训？

## 案例 29

### 会场的"明星"

小刘的公司应邀参加一个研讨会，该研讨会邀请了很多商界知名人士以及新闻界人士参加。

老总特别安排小刘和他一道去参加，同时也是想让小刘见识见识大场面。

开会这天小刘早上睡过了头，等他赶到，会议已经进行了20分钟。他急急忙忙推开了会议室的门，"吱"的一声脆响，他一下子成了会场上的焦点。刚坐下不到5分钟，肃静的会场上响起了摇篮曲，是谁放的音乐？原来是小刘的手机响了！这下子，小刘可成了全会场的"明星"……

没多久，听说小刘已经离开了该公司。

思考：

（1）小刘失礼的地方表现在哪里？

（2）参加各种会议应该注意哪些礼仪？

## 📚 案例30

### 索 赔 谈 判

在《哈佛谈判技巧》一书中有这样一个著名的真实案例：杰克的汽车意外地被一部大卡车给整个撞毁了，幸亏他的汽车买了全保。为争取最大权益，于是他与保险公司调查员展开了以下谈判。

调查员：我们研究过当事人的案件，根据保单的条款，当事人可以得到3 300元的赔偿。

杰克：我知道，但你是怎么算出这个数字的？

调查员：依据这部车的现有价值。

杰克：你是按照什么标准算？你知道我现在要花多少钱才能买到同样的车子吗？

调查员：多少钱？

杰克：我找一部类似的二手车价钱是3 350元，加上营业与货物税后大概是4 000元。

调查员：4 000元太多了吧！

杰克：我所要求的不是某个数目，而是公平的赔偿。你不认为我买了全保而得到足够的钱来换一部车是公平的吗？

调查员：好，我们赔你3 500元，这是我们可以付的最高价。公司政策是这样规定的。

杰克：你的公司是怎么算出这个数字的？

调查员：你知道3 500元是类似情况所能得到的最高数额，如果你不想要的话，我就爱莫能助了！

杰克：我可以理解你受公司政策约束，但除非你能客观地说出我只能得到这个数目的理由，我想我们最好还是诉诸法律，然后再谈。

调查员：好吧。我今天在报上看到一部1978年的菲亚特汽车，出价是3 400元。

杰克：喔，上面没有提到行车里程数？

调查员：49 000公里，那又怎样？

杰克：我的车只跑了25 000公里，你认为我的车子可以值多少钱？

调查员：让我想想……那应该加150元。

杰克：假设3 400元是合理的话，那么就是3 550元了。广告里提到收音机没有？

调查员：没有。

杰克：你认为一部收音机值多少钱？

调查员：125元。

杰克：冷气呢？

……

两个半小时后，杰克拿到了 4 012 元的支票。

思考：

（1）杰克是怎样展开与调查员的谈判的？

（2）杰克的谈判为什么能够获胜？

## 案例 31

### 抉　择

假如你是一家大型电器产品经销商，就批量购进某种家电产品同生产厂家进行谈判，谈判已进行多轮，而且已陷入僵局数天。你发觉双方翻来覆去地都在维护既有的立场和利益。从商务谈判礼仪的角度，此时，你认为该怎么办？并说明理由。下面是可参考的选择。

（1）等候对方提出新方案；

（2）稍做退让以打破僵局；

（3）改变谈判主题；

（4）提议休会。

## 案例 32

### 怎样做到两全其美

作为一名技术员，需要情报技术保密。王技术员接到一个客户的电话，询问他们公司电缆的技术参数，同时又问了一些属于技术机密的问题。王技术员直接回答说："我们有规定，这些属于商业秘密不能外传。"结果客户电话传来的是"嘀、嘀……"的声音，对方挂断了电话，后来听说这位客户买了其他企业的电缆。

思考：

请为王技术员想一个两全其美的办法，既不得罪客户，又能为公司的技术保密。

## 案例 33

### 失礼失生意

某公司新建的办公大楼需要添置一批新的办公家具，价值数百万元。公司的总经理已做了决定，向 A 公司购买这批办公家具。

这天，A 公司的销售部负责人打电话来，要上门拜访这位总经理。总经理打算等对方来了就在订单上盖章，定下这笔生意。

不料对方比约定的时间提前了 2 小时，原来对方听说这家公司的员工宿舍也要在近期内落成，希望员工宿舍需要的家具也能向 A 公司购买。为了谈这件事，销售负责人还带来了一大推的资料，摆满了台面。总经理没料到对方会提前到访，刚好手边又有事，便请秘书让对方等了一会儿。这位销售人员等了不到半小时，就开始不耐烦了，一边收拾起资料一边说："我还是改天再来拜访吧。"

这时，总经理发现对方在收拾资料准备离开时，将自己刚才递上的名片不小心掉在了地上，对方却并没有发觉，走时还无意地从名片上踩了过去。但这个不小心的失误，却令总经理改变了初衷，A 公司不仅没有机会与对方商谈员工宿舍的设备购买，连就要到手的数百万元办公用品的生意也告吹了。

思考：

1. 本来可以达成的订单为什么"飞"走了？
2. 本案例 A 公司人员有哪些失礼之处？

## 案例 34

### 一灯婚庆礼仪公司的接待秘诀

以下是大连一灯婚庆礼仪公司接待客户和准客户时制定的独到的礼仪规范。

前台接待流程

**一、电话用语**

"您好，一灯婚庆，××为您服务。"

**二、接待客人**

前台所有人始终微笑服务，接待时，时常看看新人眉心位置，不允许自顾自低头讲单。不允许只盯着新郎讲或者只盯着新娘讲，话语的最终落脚点在新娘身上。

（1）分组：1 组 2 个人，A 主要负责迎宾、接待客人；B 主要负责接单。

（2）客人进门后。

① 问询。A 说："您好，欢迎光临一灯，您是咨询婚庆还是有预约？"同时前台其他婚庆顾问（没谈单的顾问）必须在位置上站好，客人目光看到谁，谁要说："您好。"客人落座后，其他人才可落座。

② 请客人落座。A 说"请这边坐"，同时伴随着手势（一般情况下伸向座位方向的手，大臂微弯）。

③ 饮品。A 问客人："您想喝点什么？我们这儿有果汁和咖啡。"如果客人选择其中一种，A 再问："我们这儿有××果汁/咖啡，您想喝哪种？"如果客人说来点水就可以了，绝不能给客人倒水，也要说，要不然建议您来点果汁（清凉润喉）/咖啡（提神醒脑）吧。

④ 介绍搭档 B。A 说："给您介绍一下，这是我们首席高级策划师××，由她为您服务。"介绍完后，A 去为客人倒水。

⑤ B 自我介绍。B 说："您好，我是一灯婚礼策划师，我叫××，您也可以叫我××。"同时双手把名片递上。在坐下的同时，座垫要高起来，位置要比客人高，目的是增加心理优势。B 在谈单时，不要一开始就讲，首先要了解客人的大体情况，以及想办什么样的婚礼。A 倒完水，为 B 拿笔、咨询表等。

⑥ A 坐在 B 旁边旁听，辅助 B。

⑦ 送客。讲完单后，客人不起身，接待人员不能起身。要先客人一步到达门口，为客人开门，然后寒暄之后，说"感谢您的光临"，送客人要送到楼梯下边，客人走了之后再回来。

思考：

（1）你对大连一灯婚庆礼仪公司的礼貌接待服务有何评价？
（2）你所在的公司或你实习所在的公司有哪些接待的礼仪规范？

## 案例 35

### "算错了 52 块"

有一次，一位 40 多岁的女顾客两手拎着刚买的商品，匆匆来到霞辉百货商店的收银台前，对收银员说："姑娘，你刚才把这两件衣服的钱，算错了 52 块……"收银员不等这位女顾客说完，就抢着说道："对不起，我们这里是结账时钱款当面点清，过后概不负责！"这位女顾客只好无奈地转身说道："那就不能怪我了，是你多找我 52 块钱，本来我想还给你的，既然你这么说，我只好收起来了！"

思考：

收银员存在什么礼仪问题？

## 案例 36

### 加盟有陷阱

××月××日，市民张某向××派出所报案称，5 月 31 日下午，他在家中上某购物网站时，看到了一则加盟卖手机充值卡的广告，称其"零风险，高利润"。经与对方联系，张某汇出了 1.3 万元加盟，但第二天，对方就失踪了。

思考：

你如何评价张某的遭遇？

## 案例 37

### 擦掉口红再试衣

有一次，我在西单的一家商场看中了一件白色的连衣裙，非常喜欢，虽然价格有点贵，但是我还是决定试一试。

当我试完脱下来的时候，发现裙子上居然蹭了一点儿口红。我不能确定是我自己蹭的，还是在我之前有别人试过这条连衣裙。看见售货员一脸为难，我猜想如果我不买，这损失看来是要由她承担了，于是我决定不管是不是我蹭的，我都买下来。

后来我就吸取教训，在试衣服之前，先用餐巾纸擦掉嘴唇上的口红，试的时候十分小心，不让睫毛膏碰到衣服。我觉得这样做给别人、给自己都避免了很多麻烦。比如说，我擦掉口红试衣服，上面再有口红印，那就说明不是我的过错，如果我实在不喜欢这衣服，我就可以心安理得地不买了。

思考

消费者这样的做法，对营业现场销售人员服务做出了什么新要求？

## 案例 38

### 接　待

一天上午，惠利公司前台接待秘书小张匆匆走进办公室，像往常一样进行上班前的准备工作。

她先打开窗户，接着，打开饮水机开关，然后，翻着昨天的工作日志。这时，一位事先有约的客人要求会见销售部李经理，小张一看时间表，他提前了30分钟到达。小张立刻通知了销售部李经理，李经理说正接待一位重要的客人，请对方稍等。小张就如实转告客人说："李经理正在接待一位重要的客人，请您等一会儿。"话音未落，电话铃响了，小张用手指了指一旁的沙发，没顾上对客人说什么，就赶快接电话去了。客人尴尬地坐下……待小张接完电话后，发现客人已经离开了办公室。

思考：

请指出本案例中小张的不足之处。

### 案例 39

#### 仪式位序的重要性

南方某市的一家公司终于同美国的一家公司谈妥了一笔大生意。双方在达成合约之后，决定正式为此举行一次签字仪式。因为当时双方的洽谈在我国举行，故此签字仪式便由中方负责。在仪式正式举行的那一天，让中方出乎意料的是，美方差一点在正式签字之前"临场变卦"。原来中方的工作人员在签字桌上摆放中美两国国旗时，以中国的传统做法"以左为上"代替了目前通行的国际惯例"以右为上"，将中方国旗摆到了签字桌的右侧，而将美方国旗摆到了签字桌的左侧，结果让美方人员恼火不已，他们甚至因此而拒绝进入签字厅。

思考：

商务场合无小事，事事都关乎礼仪问题，这样说对吗？

### 案例 40

#### 言 为 心 声

行政部王小姐刚到办公室坐下不久，行政部刘经理就把她叫到自己的办公室，吩咐她把一份材料传到 B 公司。上面一张纸条附有传真号码和接收人姓名。王小姐问："经理，让接收人亲自接收，还是可以转接？"刘经理说："可以转接，只要确认收到就可以了。"

王小姐返回到办公室，传真机电话响了，她像往常一样先拿起电话机，礼貌地说："您好，这里是××公司行政办公室。"这时电话那端传来是男声："噢，您好，我是××公司，发一份传真，请给一下信号。"之后就没声音了。王小姐礼貌地问："先生，请问您是发给我公司哪一部门、哪位同事的？您能转告我吗？方便我及时转发。"对方传来了这样一句话："就你们行政部收就可以了。"王小姐再问："先生，您能说说传真是哪方面的内容吗？""我这里有一批二手车，绝对有牌照，有车的样式和相关性能介绍，如果贵公司需要的话，我们可以商量商量。"此时，王小姐才知道对方的真正意图，不过她还是礼貌地说道："对不起，我们公司不需要。"然后挂断了电话。

王小姐按照刘经理给的信息拨通了对方传真机号码，有人接起来说："您好，这里是 B 公司。"王小姐说："您好，我是××公司行政部办公室，我公司与贵公司张先生事先约定发一份传真给他，请问他在吗？"对方马上应答，我就是，我给你信号。

过了两分钟，传真电话响起，王小姐拿起电话接听，礼貌地说："您好，这里是××公司行政办公室。"对方说:"您好,我是 B 公司张某,刚才发的传真收到了,很清楚,谢谢!"王小姐说:"您客气了,不用谢。"

思考:

行政部王小姐在收发传真中的言行得体吗?为什么?

## 案例 41

### 短信"钓"汇款

某日下午,市民赵某在高新区邮政储蓄所给朋友汇款时,碰巧收到一条短信,"请将钱汇入××账号(户名李永明)上"。赵某误认为是朋友短信告知,便将 1 万元钱汇入指定账号。结果证实,朋友根本没有发短信,赵某自己上当受骗了。

思考:

谈谈上述案例对你的启发。

## 案例 42

### 相互谅解

某公司几位客人在××酒店就餐,餐厅服务员正在为客人服务。宴请快要结束时,服务员为客人上汤,恰巧主人张先生准备敬酒,突然一回身,将汤碰洒,把张先生的西服弄脏了。张先生非常生气,质问怎么把汤往身上洒,服务员没有争辩,连声道歉:"实在对不起,先生是我不小心把汤洒在您身上,把您的西服弄脏了,请您脱下衣服我去给您干洗,另外我再重新给您换一份汤。耽误各位用餐了,请原谅。"随后服务员将西服送洗衣房干洗,而后对几位先生的服务更加周到。当客人用餐完毕后,服务员将洗得干干净净、叠得整整齐齐的衣服,双手捧到张先生面前,张先生十分满意,同时也诚恳道歉:"是我不小心碰洒了汤,你的服务非常好。"并主动付了两份汤钱。

思考:

请分析说明张先生整个过程中的表现,并谈谈你的看法。

## 案例 43

### 为什么小张的销售业绩总上不去

小张人既老实又勤快,口头表达能力也不错,在公司职员中学历最高,老总对他抱有很大期望。可做销售代表一年多了,业务总上不去。这是什么原因呢?原来,他是个不怎么讲究的人,双手的手指都留着长指甲,里面看着黑乎乎的。衬衫皱皱的,领带也经常带有颜色。平时他也是很喜欢吃大蒜,吃完后,不知道去除异味。还有的客户认为小张说话急促,风风火火的,好像每天都忙忙碌碌的,少有停下来的时候。

思考:

你认为小张销售业绩上不去的原因是什么?

**案例 44**

## 《全国青少年网络文明公约》

为增强青少年自觉抵御网上不良信息的意识，团中央、教育部、文化部、国务院新闻办、全国青联、全国少工委、中国青少年网络协会向社会发布了《全国青少年网络文明公约》。公约内容如下：

要善于网上学习，不浏览不良信息；

要诚实友好交流，不侮辱欺诈他人；

要增强自护意识，不随意约会网友；

要维护网络安全，不破坏网络秩序；

要有益身心健康，不沉溺虚拟时空。

思考：

你经常上网，对照公约内容，你做得怎样？

**案例 45**

## 拒 绝 购 买

本利雅德，一位美国出口商，想向一位沙特阿拉伯的官员推销货物。这个美国人舒服地靠在椅子上，跷着二郎腿，用穆斯林认为不洁净的左手把文件递给阿拉伯人。他拒绝喝咖啡，这是对主人好客的不领情。这个美国人对于文化差异的忽视付出的代价是，沙特阿拉伯的官员拒绝了他的推销，反倒与另一位了解并尊重阿拉伯习俗的韩国人签订了一份价值1 000万美元的合同。

思考：

（1）沙特阿拉伯有哪些礼仪禁忌？

（2）如何避免出现案例中的问题？

**案例 46**

## 表 扬

一位英国老妇到中国旅游观光，对接待她的导游小姐评价颇好，认为她服务态度好，语言水平也很高，便夸奖该导游小姐说："你的英语讲得好极了！"导游小姐按照中国人的习惯，于是谦虚地回答说："我的英语讲得不好。"英国老妇一听生气了，心想："英语是我的母语，难道我都不知道英语该怎么讲？"她越想越生气，第二天坚决要求旅行社给她换导游。这件事在旅游行业乃至所有的窗口行业引起极大反响。

思考：

（1）造成案例中的现象的原因是什么？

（2）面对外宾的表扬，应怎样得体地回答？

## 案例 47

### 中国考察团在巴黎

一天傍晚，巴黎的一家餐馆来了一群中国人，老板安排了一位中国侍者为他们服务，交谈中得知他们是某省某市的一个考察团，今天刚到巴黎。随后侍者向他们介绍了一些法国菜，他们不问贵贱，主菜配菜一下子点了几十道，侍者担心他们吃不完，何况菜价不菲，但他们并不在乎。

点完菜，他们开始四处拍照，竞相和服务小姐合影，甚至跑到门外一辆凯迪拉克汽车前面频频留影，还不停地大声说笑，用餐时杯盘刀叉的撞击声，乃至嘴巴咀嚼食物的声音，始终不绝于耳，一会儿便搞得杯盘狼藉，桌子、地毯上到处是油渍和污秽。坐在附近的一位先生忍无可忍，向店方提出抗议，要求他们马上停止喧闹，否则就要求换座位。侍者把客人的抗议转述给他们，他们立刻安静了。看得出来，他们非常尴尬。

思考：

（1）这个考察团成员的行为有哪些不得体的地方？

（2）公众场合应注意哪些用餐礼仪规范？

## 案例 48

### 怎样与外宾交谈

小王是一个热情开朗的年轻女孩，英语口语很流利。一次，她在飞机上遇到一个跟她年龄相仿的外国女孩。小王很热情地主动与对方打招呼，开始两人谈得很高兴，逐渐熟悉后，小王关切地询问对方的年龄、工作、恋爱等中国人习以为常的话题，却见对方不断耸肩，最后干脆不搭理小王了。小王很郁闷，她百思不得其解。

思考：

小王的问题出在哪里？

## 案例 49

### 你们的服务水平很高

著名美籍华裔舞蹈家孟建华来上海参加国际艺术节，应邀来到金沙江大酒店参加舞蹈厅的开张仪式并表演节目。当他第一次到达大酒店时，站在门厅的迎宾服务员立刻向他微笑致意，说："您好！欢迎你光临我们的酒店。"第二次孟先生来到酒店时，服务员已经认出他来，边行礼边热情地说："孟先生，欢迎您再交次到来，我们经理已有安排，请上楼。"随即陪同孟先生一起上了楼。时隔数日，当孟先生第三次踏入酒店大厅时，那位服务员脱口而出："欢迎您再次光临，我们的酒店感到十分荣幸。"事后孟先生对酒店的负责人说："贵店的服务员很不错，不呆板机械，你们的服务水平很高！"

思考：

为什么舞蹈家孟建华说金沙江大酒店的服务水平很高？

## 案例 50

### 《中国公民出境旅游文明行为指南》

以下是中央文明办、国家旅游局发布的《中国公民出境旅游文明行为指南》的内容：

中国公民，出境旅游；注意礼仪，保持尊严。

讲究卫生，爱护环境；衣着得体，请勿喧哗。

尊老爱幼，助人为乐；女士优先，礼貌谦让。

出行办事，遵守时间；排队有序，不越黄线。

文明住宿，不损物品；安静用餐，请勿浪费。

健康娱乐，有益身心；赌博色情，坚决拒绝。

参观浏览，遵守规定；习俗禁忌，切勿冒犯。

遇有疑难，咨询领馆；文明出行，一路平安。

思考：

谈谈你对中央文明办、国家旅游局发布的《中国公民出境旅游文明行为指南》具体内容的感受。

### 四、实务训练

1. 在公共场合，国人还有哪些类似"随地吐痰"的不文明行为，应采取哪些措施提高国人的文明素质呢？

2. 领导派你下星期去 1 000 公里以外的城市如上海出差（如果你现在上海，就去北京），那么你应当准备哪些物品？请列出清单。

3. 你要乘坐明天早上 10：30 的飞机，你认为几点钟从你的住所出发比较合适？

4. 如果下星期你打算到南方（如果你现在南方，那就去北方）出差，打开你的衣橱，谈谈携带哪些衣服比较合适。

5. 预订宾馆应该如何操作？

6. 在宾馆里与当地客户见面时，应注意哪些问题？

7. 根据你的出行经验，举例说明各种典型的违反出行礼仪的行为。

8. 拟一份××家电新产品展销会的邀请函，发给光华有限责任公司赵经理。

9. 交流时应选择哪些话题？应避免哪些话题？

10. 如何使用"礼貌用语10个字"？

11. 结合自己的亲身经历谈谈怎样接打电话才符合礼仪规范。

12. 如果你是一位宴请者，根据当地的风俗习惯，你会在宴会的前前后后注意哪些礼仪规范？请详细列表。

13. 结合目前当地宴请的风俗习惯，谈谈你对商务宴请的看法，并对宴请的礼仪提出一些建议。

14. 假如你与一位采购商进行价格谈判，他处于绝对优势的地位，采取了轻视与傲慢的态度，那么你如何与他谈判，你的策略是什么？

15. 列举出十种以上行路时的不文明行为。

16. 假如半个月后你所在的公司要召开一次有关新产品的新闻发布会，经理让你负责这次会议的筹备工作。请制订一份详细的工作计划。

17. 中国北京的兴盛公司与美国的 MALD 公司通过近一年的谈判，终于达成了正式合作的协议，双方将在北京某大饭店举行签字仪式。如果此次签字仪式由你准备，请列出准备的具体内容和签字仪式的现场布置工作。

18. 大学生刚去一个单位时，应注意哪些办公礼仪？

19. 简述为什么商务礼仪文书要符合基本格式规范要求。

20. 针对一企业的招聘广告，你准备去应聘，但专业不对口，你又喜欢这份工作，结合你自己的特点，写一份自荐信。（企业招聘广告中的工作按自己喜欢的选择）

21. 马上到假期了，你准备到一家企业的办公室去实习，你认为你该做什么准备，在礼仪方面应注意什么？

22. 结合你日常生活中收发邮件的实践，论述收发电子邮件应注意的礼仪的具体内容，并分析其理由。

23. 电子商务是在网上进行的，是虚拟空间中进行的，有人认为有没有礼仪规范并不重要。谈谈你对这种观点的看法。

24. 为什么说"从电话礼仪就可以基本看出对方的教养如何"？

25. 有时你需要拒绝接受别人的礼品，这可能使你很为难，怎样才能既不接受礼品又不伤害感情？

26. 有人说礼物是友情使者，是文化符号，能起到"敲门砖"的作用，谈谈你对这句话的理解和认识。

27. 请结合所学知识，分别设计 30 人商务代表西餐宴会和 50 人代理商中餐宴会的方案。（从事前准备、宴请过程中组织、宴会完送别方面，把相关工作做详细说明，写出文字方案）

28. 一次酒会上，有一客户（王燕，女）想请你帮她介绍另一个客户（张明，男），请问你怎样做介绍？

29. 如果你是即将毕业的一名大学生，在应聘主考官面前将如何介绍自己？

30. 假如你的企业作为东道主组织以下活动，你作为企业代表做即兴讲话，你想讲些什么？
    A. 洽谈会　　　　　　　　B. 记者招待会　　　　　　　C. 客户联欢会
    D. 开业典礼　　　　　　　E. 宴会

31. 根据下列主题迅速构思即兴演讲提纲，并当众试讲，大家互评。
    A. 我的责任　　　　　　　B. 我赞美敢于当众"出丑"的人
    C. 青年人成熟的标志　　　D. 我们单位的热门话题

32. 假如你毕业后应聘到一家公司，在欢迎新职工的座谈会上，公司负责人请你说几句，你怎么说？

33. 你正在和一家百货商场的经理谈"速热"牌电暖器，他说："我的库房里已经有很多电暖器了。"对于这点"否定"，你怎样应对？

34. 如果营业员对顾客说的第一句话是：
    A. "你要什么？大点声说！"　　B. "你要什么？快说！"
    C. "您要买什么？"　　　　　　D. "您要看什么？"
    请结合推销的语言艺术对这四句话分别进行评论。

35. 对"女士优先"的交际原则你是怎样理解的？

36. 中西方文化差异对礼仪有哪些影响?

37. 为什么中央文明办、国家旅游局要颁布《中国公民国内旅游文明行为公约》和《中国公民出境旅游文明行为指南》?

38. 办公室接待

下列对话场景描述的是办公室接待客人工作,请从下列选项中选择最适当的说法填入括号内。

办公室小张:(　　　　　　　)

客人:我是某公司的杨华。

办公室小张:(　　　　　　　)

客人:我和营业部赵主任约好的。

办公室小张:(　　　　　　　)

(联系赵主任)

客人:原来是这样啊。

选项:

①谢谢您一直以来的关照。②我明白了。③赵主任已经下去了。④谢谢!⑤请您在沙发上坐,稍等片刻。⑥对不起!⑦赵主任应该马上就过来。⑧欢迎光临!⑨请问您找谁?

39. 试述你对谈判专家提出的"如果你想给对方一个丝毫无损的让步,你只要注意倾听他说话就可以"这一观点的理解。

40. 座位安排

今天晚上小王负责安排明德公司 6 名客人在港湾酒店的中餐厅就餐,他们都是第一次来我市。公司副总张先生及其 5 位员工将代表公司接待。如下图,张总座位和明德公司职位最高的客人座位应该安排在哪里?

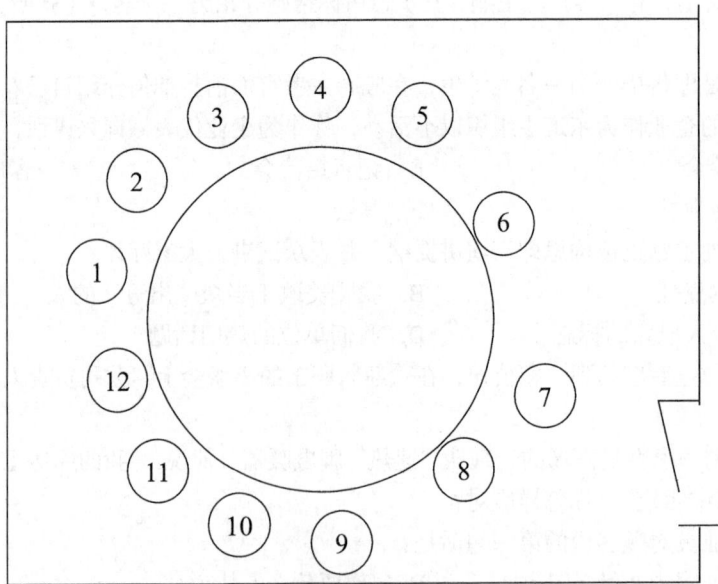

中餐席位图

41. 请从下列有关企业社会责任及服从原则的描述中,选出最恰当的三句话。

① 为确保职工的工资,追求利润是首要目标;

② 公司只从考虑客户的立场来开展工作，将会得到客户的支持；

③ 利害关系者是指公司在开展业务时相关的机构和人员；

④ 对利害关系者采取负责的行为是企业的社会责任；

⑤ 服从原则是指作为一名新员工需要具备应有的道德观；

⑥ 和大学同学谈论公司的新项目，是作为一名公司职员缺乏自觉性的表现。

42. 请从下列描述中，选出两项符合"从客户满意的原则出发的行动"。

① 认真倾听客户后才介绍公司的产品；

② 当客户难以决定选择哪一件商品时强烈推荐自己公司的主打产品；

③ 因为是第一次会见客户，所以为了避免先入为主，事先不进行准备；

④ 买下竞争对手的产品，站在客户的角度，考虑此产品的优势在何处。

43. 阅读下列文章，根据职场的人际交往方法，指出 A 的两个错误。

A 进入公司不久，就被调到了销售一部，为了能尽早适应工作环境，他每天都积极地与他人交流。今天，经理说要把 A 介绍给销售二部的同事。因为要先适应当前的工作，A 对这件事情并不感兴趣，但无奈之下，还是跟着经理去了。结果经理让 A 做自我介绍。由于没有做任何准备，所以 A 介绍得不是很好。

44. 下列是关于如何说服对方的描述，正确的请画〇，错误的请画 ×。

① 一边观察对方反应，一边思考谈话目的；

② 先从结论出发，再论述事情的经过及缘由；

③ 为了缩减时间，一次性说完几件事情；

④ 坦诚地就风险问题等进行交流，将给人留下诚实的印象。

45. 以下是关于工作中需要注意的礼仪的相关描述，请选出恰当的两项。

① 只整理自己的座位，不关心公共卫生；

② 离开座位后，只向上司一个人报告目的地及所需时间；

③ 眼看要比预定的时间晚到，迅速与对方取得联络，请求另约时间；

④ 上司出差回来时，说"辛苦你了"；

⑤ 结束工作时，确认第二天的安排，切断电脑电源等。

46. 将下列问候语与其适用的场合连接在一起。

① 被别人委托办事时　　　　　　　　a. "您辛苦了"

② 错误被指出时　　　　　　　　　　b. "我明白了"

③ 委托别人时　　　　　　　　　　　c. "十分抱歉"

④ 出差或会议后返回公司的前辈　　　d. "拜托您了，给您添麻烦了"

47. 下列是关于如何公私分明的描述，正确的请画〇，错误的请画 ×。

① 桌上摆着烟灰缸，询问对方"可以吸烟吗？"然后再吸；

② 提早结束工作后，浏览其他网页；

③ 向上司递交带薪休假申请时，尽量避免公司的繁忙期；

④ 用公司的电脑发送有关高中同学聚会安排的电子邮件。

48. 将意外情况与其应对方法连接在一起。

（意外情况）　　　　　　　　　　　（应对方法）

① 接到多项工作指示　　　　　　　　a. 看准时机，提出更优的工作方法

② 对工作的开展方式产生质疑　　　　b. 尽早向上司汇报，等待下一步的指标

③ 出现紧急情况　　　　　　　　　　c. 冷静下来，处理自己能应付的情况

④ 没有在预定的时间内完成工作　　　d. 确认每项工作的先后顺序

49. 将下列句子改成商务场合的用语

　　① "知道了" →

　　② "谁啊" →

　　③ "行吗" →

　　④ "怎么样" →

　　⑤ "我会告诉他的" →

　　⑥ "关于这个问题" →

50. 出现下列情况时，应如何应对？

　　① 对方虽然打到手机上，却没有说自己是谁；

　　　　应对：

　　② 洽谈中，自己的电话响了；

　　　　应对：

　　③ 外出时，发生了一些意外情况，必须联络其他人；

　　　　应对：

　　④ 外出时，接到了客户的电话。

　　　　应对：

51. 下列是有关如何应对投诉电话的描述，正确的请画○，错误的请画×。

　　① 不停地重复"十分抱歉"；

　　② 马上转接给上司，由上司来处理；

　　③ 因为自己不了解情况，转接相关的负责部门；

　　④ 首先就给客人添麻烦表示道歉；

　　⑤ 提出几个解决方案，由顾客选择。

52. 下列是关于接待客人的相关描述，正确的请画○，错误的请画×。

　　① 因为是从未见过的客人，所以要主动询问"有没有什么可以帮助您的？"

　　② 因为当时很忙碌，所以坐在位子上，大声问道"您有事吗？"

　　③ 由于要讨论工作，让客人在一旁等候；

　　④ 由于会客厅有人，让客人再回到前台的沙发上等候；

　　⑤ 宋经理正在接待客人，向来访客人道歉："实在抱歉，由于会议时间延长了，请您稍等片刻。"

53. 下列是关于与他人预约的相关步骤，请按照正确的顺序进行排列。

　　① 致电希望与之洽谈的人员；

　　② 感谢与寒暄；

　　③ 时期和时间的调整；

　　④ 确认地址；

　　⑤ 确认预约的事项；

　　⑥ 表达见面的愿望。

54. 下列是有关洽谈结束后向上司汇报工作的相关描述，正确的请画○，错误的请画×。

① 上司询问后，再递交详细的报告；

② 洽谈失败，发展前景不利的情况暂且不报告，报喜不报忧；

③ 请示上司需要答复、进一步研究的事项，确立后尽快联络对方；

④ 将对方提供的资料递交给上司阅读，按照指示放入相应的文件夹；

⑤ 详细的报告以报告书的形式书写，在一周之后递交。

55. 下列是有关执行准备事项的相关描述，请按照正确的顺序进行排列。

① 提交预算，获得公司的允许；

② 相关人员的联络；

③ 日程调整；

④ 确认参加者；

⑤ 确认场地。

56. 请根据下列的工作类型，选择与其相对应的处理方法。（　　　　）

| （工作类型） | （处理方法） |
| --- | --- |
| ① 马上就能完成的工作 | a. 巧妙利用零碎时间 |
| ② 定期要处理的工作 | b. 当时进行处理 |
| ③ 需要留到明天或是以后才能完成的工作 | c. 确认验收日期，权衡完成的时间安排先后顺序 |
| ④ 杂物 | d. 尽量处理得标准化、简单化、机械化 |

57. 下列是有关保护个人信息的相关描述，请选择不恰当的一项。（　　　　）

① 不必要的个人信息不要留在自己的周围；

② 记录个人信息的纸张不要当作普通垃圾扔掉；

③ 考虑到环保，将写有个人记录的纸张反复使用；

④ 不要将个人电脑用于工作，另外工作用的电脑不要拿回家；

⑤ 电脑密码要放在别人看不见的地方。

58. 下列是关于会议礼节的相关描述，请选择不恰当的一项。

① 首先要注意的就是"守时"，在上司到达前进入会议室；

② 手机基本上都要关机，要遵循各个公司的详细规定；

③ 因为开会而离开工作岗位，担心给周围的人添麻烦，没有必要打招呼；

④ 会议中的服务人员，应该坐在离门口较近的地方。

# 参 考 文 献

［1］林友华. 社交礼仪. 北京：高等教育出版社，2007.

［2］吕维霞，刘彦波. 商务礼仪. 北京：清华大学出版社，2007.

［3］史锋. 商务礼仪. 北京：高等教育出版社，2008.

［4］羽西. 听礼仪专家讲故事. 北京：当代世界出版社，2008.

［5］陆纯梅，范莉莎. 现代礼仪实训教程. 北京：清华大学出版社，2008.

［6］张岩松. 新型现代交际礼仪实用教程. 北京：清华大学出版社，2008.

［7］赵景卓. 商务礼仪. 北京：中国财政经济出版社，2008.

［8］贾志强. 不可不知的礼仪. 北京：中国书店，2007.

［9］未来之舟. 职场礼仪. 北京：中国经济出版社，2008.

［10］贾志强. 人一生要懂得的 100 个商务礼仪. 北京：中国书店，2006.

［11］王晓琳. 社交礼仪. 大连：大连理工大学出版社，2008.

［12］刘厚均. 社交礼仪. 成都：西南财经大学出版社，2008.

［13］杜明汉. 营销礼仪. 北京：电子工业出版社，2007.

［14］蓝天. 有礼走遍天下. 北京：北京大学出版社，2010.

［15］周思敏. 你的礼仪价值百万. 北京：中国纺织出版社，2010.

［16］郝风波. 商务礼仪. 北京：地震出版社，2009.

［17］卡耐基. 卡耐基经典商务礼仪全集. 北京：京华出版社，2011.

［18］杜明汉. 商务礼仪. 北京：高等教育出版社，2010.